小学校学習指導要領(平成29年告示)解説

国語編

平成29年7月

文部科学省

まえがき

　文部科学省では，平成29年3月31日に学校教育法施行規則の一部改正と小学校学習指導要領の改訂を行った。新小学校学習指導要領等は平成32年度から全面的に実施することとし，平成30年度から一部を移行措置として先行して実施することとしている。

　今回の改訂は，平成28年12月の中央教育審議会答申を踏まえ，

① 　教育基本法，学校教育法などを踏まえ，これまでの我が国の学校教育の実績や蓄積を生かし，子供たちが未来社会を切り拓くための資質・能力を一層確実に育成することを目指すこと。その際，子供たちに求められる資質・能力とは何かを社会と共有し，連携する「社会に開かれた教育課程」を重視すること。

② 　知識及び技能の習得と思考力，判断力，表現力等の育成のバランスを重視する平成20年改訂の学習指導要領の枠組みや教育内容を維持した上で，知識の理解の質を更に高め，確かな学力を育成すること。

③ 　先行する特別教科化など道徳教育の充実や体験活動の重視，体育・健康に関する指導の充実により，豊かな心や健やかな体を育成すること。

を基本的なねらいとして行った。

　本書は，大綱的な基準である学習指導要領の記述の意味や解釈などの詳細について説明するために，文部科学省が作成するものであり，小学校学習指導要領第2章第1節「国語」について，その改善の趣旨や内容を解説している。

　各学校においては，本書を御活用いただき，学習指導要領等についての理解を深め，創意工夫を生かした特色ある教育課程を編成・実施されるようお願いしたい。

　むすびに，本書「小学校学習指導要領解説国語編」の作成に御協力くださった各位に対し，心から感謝の意を表する次第である。

　平成29年7月

文部科学省初等中等教育局長

髙橋　道和

目次

● 第1章　総説 …………………………………………………… 1
　　1　改訂の経緯及び基本方針 ……………………………… 1
　　2　国語科の改訂の趣旨及び要点 ………………………… 6
● 第2章　国語科の目標及び内容 …………………………… 11
　● 第1節　国語科の目標 …………………………………… 11
　　1　教科の目標 ……………………………………………… 11
　　2　学年の目標 ……………………………………………… 14
　● 第2節　国語科の内容 …………………………………… 16
　　1　内容の構成 ……………………………………………… 16
　　2　〔知識及び技能〕の内容 ……………………………… 17
　　3　〔思考力，判断力，表現力等〕の内容 ……………… 28
● 第3章　各学年の内容 ……………………………………… 41
　● 第1節　第1学年及び第2学年の内容 ………………… 41
　　1　〔知識及び技能〕 ……………………………………… 41
　　2　〔思考力，判断力，表現力等〕 ……………………… 57
　● 第2節　第3学年及び第4学年の内容 ………………… 76
　　1　〔知識及び技能〕 ……………………………………… 76
　　2　〔思考力，判断力，表現力等〕 ……………………… 94
　● 第3節　第5学年及び第6学年の内容 ………………… 115
　　1　〔知識及び技能〕 ……………………………………… 115
　　2　〔思考力，判断力，表現力等〕 ……………………… 132
● 第4章　指導計画の作成と内容の取扱い ………………… 153
　　1　指導計画作成上の配慮事項 …………………………… 153
　　2　内容の取扱いについての配慮事項 …………………… 162
　　3　教材についての配慮事項 ……………………………… 168

● 付　録
　● 付録１：学校教育法施行規則（抄）
　● 付録２：小学校学習指導要領　第１章　総則
　● 付録３：小学校学習指導要領　第２章　第１節　国語
　● 付録４：教科の目標，各学年の目標及び内容の系統表
　　　　　　（小・中学校国語科）
　● 付録５：中学校学習指導要領　第２章　第１節　国語
　● 付録６：小学校学習指導要領　第２章　第10節　外国語
　● 付録７：小学校学習指導要領　第４章　外国語活動
　● 付録８：小学校学習指導要領　第３章　特別の教科　道徳
　● 付録９：「道徳の内容」の学年段階・学校段階の一覧表
　● 付録10：幼稚園教育要領

第1章　総説

● 1　改訂の経緯及び基本方針

(1)　改訂の経緯

　今の子供たちやこれから誕生する子供たちが，成人して社会で活躍する頃には，我が国は厳しい挑戦の時代を迎えていると予想される。生産年齢人口の減少，グローバル化の進展や絶え間ない技術革新等により，社会構造や雇用環境は大きく，また急速に変化しており，予測が困難な時代となっている。また，急激な少子高齢化が進む中で成熟社会を迎えた我が国にあっては，一人一人が持続可能な社会の担い手として，その多様性を原動力とし，質的な豊かさを伴った個人と社会の成長につながる新たな価値を生み出していくことが期待される。

　こうした変化の一つとして，人工知能（AI）の飛躍的な進化を挙げることができる。人工知能が自ら知識を概念的に理解し，思考し始めているとも言われ，雇用の在り方や学校において獲得する知識の意味にも大きな変化をもたらすのではないかとの予測も示されている。このことは同時に，人工知能がどれだけ進化し思考できるようになったとしても，その思考の目的を与えたり，目的のよさ・正しさ・美しさを判断したりできるのは人間の最も大きな強みであるということの再認識につながっている。

　このような時代にあって，学校教育には，子供たちが様々な変化に積極的に向き合い，他者と協働して課題を解決していくことや，様々な情報を見極め知識の概念的な理解を実現し情報を再構成するなどして新たな価値につなげていくこと，複雑な状況変化の中で目的を再構築することができるようにすることが求められている。

　このことは，本来，我が国の学校教育が大切にしてきたことであるものの，教師の世代交代が進むと同時に，学校内における教師の世代間のバランスが変化し，教育に関わる様々な経験や知見をどのように継承していくかが課題となり，また，子供たちを取り巻く環境の変化により学校が抱える課題も複雑化・困難化する中で，これまでどおり学校の工夫だけにその実現を委ねることは困難になってきている。

　こうした状況を踏まえ，平成 26 年 11 月には，文部科学大臣から新しい時代にふさわしい学習指導要領等の在り方について中央教育審議会に諮問を行った。中央教育審議会においては，2 年 1 か月にわたる審議の末，平成 28 年 12 月 21 日に「幼稚園，小学校，中学校，高等学校及び特別支援学校の学習指導要領等の改善及び必要な方策等について（答申）」（以下「中央教育審議会答申」という。）

を示した。

中央教育審議会答申においては，"よりよい学校教育を通じてよりよい社会を創る"という目標を学校と社会が共有し，連携・協働しながら，新しい時代に求められる資質・能力を子供たちに育む「社会に開かれた教育課程」の実現を目指し，学習指導要領等が，学校，家庭，地域の関係者が幅広く共有し活用できる「学びの地図」としての役割を果たすことができるよう，次の6点にわたってその枠組みを改善するとともに，各学校において教育課程を軸に学校教育の改善・充実の好循環を生み出す「カリキュラム・マネジメント」の実現を目指すことなどが求められた。

① 「何ができるようになるか」（育成を目指す資質・能力）
② 「何を学ぶか」（教科等を学ぶ意義と，教科等間・学校段階間のつながりを踏まえた教育課程の編成）
③ 「どのように学ぶか」（各教科等の指導計画の作成と実施，学習・指導の改善・充実）
④ 「子供一人一人の発達をどのように支援するか」（子供の発達を踏まえた指導）
⑤ 「何が身に付いたか」（学習評価の充実）
⑥ 「実施するために何が必要か」（学習指導要領等の理念を実現するために必要な方策）

これを踏まえ，平成29年3月31日に学校教育法施行規則を改正するとともに，幼稚園教育要領，小学校学習指導要領及び中学校学習指導要領を公示した。小学校学習指導要領は，平成30年4月1日から第3学年及び第4学年において外国語活動を実施する等の円滑に移行するための措置（移行措置）を実施し，平成32年4月1日から全面実施することとしている。また，中学校学習指導要領は，平成30年4月1日から移行措置を実施し，平成33年4月1日から全面実施することとしている。

(2) 改訂の基本方針

今回の改訂は中央教育審議会答申を踏まえ，次の基本方針に基づき行った。

①今回の改訂の基本的な考え方

ア 教育基本法，学校教育法などを踏まえ，これまでの我が国の学校教育の実践や蓄積を生かし，子供たちが未来社会を切り拓（ひら）くための資質・能力を一層確実に育成することを目指す。その際，子供たちに求められる資質・能力とは何かを社会と共有し，連携する「社会に開かれた教育課程」を重視すること。

イ 知識及び技能の習得と思考力，判断力，表現力等の育成のバランスを重

視する平成20年改訂の学習指導要領の枠組みや教育内容を維持した上で,知識の理解の質を更に高め,確かな学力を育成すること。
ウ　先行する特別教科化など道徳教育の充実や体験活動の重視,体育・健康に関する指導の充実により,豊かな心や健やかな体を育成すること。

②育成を目指す資質・能力の明確化

中央教育審議会答申においては,予測困難な社会の変化に主体的に関わり,感性を豊かに働かせながら,どのような未来を創っていくのか,どのように社会や人生をよりよいものにしていくのかという目的を自ら考え,自らの可能性を発揮し,よりよい社会と幸福な人生の創り手となる力を身に付けられるようにすることが重要であること,こうした力は全く新しい力ということではなく学校教育が長年その育成を目指してきた「生きる力」であることを改めて捉え直し,学校教育がしっかりとその強みを発揮できるようにしていくことが必要とされた。また,汎用的な能力の育成を重視する世界的な潮流を踏まえつつ,知識及び技能と思考力,判断力,表現力等をバランスよく育成してきた我が国の学校教育の蓄積を生かしていくことが重要とされた。

このため「生きる力」をより具体化し,教育課程全体を通して育成を目指す資質・能力を,ア「何を理解しているか,何ができるか（生きて働く「知識・技能」の習得）」,イ「理解していること・できることをどう使うか（未知の状況にも対応できる「思考力・判断力・表現力等」の育成）」,ウ「どのように社会・世界と関わり,よりよい人生を送るか（学びを人生や社会に生かそうとする「学びに向かう力・人間性等」の涵養）」の三つの柱に整理するとともに,各教科等の目標や内容についても,この三つの柱に基づく再整理を図るよう提言がなされた。

今回の改訂では,知・徳・体にわたる「生きる力」を子供たちに育むために「何のために学ぶのか」という各教科等を学ぶ意義を共有しながら,授業の創意工夫や教科書等の教材の改善を引き出していくことができるようにするため,全ての教科等の目標及び内容を「知識及び技能」,「思考力,判断力,表現力等」,「学びに向かう力,人間性等」の三つの柱で再整理した。

③「主体的・対話的で深い学び」の実現に向けた授業改善の推進

子供たちが,学習内容を人生や社会の在り方と結び付けて深く理解し,これからの時代に求められる資質・能力を身に付け,生涯にわたって能動的に学び続けることができるようにするためには,これまでの学校教育の蓄積を生かし,学習の質を一層高める授業改善の取組を活性化していくことが必要であ

り，我が国の優れた教育実践に見られる普遍的な視点である「主体的・対話的で深い学び」の実現に向けた授業改善（アクティブ・ラーニングの視点に立った授業改善）を推進することが求められる。

今回の改訂では「主体的・対話的で深い学び」の実現に向けた授業改善を進める際の指導上の配慮事項を総則に記載するとともに，各教科等の「第3　指導計画の作成と内容の取扱い」において，単元や題材など内容や時間のまとまりを見通して，その中で育む資質・能力の育成に向けて，「主体的・対話的で深い学び」の実現に向けた授業改善を進めることを示した。

その際，以下の6点に留意して取り組むことが重要である。

ア　児童生徒に求められる資質・能力を育成することを目指した授業改善の取組は，既に小・中学校を中心に多くの実践が積み重ねられており，特に義務教育段階はこれまで地道に取り組まれ蓄積されてきた実践を否定し，全く異なる指導方法を導入しなければならないと捉える必要はないこと。

イ　授業の方法や技術の改善のみを意図するものではなく，児童生徒に目指す資質・能力を育むために「主体的な学び」，「対話的な学び」，「深い学び」の視点で，授業改善を進めるものであること。

ウ　各教科等において通常行われている学習活動（言語活動，観察・実験，問題解決的な学習など）の質を向上させることを主眼とするものであること。

エ　1回1回の授業で全ての学びが実現されるものではなく，単元や題材など内容や時間のまとまりの中で，学習を見通し振り返る場面をどこに設定するか，グループなどで対話する場面をどこに設定するか，児童生徒が考える場面と教師が教える場面をどのように組み立てるかを考え，実現を図っていくものであること。

オ　深い学びの鍵として「見方・考え方」を働かせることが重要になること。各教科等の「見方・考え方」は，「どのような視点で物事を捉え，どのような考え方で思考していくのか」というその教科等ならではの物事を捉える視点や考え方である。各教科等を学ぶ本質的な意義の中核をなすものであり，教科等の学習と社会をつなぐものであることから，児童生徒が学習や人生において「見方・考え方」を自在に働かせることができるようにすることにこそ，教師の専門性が発揮されることが求められること。

カ　基礎的・基本的な知識及び技能の習得に課題がある場合には，その確実な習得を図ることを重視すること。

④各学校におけるカリキュラム・マネジメントの推進

各学校においては，教科等の目標や内容を見通し，特に学習の基盤となる資

質・能力(言語能力,情報活用能力(情報モラルを含む。以下同じ。),問題発見・解決能力等)や現代的な諸課題に対応して求められる資質・能力の育成のためには,教科等横断的な学習を充実することや,「主体的・対話的で深い学び」の実現に向けた授業改善を,単元や題材など内容や時間のまとまりを見通して行うことが求められる。これらの取組の実現のためには,学校全体として,児童生徒や学校,地域の実態を適切に把握し,教育内容や時間の配分,必要な人的・物的体制の確保,教育課程の実施状況に基づく改善などを通して,教育活動の質を向上させ,学習の効果の最大化を図るカリキュラム・マネジメントに努めることが求められる。

このため総則において,「児童や学校,地域の実態を適切に把握し,教育の目的や目標の実現に必要な教育の内容等を教科等横断的な視点で組み立てていくこと,教育課程の実施状況を評価してその改善を図っていくこと,教育課程の実施に必要な人的又は物的な体制を確保するとともにその改善を図っていくことなどを通して,教育課程に基づき組織的かつ計画的に各学校の教育活動の質の向上を図っていくこと(以下「カリキュラム・マネジメント」という。)に努める」ことについて新たに示した。

⑤教育内容の主な改善事項

このほか,言語能力の確実な育成,理数教育の充実,伝統や文化に関する教育の充実,体験活動の充実,外国語教育の充実などについて総則や各教科等において,その特質に応じて内容やその取扱いの充実を図った。

2 国語科の改訂の趣旨及び要点

中央教育審議会答申においては,小・中学校の国語科の成果と課題について,次のように示されている。

○　PISA2012（平成24年実施）においては,読解力の平均得点が比較可能な調査回以降,最も高くなっているなどの成果が見られたが,PISA2015（平成27年実施）においては,読解力について,国際的には引き続き平均得点が高い上位グループに位置しているものの,前回調査と比較して平均得点が有意に低下していると分析がなされている。これは,調査の方式がコンピュータを用いたテスト（CBT）に全面移行する中で,子供たちが,紙ではないコンピュータ上の複数の画面から情報を取り出し,考察しながら解答することに慣れておらず,戸惑いがあったものと考えられるが,そうした影響に加えて,情報化の進展に伴い,特に子供にとって言葉を取り巻く環境が変化する中で,読解力に関して改善すべき課題が明らかとなったものと考えられる。

○　全国学力・学習状況調査等の結果によると,小学校では,文における主語を捉えることや文の構成を理解したり表現の工夫を捉えたりすること,目的に応じて文章を要約したり複数の情報を関連付けて理解を深めたりすることなどに課題があることが明らかになっている。中学校では,伝えたい内容や自分の考えについて根拠を明確にして書いたり話したりすることや,複数の資料から適切な情報を得てそれらを比較したり関連付けたりすること,文章を読んで根拠の明確さや論理の展開,表現の仕方等について評価することなどに課題があることが明らかになっている。

○　一方,全国学力・学習状況調査において,各教科等の指導のねらいを明確にした上で言語活動を適切に位置付けた学校の割合は,小学校,中学校ともに90％程度となっており,言語活動の充実を踏まえた授業改善が図られている。しかし,依然として教材への依存度が高いとの指摘もあり,更なる授業改善が求められる。

これらの成果と課題を踏まえて改訂した小学校学習指導要領の国語科の主な内容は,次のようなものである。

(1) 目標及び内容の構成
①目標の構成の改善

国語科で育成を目指す資質・能力を「国語で正確に理解し適切に表現する資質・能力」と規定するとともに,「知識及び技能」,「思考力,判断力,表現力

等」,「学びに向かう力,人間性等」の三つの柱で整理した。また,このような資質・能力を育成するためには,児童が「言葉による見方・考え方」を働かせることが必要であることを示している。

　学年の目標についても,従前,「話すこと・聞くこと」,「書くこと」,「読むこと」の領域ごとに示していた目標を,教科の目標と同様に,「知識及び技能」,「思考力,判断力,表現力等」,「学びに向かう力,人間性等」の三つの柱で整理した。

②内容の構成の改善

　三つの柱に沿った資質・能力の整理を踏まえ,従前,「話すこと・聞くこと」,「書くこと」,「読むこと」の3領域及び〔伝統的な言語文化と国語の特質に関する事項〕で構成していた内容を,〔知識及び技能〕及び〔思考力,判断力,表現力等〕に構成し直した。

　〔知識及び技能〕及び〔思考力,判断力,表現力等〕の構成は,以下のとおりである。

　　〔知識及び技能〕
　　　(1)言葉の特徴や使い方に関する事項
　　　(2)情報の扱い方に関する事項
　　　(3)我が国の言語文化に関する事項

　　〔思考力,判断力,表現力等〕
　　　A話すこと・聞くこと
　　　B書くこと
　　　C読むこと

　「知識及び技能」と「思考力,判断力,表現力等」は,国語で正確に理解し適切に表現する上で共に必要となる資質・能力である。したがって,国語で正確に理解し適切に表現する際には,話すこと・聞くこと,書くこと,読むことの「思考力,判断力,表現力等」のみならず,言葉の特徴や使い方,情報の扱い方,我が国の言語文化に関する「知識及び技能」が必要となる。このため,今回の改訂では,資質・能力の三つの柱に沿った整理を踏まえ,従前の3領域1事項の内容のうち,国語で正確に理解し適切に表現するために必要な「知識及び技能」を〔知識及び技能〕として明示した。

　この〔知識及び技能〕に示されている言葉の特徴や使い方などの「知識及び

技能」は，個別の事実的な知識や一定の手順のことのみを指しているのではない。国語で理解したり表現したりする様々な場面の中で生きて働く「知識及び技能」として身に付けるために，思考・判断し表現することを通じて育成を図ることが求められるなど，「知識及び技能」と「思考力，判断力，表現力等」は，相互に関連し合いながら育成される必要がある。

こうした「知識及び技能」と「思考力，判断力，表現力等」の育成において大きな原動力となるのが「学びに向かう力，人間性等」である。「学びに向かう力，人間性等」については，教科及び学年等の目標においてまとめて示し，指導事項のまとまりごとに示すことはしていない。教科及び学年等の目標において挙げられている態度等を養うことにより，「知識及び技能」と「思考力，判断力，表現力等」の育成が一層充実することが期待される。

⑵ 学習内容の改善・充実

〔知識及び技能〕と〔思考力，判断力，表現力等〕の各指導事項について，育成を目指す資質・能力が明確になるよう内容を改善した。

①語彙指導の改善・充実

中央教育審議会答申において，「小学校低学年の学力差の大きな背景に語彙の量と質の違いがある」と指摘されているように，語彙は，全ての教科等における資質・能力の育成や学習の基盤となる言語能力を支える重要な要素である。このため，語彙を豊かにする指導の改善・充実を図っている。

語彙を豊かにするとは，自分の語彙を量と質の両面から充実させることである。具体的には，意味を理解している語句の数を増やすだけでなく，話や文章の中で使いこなせる語句を増やすとともに，語句と語句との関係，語句の構成や変化などへの理解を通して，語句の意味や使い方に対する認識を深め，語彙の質を高めることである。このことを踏まえ，各学年において，指導の重点となる語句のまとまりを示すとともに，語句への理解を深める指導事項を系統化して示した。

②情報の扱い方に関する指導の改善・充実

急速に情報化が進展する社会において，様々な媒体の中から必要な情報を取り出したり，情報同士の関係を分かりやすく整理したり，発信したい情報を様々な手段で表現したりすることが求められている。一方，中央教育審議会答申において，「教科書の文章を読み解けていないとの調査結果もあるところであり，文章で表された情報を的確に理解し，自分の考えの形成に生かしていけ

るようにすることは喫緊の課題である。」と指摘されているところである。

話や文章に含まれている情報を取り出して整理したり，その関係を捉えたりすることが，話や文章を正確に理解することにつながり，また，自分のもつ情報を整理して，その関係を分かりやすく明確にすることが，話や文章で適切に表現することにつながるため，このような情報の扱い方に関する「知識及び技能」は国語科において育成すべき重要な資質・能力の一つである。

こうした資質・能力の育成に向け，「情報の扱い方に関する事項」を新設し，「情報と情報との関係」と「情報の整理」の二つの系統に整理して示した。

③学習過程の明確化，「考えの形成」の重視

中央教育審議会答申においては，ただ活動するだけの学習にならないよう，活動を通じてどのような資質・能力を育成するのかを示すため，平成20年告示の学習指導要領に示されている学習過程を改めて整理している。この整理を踏まえ，〔思考力，判断力，表現力等〕の各領域において，学習過程を一層明確にし，各指導事項を位置付けた。

また，全ての領域において，自分の考えを形成する学習過程を重視し，「考えの形成」に関する指導事項を位置付けた。

④我が国の言語文化に関する指導の改善・充実

中央教育審議会答申においては，「引き続き，我が国の言語文化に親しみ，愛情を持って享受し，その担い手として言語文化を継承・発展させる態度を小・中・高等学校を通じて育成するため，伝統文化に関する学習を重視することが必要である。」とされている。

これを踏まえ，「伝統的な言語文化」，「言葉の由来や変化」，「書写」，「読書」に関する指導事項を「我が国の言語文化に関する事項」として整理するとともに，第1学年及び第2学年の新しい内容として，言葉の豊かさに関する指導事項を追加するなど，その内容の改善を図った。

⑤漢字指導の改善・充実

中央教育審議会答申において，「漢字指導の改善・充実の観点から，児童の学習負担を考慮しつつ，常用漢字表の改定（平成22年），児童の日常生活及び将来の社会生活，国語科以外の各教科等の学習における必要性を踏まえ，都道府県名に用いる漢字を『学年別漢字配当表』に加えることが適当である。」とされている。これを踏まえ，都道府県名に用いる漢字20字を「学年別漢字配当表」の第4学年に加えるとともに，児童の学習負担に配慮し，第4学年，第

5学年,第6学年の配当漢字及び字数の変更を行った。

(3) 学習の系統性の重視

　国語科の指導内容は,系統的・段階的に上の学年につながっていくとともに,螺旋的・反復的に繰り返しながら学習し,資質・能力の定着を図ることを基本としている。このため,小・中学校を通じて,〔知識及び技能〕の指導事項及び〔思考力,判断力,表現力等〕の指導事項と言語活動例のそれぞれにおいて,重点を置くべき指導内容を明確にし,その系統化を図った。（系統表参照）

(4) 授業改善のための言語活動の創意工夫

　〔思考力,判断力,表現力等〕の各領域において,どのような資質・能力を育成するかを(1)の指導事項に示し,どのような言語活動を通して資質・能力を育成するかを(2)の言語活動例に示すという関係を明確にするとともに,各学校の創意工夫により授業改善が行われるようにする観点から,従前に示していた言語活動例を言語活動の種類ごとにまとめた形で示した。

(5) 読書指導の改善・充実

　中央教育審議会答申において,「読書は,国語科で育成を目指す資質・能力をより高める重要な活動の一つである。」とされたことを踏まえ,各学年において,国語科の学習が読書活動に結び付くよう〔知識及び技能〕に「読書」に関する指導事項を位置付けるとともに,「読むこと」の領域では,学校図書館などを利用して様々な本などから情報を得て活用する言語活動例を示した。

第2章　国語科の目標及び内容

第1節　国語科の目標

1　教科の目標

教科の目標は，次のとおりである。

> 言葉による見方・考え方を働かせ，言語活動を通して，国語で正確に理解し適切に表現する資質・能力を次のとおり育成することを目指す。
> (1) 日常生活に必要な国語について，その特質を理解し適切に使うことができるようにする。
> (2) 日常生活における人との関わりの中で伝え合う力を高め，思考力や想像力を養う。
> (3) 言葉がもつよさを認識するとともに，言語感覚を養い，国語の大切さを自覚し，国語を尊重してその能力の向上を図る態度を養う。

　教科の目標では，まず，国語科において育成を目指す資質・能力を**国語で正確に理解し適切に表現する資質・能力**とし，国語科が国語で理解し表現する言語能力を育成する教科であることを示している。

　言語は，言語形式とそれによって表される言語内容とを併せもっている。平成20年告示の学習指導要領においては，「国語を適切に使う能力と国語を使って内容や事柄を適切に表現する能力」，「国語の使い方を正確に理解する能力と国語で表現された内容や事柄を正確に理解する能力」の両方の内容を含んだものとして，「国語を適切に表現し正確に理解する能力」を示していたところである。今回の改訂において示す**国語で正確に理解し適切に表現する資質・能力**とは，国語で表現された内容や事柄を正確に理解する資質・能力，国語を使って内容や事柄を適切に表現する資質・能力であるが，そのために必要となる国語の使い方を正確に理解する資質・能力，国語を適切に使う資質・能力を含んだものである。

　正確に理解する資質・能力と，**適切に表現**する資質・能力とは，連続的かつ同時的に機能するものであるが，表現する内容となる自分の考えなどを形成するためには国語で表現された様々な事物，経験，思い，考え等を理解することが必要であることから，今回の改訂では，「正確に理解」，「適切に表現」という順に示している。

言葉による見方・考え方を働かせるとは,児童が学習の中で,対象と言葉,言葉と言葉との関係を,言葉の意味,働き,使い方等に着目して捉えたり問い直したりして,言葉への自覚を高めることであると考えられる。様々な事象の内容を自然科学や社会科学等の視点から理解することを直接の学習目的としない国語科においては,言葉を通じた理解や表現及びそこで用いられる言葉そのものを学習対象としている。このため,「言葉による見方・考え方」を働かせることが,国語科において育成を目指す資質・能力をよりよく身に付けることにつながることとなる。

また,言語能力を育成する中心的な役割を担う国語科においては,言語活動を通して資質・能力を育成する。**言語活動を通して**,国語で正確に理解し適切に表現する資質・能力を育成するとしているのは,この考え方を示したものである。

今回の改訂では,他教科等と同様に,国語科において育成を目指す資質・能力を「知識及び技能」,「思考力,判断力,表現力等」,「学びに向かう力,人間性等」の三つの柱で整理し,それぞれに整理された目標を(1),(2),(3)に位置付けている。

(1)は,「知識及び技能」に関する目標を示したものである。日常生活において必要な国語の特質について理解し,それを適切に使うことができるようにすることを示している。具体的には,内容の〔知識及び技能〕に示されている言葉の特徴や使い方,話や文章に含まれている情報の扱い方,我が国の言語文化に関する「知識及び技能」のことである。こうした「知識及び技能」を,日常生活における様々な場面で,主体的に活用できる,生きて働く「知識及び技能」として習得することが重要となる。

(2)は,「思考力,判断力,表現力等」に関する目標を示したものである。日常生活における人と人との関わりの中で,思いや考えを伝え合う力を高め,思考力や想像力を養うことを示している。具体的には,内容の〔思考力,判断力,表現力等〕に示されている「A話すこと・聞くこと」,「B書くこと」,「C読むこと」に関する「思考力,判断力,表現力等」のことである。

伝え合う力を高めるとは,人間と人間との関係の中で,互いの立場や考えを尊重し,言語を通して正確に理解したり適切に表現したりする力を高めることである。**思考力や想像力を養う**とは,言語を手掛かりとしながら論理的に思考する力や豊かに想像する力を養うことである。思考力や想像力などは認識力や判断力などと密接に関わりながら,新たな発想や思考を創造する原動力となる。こうした

力を，未知の状況にも対応できる「思考力，判断力，表現力等」として育成することが重要となる。

(3)は，「学びに向かう力，人間性等」に関する目標を示したものである。言葉がもつよさを認識するとともに，言語感覚を養い，国語の大切さを自覚し，国語を尊重してその能力の向上を図る態度を養うことを示している。

言葉がもつよさには，言葉によって自分の考えを形成したり新しい考えを生み出したりすること，言葉から様々なことを感じたり，感じたことを言葉にしたりすることで心を豊かにすること，言葉を通じて人や社会と関わり自他の存在について理解を深めたりすることなどがある。こうしたことをよさとして認識することを示している。

言語感覚とは，言語で理解したり表現したりする際の正誤・適否・美醜などについての感覚のことである。話したり聞いたり書いたり読んだりする具体的な言語活動の中で，相手，目的や意図，場面や状況などに応じて，どのような言葉を選んで表現するのが適切であるかを直観的に判断したり，話や文章を理解する場合に，そこで使われている言葉が醸し出す味わいを感覚的に捉えたりすることができることである。

言語に対する知的な認識を深めるだけでなく，言語感覚を養うことは，一人一人の児童の言語活動を充実させ，自分なりのものの見方や考え方を形成することに役立つ。こうした言語感覚の育成には，多様な場面や状況における学習の積み重ねや，継続的な読書などが必要であり，そのためには，国語科の学習を他教科等の学習や学校の教育活動全体と関連させていくカリキュラム・マネジメント上の工夫も大切である。さらに，児童を取り巻く言語環境を整備することも，言語感覚の育成に極めて重要である。

国語の大切さを自覚し，国語を尊重してその能力の向上を図る態度を養うことを求めているのは，我が国の歴史の中で育まれてきた国語が，人間としての知的な活動や文化的な活動の中枢をなし，一人一人の自己形成，社会生活の向上，文化の創造と継承などに欠かせないからである。国語の大切さを自覚し，国語に対する関心を高め，話したり聞いたり書いたり読んだりすることが，児童一人一人の言語能力を更に向上させていく。その中で，国語を愛護し，国語を尊重して，国語そのものを一層優れたものに向上させていこうとする意識や態度も育っていくのである。

2 学年の目標

各学年の目標は,教科の目標に示す(1),(2),(3)に対応して,2学年のまとまりごとに,次のように示している。

	第1学年及び第2学年	第3学年及び第4学年	第5学年及び第6学年
知識及び技能	(1) 日常生活に必要な国語の知識や技能を身に付けるとともに,我が国の言語文化に親しんだり理解したりすることができるようにする。	(1) 日常生活に必要な国語の知識や技能を身に付けるとともに,我が国の言語文化に親しんだり理解したりすることができるようにする。	(1) 日常生活に必要な国語の知識や技能を身に付けるとともに,我が国の言語文化に親しんだり理解したりすることができるようにする。
思考力、判断力、表現力等	(2) 順序立てて考える力や感じたり想像したりする力を養い,日常生活における人との関わりの中で伝え合う力を高め,自分の思いや考えをもつことができるようにする。	(2) 筋道立てて考える力や豊かに感じたり想像したりする力を養い,日常生活における人との関わりの中で伝え合う力を高め,自分の思いや考えをまとめることができるようにする。	(2) 筋道立てて考える力や豊かに感じたり想像したりする力を養い,日常生活における人との関わりの中で伝え合う力を高め,自分の思いや考えを広げることができるようにする。
学びに向かう力、人間性等	(3) 言葉がもつよさを感じるとともに,楽しんで読書をし,国語を大切にして,思いや考えを伝え合おうとする態度を養う。	(3) 言葉がもつよさに気付くとともに,幅広く読書をし,国語を大切にして,思いや考えを伝え合おうとする態度を養う。	(3) 言葉がもつよさを認識するとともに,進んで読書をし,国語の大切さを自覚して思いや考えを伝え合おうとする態度を養う。

(1)は,「知識及び技能」に関する目標,(2)は,「思考力,判断力,表現力等」に関する目標,(3)は,「学びに向かう力,人間性等」に関する目標である。

各学年の目標を2学年まとめて示しているのは,児童の発達の段階や中学校との関連に配慮しつつ,児童や学校の実態に応じて各学年における指導内容を重点化し,十分な定着を図ることが大切だからである。

(1)の「知識及び技能」に関する目標は,全学年同じであり,小学校を通して,日常生活に必要な国語の知識や技能を身に付けること,我が国の言語文化に親しんだり理解したりすることができるようにすることを示している。

(2)の「思考力,判断力,表現力等」に関する目標には,考える力や感じたり想

像したりする力を養うこと，日常生活における人との関わりの中で伝え合う力を高め自分の思いや考えをもつことなどができるようにすることを系統的に示している。

　考える力については，第1学年及び第2学年では**順序立てて考える力**，第3学年以降では**筋道立てて考える力**の育成に重点を置いている。**自分の思いや考え**については，第1学年及び第2学年では**もつこと**，第3学年及び第4学年では**まとめること**，第5学年及び第6学年では**広げること**ができるようにすることに重点を置いている。

　(3)の「学びに向かう力，人間性等」に関する目標には，言葉がもつよさを感じること，読書をすること，国語を大切にして思いや考えを伝え合おうとする態度を養うことを系統的に示している。

　言葉がもつよさについては，第1学年及び第2学年では**感じること**，第3学年及び第4学年では**気付くこと**，第5学年及び第6学年では**認識する**ことに重点を置いている。**読書**については，第1学年及び第2学年では**楽しんで**，第3学年及び第4学年では**幅広く**，第5学年及び第6学年では**進んで**読書をすることに重点を置いている。

　このような「学びに向かう力，人間性等」は，「知識及び技能」及び「思考力，判断力，表現力等」の育成を支えるものであり，併せて育成を図ることが重要である。

第2節 国語科の内容

1 内容の構成

　国語科の内容は，〔知識及び技能〕及び〔思考力，判断力，表現力等〕から構成している。今回の改訂では，国語科において育成を目指す資質・能力を「知識及び技能」，「思考力，判断力，表現力等」，「学びに向かう力，人間性等」の三つの柱で整理し，そのうち「知識及び技能」の内容を〔知識及び技能〕として，「思考力，判断力，表現力等」の内容を〔思考力，判断力，表現力等〕として示している。なお，「学びに向かう力，人間性等」の内容については，教科及び学年等の目標においてまとめて示すこととし，内容において示すことはしていない。

　〔知識及び技能〕の内容は，「(1)言葉の特徴や使い方に関する事項」，「(2)情報の扱い方に関する事項」，「(3)我が国の言語文化に関する事項」から構成している。

　〔思考力，判断力，表現力等〕の内容は，「A話すこと・聞くこと」，「B書くこと」及び「C読むこと」からなる3領域の構成を維持しながら，(1)に指導事項を，(2)に言語活動例をそれぞれ示すとともに，(1)の指導事項については，学習過程を一層明確にして示している。したがって，(2)に示している言語活動例を参考に，児童の発達や学習の状況に応じて設定した言語活動を通して，(1)の指導事項を指導することは，これまでと同様である。

　なお，資質・能力の三つの柱は相互に関連し合い，一体となって働くことが重要である。このため，この内容の構成が，〔知識及び技能〕と〔思考力，判断力，表現力等〕を別々に分けて育成したり，〔知識及び技能〕を習得してから〔思考力，判断力，表現力等〕を身に付けるといった順序性をもって育成したりすることを示すものではないことに留意する必要がある。

2　〔知識及び技能〕の内容

(1) 言葉の特徴や使い方に関する事項

言葉の特徴や使い方に関する事項である。

「言葉の働き」,「話し言葉と書き言葉」,「漢字」,「語彙」,「文や文章」,「言葉遣い」,「表現の技法」,「音読,朗読」に関する内容を整理し,系統的に示している。

○言葉の働き

言語が共通にもつ言葉の働きに関する事項である。

自分が用いている言葉の働きを客観的に捉えることは,国語科で育成を目指す資質・能力の重要な要素である。言葉がもつ働きに改めて気付くことで,児童は言葉を自覚的に用いることができるようになる。このため,平成20年告示の学習指導要領において新設された第1学年及び第2学年,第3学年及び第4学年の指導事項を踏まえ,今回,第5学年及び第6学年の指導事項を新設し,系統的に示している。

なお,外国語科においては,〔思考力,判断力,表現力等〕の(3)「②　言語の働きに関する事項」において,「言語活動を行うに当たり,主として次に示すような言語の使用場面や言語の働きを取り上げるようにする。」として「コミュニケーションを円滑にする」,「気持ちを伝える」,「事実・情報を伝える」,「考えや意図を伝える」,「相手の行動を促す」といった言語の働きの例を示している。これは外国語活動においても同様である。このことを踏まえ,指導に当たっては,外国語活動及び外国語科における指導との関連を図り,相互に指導の効果を高めることが考えられる。

○話し言葉と書き言葉

話し言葉と書き言葉に関する事項である。

第1学年及び第2学年,第3学年及び第4学年のイには話し言葉に関する内容を示している。文字と音声との対応や語の認識,分かりやすく明瞭な話し方などは,音声言語による活動の基盤となるものである。

各学年のウには書き言葉のきまりなどに関する内容を示している。書き言葉のきまりに関する理解と適切な使用は,国語科の学習のみならず,各教科等の学習においても重要なものとなる。第1学年及び第2学年では書き言葉に関する基礎的なきまり,第3学年及び第4学年では漢字と仮名に関するきまりや句読点,ローマ字の読み書き,第5学年及び第6学年では文や文章を読みやすいものにするための漢字と仮名の使い分けや送り仮名,仮名遣いについて示している。これ

らについては,実際に書く言語活動を通じて理解し適切に使うことができるようにしていくことが重要である。

　第1学年及び第2学年,第3学年及び第4学年における話し言葉や書き言葉の学習を基盤として,第5学年及び第6学年のイには話し言葉と書き言葉のそれぞれがもつ特徴の違いについて気付くことを示している。こうした違いに気付くことは,語感や言葉の使い方に関する感覚を磨くことにもつながる。

○漢字

　漢字の読みと書きに関する事項である。

　漢字の読みと書きについては,書きの方が習得に時間がかかるという実態を考慮し,書きの指導は2学年間という時間をかけて,確実に書き,使えるようにすることとしている。また,漢字の読みについては,当該学年に配当されている漢字の音読みや訓読みができるようにすることとしている。なお,第6学年に配当された漢字の書きについては,当該学年において漸次書き,文や文章の中で使うとともに,中学校の第2学年までの間で確実に身に付け,使えるようにすることになる。

　今回の改訂においては,学年別漢字配当表の第4学年に,都道府県名に用いる漢字25字を配当した。具体的には,学年別漢字配当表に新たに加えた漢字20字（茨,媛,岡,潟,岐,熊,香,佐,埼,崎,滋,鹿,縄,井,沖,栃,奈,梨,阪,阜）,これまで第5学年に配当されていた漢字4字（賀,群,徳,富）及びこれまで第6学年に配当されていた漢字1字（城）である。

　また,これに伴い,各学年における児童の学習負担に配慮して,32字の配当学年を移行した。具体的には,これまで第4学年に配当されていた漢字のうち21字（囲,紀,喜,救,型,航,告,殺,士,史,象,賞,貯,停,堂,得,毒,費,粉,脈,歴）を第5学年に,2字（胃,腸）を第6学年に移行するとともに,これまで第5学年に配当されていた漢字のうち9字（恩,券,承,舌,銭,退,敵,俵,預）を第6学年に移行した。

　各学年の字数及びその増減は次のとおりである。

	第1学年	第2学年	第3学年	第4学年	第5学年	第6学年	計
平成20年告示	80字	160字	200字	200字	185字	181字	1006字
平成29年告示	80字	160字	200字	202字	193字	191字	1026字
増減	0	0	0	＋2	＋8	＋10	＋20

○語彙

　語彙を豊かにすることに関する事項である。

　語句の量を増すことと，語句のまとまりや関係，構成や変化について理解することの二つの内容で構成している。

　中央教育審議会答申において，「小学校低学年の学力差の大きな背景に語彙の量と質の違いがある」と指摘されているように，語彙は，全ての教科等における資質・能力の育成や学習の基盤となる言語能力の重要な要素である。このため，語彙を豊かにする指導の改善・充実を図っている。

　語句の量を増すことに関しては，第1学年及び第2学年では，**身近なことを表す語句の量を増し**，第3学年及び第4学年では，**様子や行動，気持ちや性格を表す語句の量を増し**，第5学年及び第6学年では，**思考に関わる語句の量を増し**とするなど，各学年において，指導する語句のまとまりを示している。これらは，あくまでも指導の重点とする語句の目安を示したものであり，これ以外の語句の指導を妨げるものではない。重点として示された語句のまとまりを中心としながら，学習の中で必要となる多様な語句を取り上げることが重要である。また，学習の中で語句を使うことを通じて，日常生活の中でも使いこなせる語句を増やし，確実に習得していくことが重要である。

　語句のまとまりや関係，構成や変化などについては，第1学年及び第2学年では，**意味による語句のまとまりがあることに気付く**こと，第3学年及び第4学年では，**性質や役割による語句のまとまりがあることを理解**すること，第5学年及び第6学年では，**語句の構成や変化について理解**することへと展開していく。また，第5学年及び第6学年においては，語彙に関する学習の小学校におけるまとめとして，**語感や言葉の使い方に対する感覚を意識して，語や語句を使う**ことを示している。

　語彙を豊かにするためには，語句の量を増すことと，語句のまとまりや関係，構成や変化について理解することの両面が必要である。

○文や文章

　文，話，文章の構成に関する事項である。

　主語と述語，修飾と被修飾との関係などに加えて，語順などの特徴についても理解すること，指示する語句や接続する語句の役割についての理解を基盤に，文と文との関係，話や文章の構成や展開などについて理解することを示している。

　第1学年及び第2学年は主語と述語との関係に重点を置いた文の構成に関わる内容，第3学年及び第4学年，第5学年及び第6学年は文に関わる内容と話や文章に関わる内容で構成している。

なお，**段落の役割，話や文章の構成や展開**は，平成20年告示の学習指導要領では「A話すこと・聞くこと」，「B書くこと」，「C読むこと」の各領域に示してきた内容であるが，今回の改訂では，話したり聞いたり書いたり読んだりするために共通して必要となる「知識及び技能」として整理し，ここに示している。

○**言葉遣い**

言葉遣いに関する事項である。

平成20年告示の学習指導要領では，**丁寧な言葉と普通の言葉との違い**については第1学年及び第2学年の「A話すこと・聞くこと」に，「敬体と常体との違い」については第3学年及び第4学年の「B書くこと」に示してきた内容であるが，今回の改訂では，いずれも「言葉遣い」に関する「知識及び技能」として整理し，敬語と併せてここに示している。

相手や場面などに応じて言葉を選んだり，適切に使い分けたりすることができるようにし，日常生活の中での使用につながるようにすることが重要である。

○**表現の技法**

表現の技法の種類とその特徴に関する事項である。

第4学年までに様々な表現の工夫に触れることを基盤として，第5学年及び第6学年で，比喩や反復などの表現の工夫に気付くことを示している。中学校第1学年では，比喩，反復，倒置，体言止めなどの表現の技法について理解し使うことへと発展していく。

○**音読，朗読**

音読や朗読に関する事項である。

指導に当たっては，〔思考力，判断力，表現力等〕の「C読むこと」だけでなく，〔知識及び技能〕の他の指導事項や〔思考力，判断力，表現力等〕の「A話すこと・聞くこと」，「B書くこと」の指導事項とも適切に関連付けて指導することが重要であるため，今回の改訂では，「知識及び技能」として整理し，ここに示している。

	第1学年及び第2学年	第3学年及び第4学年	第5学年及び第6学年
言葉の働き	ア　言葉には，事物の内容を表す働きや，経験したことを伝える働きがあることに気付くこと。	ア　言葉には，考えたことや思ったことを表す働きがあることに気付くこと。	ア　言葉には，相手とのつながりをつくる働きがあることに気付くこと。

話し言葉と書き言葉	イ 音節と文字との関係，アクセントによる語の意味の違いなどに気付くとともに，姿勢や口形，発声や発音に注意して話すこと。 ウ 長音，拗音，促音，撥音などの表記，助詞の「は」，「へ」及び「を」の使い方，句読点の打ち方，かぎ（「 」）の使い方を理解して文や文章の中で使うこと。また，平仮名及び片仮名を読み，書くとともに，片仮名で書く語の種類を知り，文や文章の中で使うこと。	イ 相手を見て話したり聞いたりするとともに，言葉の抑揚や強弱，間の取り方などに注意して話すこと。 ウ 漢字と仮名を用いた表記，送り仮名の付け方，改行の仕方を理解して文や文章の中で使うとともに，句読点を適切に打つこと。また，第3学年においては，日常使われている簡単な単語について，ローマ字で表記されたものを読み，ローマ字で書くこと。	イ 話し言葉と書き言葉との違いに気付くこと。 ウ 文や文章の中で漢字と仮名を適切に使い分けるとともに，送り仮名や仮名遣いに注意して正しく書くこと。
漢字	エ 第1学年においては，別表の学年別漢字配当表（以下「学年別漢字配当表」という。）の第1学年に配当されている漢字を読み，漸次書き，文や文章の中で使うこと。第2学年においては，学年別漢字配当表の第2学年までに配当されている漢字を読むこと。また，第1学年に配当されている漢字を書き，文や文章の中で使うとともに，第2学年に配当されている漢字を漸次書き，文や文章の中で使うこと。	エ 第3学年及び第4学年の各学年においては，学年別漢字配当表の当該学年までに配当されている漢字を読むこと。また，当該学年の前の学年までに配当されている漢字を書き，文や文章の中で使うとともに，当該学年に配当されている漢字を漸次書き，文や文章の中で使うこと。	エ 第5学年及び第6学年の各学年においては，学年別漢字配当表の当該学年までに配当されている漢字を読むこと。また，当該学年の前の学年までに配当されている漢字を書き，文や文章の中で使うとともに，当該学年に配当されている漢字を漸次書き，文や文章の中で使うこと。

2 国語科の内容

語彙	オ 身近なことを表す語句の量を増し，話や文章の中で使うとともに，言葉には意味による語句のまとまりがあることに気付き，語彙を豊かにすること。	オ 様子や行動，気持ちや性格を表す語句の量を増し，話や文章の中で使うとともに，言葉には性質や役割による語句のまとまりがあることを理解し，語彙を豊かにすること。	オ 思考に関わる語句の量を増し，話や文章の中で使うとともに，語句と語句との関係，語句の構成や変化について理解し，語彙を豊かにすること。また，語感や言葉の使い方に対する感覚を意識して，語や語句を使うこと。
文や文章	カ 文の中における主語と述語との関係に気付くこと。	カ 主語と述語との関係，修飾と被修飾との関係，指示する語句と接続する語句の役割，段落の役割について理解すること。	カ 文の中での語句の係り方や語順，文と文との接続の関係，話や文章の構成や展開，話や文章の種類とその特徴について理解すること。
言葉遣い	キ 丁寧な言葉と普通の言葉との違いに気を付けて使うとともに，敬体で書かれた文章に慣れること。	キ 丁寧な言葉を使うとともに，敬体と常体との違いに注意しながら書くこと。	キ 日常よく使われる敬語を理解し使い慣れること。
表現の技法			ク 比喩や反復などの表現の工夫に気付くこと。
音読、朗読	ク 語のまとまりや言葉の響きなどに気を付けて音読すること。	ク 文章全体の構成や内容の大体を意識しながら音読すること。	ケ 文章を音読したり朗読したりすること。

(2) 情報の扱い方に関する事項

話や文章に含まれている情報の扱い方に関する事項である。

急速に情報化が進展する社会において,様々な媒体の中から必要な情報を取り出したり,情報同士の関係を分かりやすく整理したり,発信したい情報を様々な手段で表現したりすることが求められている。一方,中央教育審議会答申において,「教科書の文章を読み解けていないとの調査結果もあるところであり,文章で表された情報を的確に理解し,自分の考えの形成に生かしていけるようにすることは喫緊の課題である。」と指摘されているところである。

話や文章に含まれている情報を取り出して整理したり,その関係を捉えたりすることが,話や文章を正確に理解することにつながり,また,自分のもつ情報を整理して,その関係を分かりやすく明確にすることが,話や文章で適切に表現することにつながるため,このような情報の扱い方に関する「知識及び技能」は国語科において育成すべき重要な資質・能力の一つである。今回の改訂では,これらの資質・能力の育成に向け,「情報の扱い方に関する事項」を新設した。この事項は,アの「情報と情報との関係」,イの「情報の整理」の二つの内容で構成し,系統的に示している。

○情報と情報との関係

情報と情報との様々な関係に関する事項である。

各領域における「思考力,判断力,表現力等」を育成する上では,話や文章に含まれている情報と情報との関係を捉えて理解したり,自分のもつ情報と情報との関係を明確にして話や文章で表現したりすることが重要になる。

このため,平成20年告示の学習指導要領では「A話すこと・聞くこと」,「B書くこと」,「C読むこと」の各領域において示していた内容も含まれている。今回の改訂では,話したり聞いたり書いたり読んだりするために共通して必要となる「知識及び技能」として改めて整理し,基本的なものを取り上げて系統的に示している。

○情報の整理

情報の整理に関する事項である。

情報を取り出したり活用したりする際に行う整理の仕方やそのための具体的な手段について示している。こうした「知識及び技能」を,言語活動の中で使うことができるようにすることが重要である。

	第１学年及び第２学年	第３学年及び第４学年	第５学年及び第６学年
情報と情報との関係	ア　共通，相違，事柄の順序など情報と情報との関係について理解すること。	ア　考えとそれを支える理由や事例，全体と中心など情報と情報との関係について理解すること。	ア　原因と結果など情報と情報との関係について理解すること。
情報の整理		イ　比較や分類の仕方，必要な語句などの書き留め方，引用の仕方や出典の示し方，辞書や事典の使い方を理解し使うこと。	イ　情報と情報との関係付けの仕方，図などによる語句と語句との関係の表し方を理解し使うこと。

(3) 我が国の言語文化に関する事項

我が国の言語文化に関する事項である。

我が国の言語文化とは,我が国の歴史の中で創造され,継承されてきた文化的に価値をもつ言語そのもの,つまり文化としての言語,またそれらを実際の生活で使用することによって形成されてきた文化的な言語生活,さらには,古代から現代までの各時代にわたって,表現し,受容されてきた多様な言語芸術や芸能などを幅広く指している。今回の改訂では,これらに関わる「伝統的な言語文化」,「言葉の由来や変化」,「書写」,「読書」に関する内容を「我が国の言語文化に関する事項」として整理した。

○伝統的な言語文化

伝統的な言語文化に親しむことに関する事項である。

我が国の言語文化に触れ,親しんだり,楽しんだりするとともに,その豊かさに気付き,理解を深めることに重点を置いて内容を構成している。

各学年のアは,音読するなどして言葉の響きやリズムに親しむことを系統的に示している。イは,第1学年及び第2学年では言葉の豊かさに気付くことを,第3学年及び第4学年ではことわざや慣用句,故事成語などの長い間使われてきた言葉を知り,使うことを,第5学年及び第6学年では作品に表れている昔の人のものの見方や感じ方を知ることを示している。

○言葉の由来や変化

言葉の由来や変化に関する事項である。

第3学年及び第4学年では,部首と他の部分とによって漢字が構成されることを知るとともに,実際の漢字についてその構成を理解することを示している。第5学年及び第6学年では,時間や場所による言葉の変化,言葉の由来に関することについて理解することを示している。

○書写

書写に関する事項である。

ここに示す内容を理解し使うことを通して,各教科等の学習活動や日常生活に生かすことのできる書写の能力を育成することが重要となる。

文字のまとまった学習は,小学校入学を期に始まる。文字を書く基礎となる「姿勢」,「筆記具の持ち方」,「点画や一文字の書き方」,「筆順」などの事項から,「文字の集まりの書き方」に関する事項へと,内容を系統的に示している。さらに,文字や文字の集まりの書き方を基礎として,筆記具を選択し効果的に使用す

るなど，目的や状況に応じて書き方を判断して書くことについて示している。

なお，「第3 指導計画の作成と内容の取扱い」の2(1)カに示している書写の学習指導の配慮事項を踏まえる必要がある。

○読書

読書の意義や効用などに関する事項である。

読書は，国語科で育成を目指す資質・能力をより高める重要な活動の一つである。自ら進んで読書をし，読書を通して人生を豊かにしようとする態度を養うために，国語科の学習が読書活動に結び付くよう発達の段階に応じて系統的に指導することが求められる。

なお，「読書」とは，本を読むことに加え，新聞，雑誌を読んだり，何かを調べるために関係する資料を読んだりすることを含んでいる。

	第1学年及び第2学年	第3学年及び第4学年	第5学年及び第6学年
伝統的な言語文化	ア 昔話や神話・伝承などの読み聞かせを聞くなどして，我が国の伝統的な言語文化に親しむこと。 イ 長く親しまれている言葉遊びを通して，言葉の豊かさに気付くこと。	ア 易しい文語調の短歌や俳句を音読したり暗唱したりするなどして，言葉の響きやリズムに親しむこと。 イ 長い間使われてきたことわざや慣用句，故事成語などの意味を知り，使うこと。	ア 親しみやすい古文や漢文，近代以降の文語調の文章を音読するなどして，言葉の響きやリズムに親しむこと。 イ 古典について解説した文章を読んだり作品の内容の大体を知ったりすることを通して，昔の人のものの見方や感じ方を知ること。
言葉の由来や変化		ウ 漢字が，へんやつくりなどから構成されていることについて理解すること。	ウ 語句の由来などに関心をもつとともに，時間の経過による言葉の変化や世代による言葉の違いに気付き，共通語と方言との違いを理解すること。また，仮名及び漢字の由来,特質などについて理解すること。

書写	ウ 書写に関する次の事項を理解し使うこと。 (ア) 姿勢や筆記具の持ち方を正しくして書くこと。 (イ) 点画の書き方や文字の形に注意しながら，筆順に従って丁寧に書くこと。 (ウ) 点画相互の接し方や交わり方，長短や方向などに注意して，文字を正しく書くこと。	エ 書写に関する次の事項を理解し使うこと。 (ア) 文字の組立て方を理解し，形を整えて書くこと。 (イ) 漢字や仮名の大きさ，配列に注意して書くこと。 (ウ) 毛筆を使用して点画の書き方への理解を深め，筆圧などに注意して書くこと。	エ 書写に関する次の事項を理解し使うこと。 (ア) 用紙全体との関係に注意して，文字の大きさや配列などを決めるとともに，書く速さを意識して書くこと。 (イ) 毛筆を使用して，穂先の動きと点画のつながりを意識して書くこと。 (ウ) 目的に応じて使用する筆記具を選び，その特徴を生かして書くこと。
読書	エ 読書に親しみ，いろいろな本があることを知ること。	オ 幅広く読書に親しみ，読書が，必要な知識や情報を得ることに役立つことに気付くこと。	オ 日常的に読書に親しみ，読書が，自分の考えを広げることに役立つことに気付くこと。

3 〔思考力,判断力,表現力等〕の内容

A 話すこと・聞くこと

「話すこと・聞くこと」の指導事項

内容の(1)は,学習過程に沿って,次のように構成している。
- 話題の設定,情報の収集,内容の検討
- 構成の検討,考えの形成(話すこと)
- 表現,共有(話すこと)
- 構造と内容の把握,精査・解釈,考えの形成,共有(聞くこと)
- 話合いの進め方の検討,考えの形成,共有(話し合うこと)

「A話すこと・聞くこと」領域の構成

学習過程		(1)指導事項			(2)言語活動例		
		第1学年及び第2学年	第3学年及び第4学年	第5学年及び第6学年	第1学年及び第2学年	第3学年及び第4学年	第5学年及び第6学年
話すこと	話題の設定	ア	ア	ア	ア(話したり聞いたりする活動)	ア、ウ(話したり聞いたりする活動)	ア、ウ(話したり聞いたりする活動)
	情報の収集						
	内容の検討						
	構成の検討	イ	イ	イ			
	考えの形成						
	表現	ウ	ウ	ウ			
	共有						
聞くこと	話題の設定	ア(再掲)	ア(再掲)	ア(再掲)	イ(話し合う活動)	イ(話し合う活動)	イ(話し合う活動)
	情報の収集						
	構造と内容の把握	エ	エ	エ			
	精査・解釈						
	考えの形成						
	共有						
話し合うこと	話題の設定	ア(再掲)	ア(再掲)	ア(再掲)			
	情報の収集						
	内容の検討						
	話合いの進め方の検討	オ	オ	オ			
	考えの形成						
	共有						

上表のとおり,今回の改訂では,学習過程を一層明確にし,各指導事項を位置付けた。なお,ここに示す学習過程は指導の順序性を示すものではないため,ア

からオまでの指導事項を必ずしも順番に指導する必要はない。また,「話題の設定,情報の収集,内容の検討」に関する指導事項は,「話すこと」,「聞くこと」,「話し合うこと」に共通する指導事項である。

なお,「A話すこと・聞くこと」の学習は,話し手と聞き手との関わりの下で成立する学習であるため,「話すこと」,「聞くこと」,「話し合うこと」の各指導事項は相互に密接な関連がある。

○話題の設定,情報の収集,内容の検討

日常生活の中から話題を決め,集めた材料から必要な事柄を選んだり,その内容を検討したりすることを示している。「話すこと」,「聞くこと」,「話し合うこと」に共通し,また,その他の指導事項と密接に関わるものである。

○構成の検討,考えの形成（話すこと）

話の内容が明確になるように,構成を考えることを通して,自分の考えを形成することを示している。

第1学年及び第2学年では,**事柄の順序**を,第3学年及び第4学年では,**理由や事例などを挙げながら,話の中心が明確になるよう**,第5学年及び第6学年では,**事実と感想,意見とを区別する**などして,話の構成を考えることを示している。なお,構成を考えながら改めて材料を集めたり内容を検討したりするなど,必要に応じて柔軟に学習を展開することも重要である。

○表現,共有（話すこと）

適切に内容を伝えるために,音声表現を工夫したり,資料を活用したりすることを示している。音声表現はそのままでは形に残らないものであるため,伝えたいことが明確になるような表現の工夫を重視している。

○構造と内容の把握,精査・解釈,考えの形成,共有（聞くこと）

話し手が伝えたいことと自分が聞く必要のあることの両面を意識しながら聞き,感想や考えを形成することを示している。

○話合いの進め方の検討,考えの形成,共有（話し合うこと）

進行を意識して話し合い,互いの意見や考えなどを関わらせながら,考えをまとめたり広げたりすることを示している。

話合いは,話すことと聞くこととが交互に行われる言語活動であり,それぞれの児童が話し手でもあり聞き手でもある。話合いの過程では,「話すこと」と

「聞くこと」に関する資質・能力が一体となって働くため，指導に当たっては，「話すこと」に関する指導事項と「聞くこと」に関する指導事項との関連を図ることが重要である。

	第1学年及び第2学年	第3学年及び第4学年	第5学年及び第6学年
話題の設定，情報の収集，内容の検討	ア 身近なことや経験したことなどから話題を決め，伝え合うために必要な事柄を選ぶこと。	ア 目的を意識して，日常生活の中から話題を決め，集めた材料を比較したり分類したりして，伝え合うために必要な事柄を選ぶこと。	ア 目的や意図に応じて，日常生活の中から話題を決め，集めた材料を分類したり関係付けたりして，伝え合う内容を検討すること。
構成の検討，考えの形成（話すこと）	イ 相手に伝わるように，行動したことや経験したことに基づいて，話す事柄の順序を考えること。	イ 相手に伝わるように，理由や事例などを挙げながら，話の中心が明確になるよう話の構成を考えること。	イ 話の内容が明確になるように，事実と感想，意見とを区別するなど，話の構成を考えること。
表現，共有（話すこと）	ウ 伝えたい事柄や相手に応じて，声の大きさや速さなどを工夫すること。	ウ 話の中心や話す場面を意識して，言葉の抑揚や強弱，間の取り方などを工夫すること。	ウ 資料を活用するなどして，自分の考えが伝わるように表現を工夫すること。
構造と内容の把握，精査・解釈，考えの形成，共有（聞くこと）	エ 話し手が知らせたいことや自分が聞きたいことを落とさないように集中して聞き，話の内容を捉えて感想をもつこと。	エ 必要なことを記録したり質問したりしながら聞き，話し手が伝えたいことや自分が聞きたいことの中心を捉え，自分の考えをもつこと。	エ 話し手の目的や自分が聞こうとする意図に応じて，話の内容を捉え，話し手の考えと比較しながら，自分の考えをまとめること。
話合いの進め方の検討，考えの形成，共有（話し合うこと）	オ 互いの話に関心をもち，相手の発言を受けて話をつなぐこと。	オ 目的や進め方を確認し，司会などの役割を果たしながら話し合い，互いの意見の共通点や相違点に着目して，考えをまとめること。	オ 互いの立場や意図を明確にしながら計画的に話し合い，考えを広げたりまとめたりすること。

「話すこと・聞くこと」の言語活動例

内容の(2)には，(1)の指導事項を指導する際の言語活動を例示している。

各学年のアには，話し手がある程度まとまった話をし，それを聞いて，聞き手が感想や意見を述べる言語活動を例示している。第3学年及び第4学年，第5学年及び第6学年のイには，情報を収集したり，それらを発信したりする言語活動

を例示している。第1学年及び第2学年のイ，第3学年及び第4学年，第5学年及び第6学年のウには，目的に沿って話し合うことを通して互いの考えを共有したり，生かし合ったりする言語活動を例示している。

各学年の言語活動例は，次のとおりである。

なお，これらの言語活動は例示であるため，これらの全てを行わなければならないものではなく，これ以外の言語活動を取り上げることも考えられる。

第1学年及び第2学年	第3学年及び第4学年	第5学年及び第6学年
ア　紹介や説明，報告など伝えたいことを話したり，それらを聞いて声に出して確かめたり感想を述べたりする活動。	ア　説明や報告など調べたことを話したり，それらを聞いたりする活動。	ア　意見や提案など自分の考えを話したり，それらを聞いたりする活動。
	イ　質問するなどして情報を集めたり，それらを発表したりする活動。	イ　インタビューなどをして必要な情報を集めたり，それらを発表したりする活動。
イ　尋ねたり応答したりするなどして，少人数で話し合う活動。	ウ　互いの考えを伝えるなどして，グループや学級全体で話し合う活動。	ウ　それぞれの立場から考えを伝えるなどして話し合う活動。

B 書くこと

「書くこと」の指導事項

内容の(1)は，学習過程に沿って，次のように構成している。
○題材の設定，情報の収集，内容の検討
○構成の検討
○考えの形成，記述
○推敲
○共有

「B書くこと」領域の構成

	学習過程	(1)指導事項			(2)言語活動例		
		第1学年及び第2学年	第3学年及び第4学年	第5学年及び第6学年	第1学年及び第2学年	第3学年及び第4学年	第5学年及び第6学年
書くこと	題材の設定	ア	ア	ア	ア（説明的な文章を書く活動）	ア（説明的な文章を書く活動）	ア（説明的な文章を書く活動）
	情報の収集				イ（実用的な文章を書く活動）	イ（実用的な文章を書く活動）	イ、ウ（文学的な文章を書く活動）
	内容の検討				ウ（文学的な文章を書く活動）	ウ（文学的な文章を書く活動）	
	構成の検討	イ	イ	イ			
	考えの形成	ウ	ウ	ウ,エ			
	記述						
	推敲	エ	エ	オ			
	共有	オ	オ	カ			

　上表のとおり，今回の改訂では，学習過程を一層明確にし，各指導事項を位置付けた。なお，ここに示す学習過程は指導の順序性を示すものではないため，アからカまでの指導事項を必ずしも順番に指導する必要はない。

○**題材の設定，情報の収集，内容の検討**

　書くことを見付けたり，相手や目的，意図に応じて書くことを選んだりするとともに，必要な材料を整理し，伝えたいことを明確にすることを示している。
　「題材の設定」については，第1学年及び第2学年では，**経験したことや想像したことなど**，第3学年及び第4学年では，**相手や目的を意識して，経験したことや想像したことなど**，第5学年及び第6学年では，**目的や意図に応じて，感じたことや考えたことなどから書きたいことを見付けたり選んだりすること**を示している。「情報の収集」及び「内容の検討」については，第1学年及び第2学年

では，**必要な事柄を集めたり確かめたりして**，第3学年及び第4学年では，**集めた材料を比較したり分類したりして**，第5学年及び第6学年では，**集めた材料を分類したり関係付けたりして伝えたいことを明確にする**ことを示している。

○構成の検討

　自分の思いや考えが明確になるように文章の構成を考えることを示している。
　第1学年及び第2学年では，**事柄の順序に沿って**，第3学年及び第4学年では，**書く内容の中心を明確にし，内容のまとまりで段落をつくったり，段落相互の関係に注意したりして**，第5学年及び第6学年では，**筋道の通った文章となるように文章の構成や展開を考える**ことを示している。

○考えの形成，記述

　自分の考えを明確にし，書き表し方を工夫することを示している。
　書き表し方を工夫するとは，自分の考えを伝えるために，どのような言葉を用いるか（文末表現，敬体か常体か等を含む。），語や文及び段落の続き方やつながりをどのように表現するか，といったことなどに注意して記述の仕方を工夫することである。
　第1学年及び第2学年では，**語と語や文と文との続き方に注意しながら，内容のまとまりが分かるように**，第3学年及び第4学年では，**自分の考えとそれを支える理由や事例との関係を明確にして**，第5学年及び第6学年では，**簡単に書いたり詳しく書いたり，事実と感想，意見とを区別して，引用したり，図表やグラフなどを用いたりして自分の考えが伝わるように書き表し方を工夫する**ことを示している。

○推敲

　記述した文章を読み返し，構成や書き表し方などに着目して文や文章を整えることを示している。
　第1学年及び第2学年では，**文章を読み返す習慣を付けるとともに，間違いを正したり，語と語や文と文との続き方を確かめたりすること**，第3学年及び第4学年では，**間違いを正したり，相手や目的を意識した表現になっているかを確かめたりして**，第5学年及び第6学年では，**文章全体の構成や書き表し方などに着目して，文や文章を整える**ことを示している。

○共有

　文章に対する感想や意見を伝え合い，自分の文章の内容や表現のよいところを

見付けることを示している。

　第1学年及び第2学年の学習を踏まえ，第3学年及び第4学年では，**書こうとしたことが明確になっているか**，第5学年及び第6学年では，**文章全体の構成や展開が明確になっているか**などの観点から，自分の文章の内容や表現のよいところを見付けることを示している。

		第1学年及び第2学年	第3学年及び第4学年	第5学年及び第6学年
題材の設定、情報の収集、内容の検討		ア　経験したことや想像したことなどから書くことを見付け，必要な事柄を集めたり確かめたりして，伝えたいことを明確にすること。	ア　相手や目的を意識して，経験したことや想像したことなどから書くことを選び，集めた材料を比較したり分類したりして，伝えたいことを明確にすること。	ア　目的や意図に応じて，感じたことや考えたことなどから書くことを選び，集めた材料を分類したり関係付けたりして，伝えたいことを明確にすること。
構成の検討		イ　自分の思いや考えが明確になるように，事柄の順序に沿って簡単な構成を考えること。	イ　書く内容の中心を明確にし，内容のまとまりで段落をつくったり，段落相互の関係に注意したりして，文章の構成を考えること。	イ　筋道の通った文章となるように，文章全体の構成や展開を考えること。
考えの形成、記述		ウ　語と語や文と文との続き方に注意しながら，内容のまとまりが分かるように書き表し方を工夫すること。	ウ　自分の考えとそれを支える理由や事例との関係を明確にして，書き表し方を工夫すること。	ウ　目的や意図に応じて簡単に書いたり詳しく書いたりするとともに，事実と感想，意見とを区別して書いたりするなど，自分の考えが伝わるように書き表し方を工夫すること。 エ　引用したり，図表やグラフなどを用いたりして，自分の考えが伝わるように書き表し方を工夫すること。
推敲		エ　文章を読み返す習慣を付けるとともに，間違いを正したり，語と語や文と文との続き方を確かめたりすること。	エ　間違いを正したり，相手や目的を意識した表現になっているかを確かめたりして，文や文章を整えること。	オ　文章全体の構成や書き表し方などに着目して，文や文章を整えること。

	第1学年及び第2学年	第3学年及び第4学年	第5学年及び第6学年
共有	オ 文章に対する感想を伝え合い，自分の文章の内容や表現のよいところを見付けること。	オ 書こうとしたことが明確になっているかなど，文章に対する感想や意見を伝え合い，自分の文章のよいところを見付けること。	カ 文章全体の構成や展開が明確になっているかなど，文章に対する感想や意見を伝え合い，自分の文章のよいところを見付けること。

「書くこと」の言語活動例

内容の(2)には，(1)の指導事項を指導する際の言語活動を例示している。

各学年のアは，主として説明的な文章を書く言語活動を例示している。第1学年及び第2学年，第3学年及び第4学年のイは，主として実用的な文章を書く言語活動を例示している。第1学年及び第2学年，第3学年及び第4学年のウと，第5学年及び第6学年のイ，ウは，主として文学的な文章を書く言語活動を例示している。

各学年の言語活動例は，次のとおりである。

なお，これらの言語活動は例示であるため，これらの全てを行わなければならないものではなく，これ以外の言語活動を取り上げることも考えられる。

第1学年及び第2学年	第3学年及び第4学年	第5学年及び第6学年
ア 身近なことや経験したことを報告したり，観察したことを記録したりするなど，見聞きしたことを書く活動。	ア 調べたことをまとめて報告するなど，事実やそれを基に考えたことを書く活動。	ア 事象を説明したり意見を述べたりするなど，考えたことや伝えたいことを書く活動。
イ 日記や手紙を書くなど，思ったことや伝えたいことを書く活動。	イ 行事の案内やお礼の文章を書くなど，伝えたいことを手紙に書く活動。	
ウ 簡単な物語をつくるなど，感じたことや想像したことを書く活動。	ウ 詩や物語をつくるなど，感じたことや想像したことを書く活動。	イ 短歌や俳句をつくるなど，感じたことや想像したことを書く活動。
		ウ 事実や経験を基に，感じたり考えたりしたことや自分にとっての意味について文章に書く活動。

C 読むこと

「読むこと」の指導事項

内容の(1)は，学習過程に沿って，次のように構成している。
○構造と内容の把握
○精査・解釈
○考えの形成
○共有

「C読むこと」領域の構成

学習過程		(1)指導事項			(2)言語活動例		
		第1学年及び第2学年	第3学年及び第4学年	第5学年及び第6学年	第1学年及び第2学年	第3学年及び第4学年	第5学年及び第6学年
読むこと	構造と内容の把握（説明的な文章）	ア	ア	ア	ア（説明的な文章を読む活動） イ（文学的な文章を読む活動） ウ（本などから情報を得て活用する活動）	ア（説明的な文章を読む活動） イ（文学的な文章を読む活動） ウ（本などから情報を得て活用する活動）	ア（説明的な文章を読む活動） イ（文学的な文章を読む活動） ウ（本などから情報を得て活用する活動）
	構造と内容の把握（文学的な文章）	イ	イ	イ			
	精査・解釈（説明的な文章）	ウ	ウ	ウ			
	精査・解釈（文学的な文章）	エ	エ	エ			
	考えの形成	オ	オ	オ			
	共有	カ	カ	カ			

　上表のとおり，今回の改訂では，学習過程を一層明確にし，各指導事項を位置付けた。なお，ここに示す学習過程は指導の順序性を示すものではないため，アからカまでの指導事項を必ずしも順番に指導する必要はない。

　また，〔知識及び技能〕の「読書」に関する事項との関連を図り，児童の日常の読書活動に結び付くようにすることが重要である。

○構造と内容の把握

　叙述に基づいて，文章がどのような構造になっているか，どのような内容が書かれているかを把握することを示している。「構造と内容の把握」とは，叙述を基に，文章の構成や展開を捉えたり，内容を理解したりすることである。

　各学年のアは，説明的な文章における構造と内容の把握について示している。第1学年及び第2学年では，**内容の大体**を，第3学年及び第4学年では，**考えと**

それを支える理由や事例との関係などを，第5学年及び第6学年では，**文章全体の構成を捉えて要旨を把握する**ことを示している。

各学年のイは，文学的な文章における構造と内容の把握について示している。第1学年及び第2学年では，**場面の様子や登場人物の行動など**を，第3学年及び第4学年では，**登場人物の行動や気持ちなど**を，第5学年及び第6学年では，**登場人物の相互関係や心情など**を捉えることを示している。

○精査・解釈

構成や叙述などに基づいて，文章の内容や形式について，精査・解釈することを示している。「精査・解釈」とは，文章の内容や形式に着目して読み，目的に応じて必要な情報を見付けることや，書かれていること，あるいは書かれていないことについて，具体的に想像することなどである。

各学年のウは，説明的な文章における精査・解釈について示している。第1学年及び第2学年では，**文章の中の重要な語や文**を，第3学年及び第4学年では，**中心となる語や文**を見付けること，第5学年及び第6学年では，**必要な情報**を見付けたり，**論の進め方**について考えたりすることを示している。

各学年のエは，文学的な文章における精査・解釈について示している。第1学年及び第2学年では，**登場人物の行動**を，第3学年及び第4学年では，**登場人物の気持ちの変化や性格，情景**を具体的に想像したり，第5学年及び第6学年では，**人物像や物語などの全体像**を具体的に想像したり，**表現の効果**を考えたりすることを示している。

○考えの形成

文章を読んで理解したことなどに基づいて，自分の考えを形成することを示している。「考えの形成」とは，文章の構造と内容を捉え，精査・解釈することを通して理解したことに基づいて，自分の既有の知識や様々な体験と結び付けて感想をもったり考えをまとめたりしていくことである。

第1学年及び第2学年では，**感想をもつこと**，第3学年及び第4学年では，**感想や考えをもつこと**，第5学年及び第6学年では，**自分の考えをまとめること**を示している。

○共有

文章を読んで感じたことや考えたことを共有し，自分の考えを広げることを示している。

「共有」とは，文章を読んで形成してきた自分の考えを表現し，互いの考えを

認め合ったり，比較して違いに気付いたりすることを通して，自分の考えを広げていくことである。

第1学年及び第2学年では，**感じたことや分かったことを共有すること**，第3学年及び第4学年では，**一人一人の感じ方などに違いがあることに気付くこと**，第5学年及び第6学年では，**自分の考えを広げること**を示している。

なお，「共有」に関する「思考力，判断力，表現力等」は，小学校において重点的に育成することとしており，中学校においては小学校で身に付けた力を活用して，自分の考えを形成していくこととしている。

		第1学年及び第2学年	第3学年及び第4学年	第5学年及び第6学年
構造と内容の把握	説明的な文章	ア　時間的な順序や事柄の順序などを考えながら，内容の大体を捉えること。	ア　段落相互の関係に着目しながら，考えとそれを支える理由や事例との関係などについて，叙述を基に捉えること。	ア　事実と感想，意見などとの関係を叙述を基に押さえ，文章全体の構成を捉えて要旨を把握すること。
	文学的な文章	イ　場面の様子や登場人物の行動など，内容の大体を捉えること。	イ　登場人物の行動や気持ちなどについて，叙述を基に捉えること。	イ　登場人物の相互関係や心情などについて，描写を基に捉えること。
精査・解釈	説明的な文章	ウ　文章の中の重要な語や文を考えて選び出すこと。	ウ　目的を意識して，中心となる語や文を見付けて要約すること。	ウ　目的に応じて，文章と図表などを結び付けるなどして必要な情報を見付けたり，論の進め方について考えたりすること。
	文学的な文章	エ　場面の様子に着目して，登場人物の行動を具体的に想像すること。	エ　登場人物の気持ちの変化や性格，情景について，場面の移り変わりと結び付けて具体的に想像すること。	エ　人物像や物語などの全体像を具体的に想像したり，表現の効果を考えたりすること。
考えの形成		オ　文章の内容と自分の体験とを結び付けて，感想をもつこと。	オ　文章を読んで理解したことに基づいて，感想や考えをもつこと。	オ　文章を読んで理解したことに基づいて，自分の考えをまとめること。
共有		カ　文章を読んで感じたことや分かったことを共有すること。	カ　文章を読んで感じたことや考えたことを共有し，一人一人の感じ方などに違いがあることに気付くこと。	カ　文章を読んでまとめた意見や感想を共有し，自分の考えを広げること。

「読むこと」の言語活動例

　内容の(2)には，(1)の指導事項を指導する際の言語活動を例示している。

　各学年のアには，主として説明的な文章を読んで分かったことや考えたことを表現する言語活動を例示している。各学年のイには，主として文学的な文章を読んで内容を説明したり考えたことなどを伝え合ったりする言語活動を例示している。各学年のウには，主として学校図書館などを利用し，本などから情報を得て活用する言語活動を例示している。

　各学年の言語活動例は，次のとおりである。

　なお，これらの言語活動は例示であるため，これらの全てを行わなければならないものではなく，これ以外の言語活動を取り上げることも考えられる。

第1学年及び第2学年	第3学年及び第4学年	第5学年及び第6学年
ア　事物の仕組みを説明した文章などを読み，分かったことや考えたことを述べる活動。	ア　記録や報告などの文章を読み，文章の一部を引用して，分かったことや考えたことを説明したり，意見を述べたりする活動。	ア　説明や解説などの文章を比較するなどして読み，分かったことや考えたことを，話し合ったり文章にまとめたりする活動。
イ　読み聞かせを聞いたり物語などを読んだりして，内容や感想などを伝え合ったり，演じたりする活動。	イ　詩や物語などを読み，内容を説明したり，考えたことなどを伝え合ったりする活動。	イ　詩や物語，伝記などを読み，内容を説明したり，自分の生き方などについて考えたことを伝え合ったりする活動。
ウ　学校図書館などを利用し，図鑑や科学的なことについて書いた本などを読み，分かったことなどを説明する活動。	ウ　学校図書館などを利用し，事典や図鑑などから情報を得て，分かったことなどをまとめて説明する活動。	ウ　学校図書館などを利用し，複数の本や新聞などを活用して，調べたり考えたりしたことを報告する活動。

第3章　各学年の内容

第1節　第1学年及び第2学年の内容

● 1　〔知識及び技能〕

(1) 言葉の特徴や使い方に関する事項

> (1) 言葉の特徴や使い方に関する次の事項を身に付けることができるよう指導する。
> ア　言葉には，事物の内容を表す働きや，経験したことを伝える働きがあることに気付くこと。
> イ　音節と文字との関係，アクセントによる語の意味の違いなどに気付くとともに，姿勢や口形，発声や発音に注意して話すこと。
> ウ　長音，拗音，促音，撥音などの表記，助詞の「は」，「へ」及び「を」の使い方，句読点の打ち方，かぎ（「　」）の使い方を理解して文や文章の中で使うこと。また，平仮名及び片仮名を読み，書くとともに，片仮名で書く語の種類を知り，文や文章の中で使うこと。
> エ　第1学年においては，別表の学年別漢字配当表（以下「学年別漢字配当表」という。）の第1学年に配当されている漢字を読み，漸次書き，文や文章の中で使うこと。第2学年においては，学年別漢字配当表の第2学年までに配当されている漢字を読むこと。また，第1学年に配当されている漢字を書き，文や文章の中で使うとともに，第2学年に配当されている漢字を漸次書き，文や文章の中で使うこと。
> オ　身近なことを表す語句の量を増し，話や文章の中で使うとともに，言葉には意味による語句のまとまりがあることに気付き，語彙を豊かにすること。
> カ　文の中における主語と述語との関係に気付くこと。
> キ　丁寧な言葉と普通の言葉との違いに気を付けて使うとともに，敬体で書かれた文章に慣れること。
> ク　語のまとまりや言葉の響きなどに気を付けて音読すること。

○言葉の働き

第1学年及び第2学年	第3学年及び第4学年	第5学年及び第6学年	中学校第1学年
ア　言葉には，事物の内容を表す働きや，経験したことを伝える働きがあることに気付くこと。	ア　言葉には，考えたことや思ったことを表す働きがあることに気付くこと。	ア　言葉には，相手とのつながりをつくる働きがあることに気付くこと。	

ア　言葉には，事物の内容を表す働きや，経験したことを伝える働きがあることに気付くこと。

　日常的に用いている言葉には，出来事や事物の内容を表す働きや，経験したことを伝える働きがあるということに気付くことを示している。

　事物の内容や自分が経験したことを表現したり伝達したりすることは，言葉の主要な働きである。このような働きが，日常的に使用している言葉にあることに気付くようにすることが大切である。第1学年及び第2学年では，事物の内容や経験したことといった，具体的なことを伝える働きに重点を置いて気付くことを求めている。

　この指導事項は〔知識及び技能〕や〔思考力，判断力，表現力等〕に示す様々な内容に関連するが，例えば，事物の内容や経験したことをどのような言葉を用いて表現するかという観点から，〔知識及び技能〕の(1)オの「身近なことを表す語句の量を増し，話や文章の中で使う」こととの関連を図り，指導の効果を高めることが考えられる。

○話し言葉と書き言葉

第1学年及び第2学年	第3学年及び第4学年	第5学年及び第6学年	中学校第1学年
イ　音節と文字との関係，アクセントによる語の意味の違いなどに気付くとともに，姿勢や口形,発声や発音に注意して話すこと。	イ　相手を見て話したり聞いたりするとともに，言葉の抑揚や強弱，間の取り方などに注意して話すこと。	イ　話し言葉と書き言葉との違いに気付くこと。	ア　音声の働きや仕組みについて，理解を深めること。

ウ 長音,拗音,促音,撥音などの表記,助詞の「は」,「へ」及び「を」の使い方,句読点の打ち方,かぎ(「 」)の使い方を理解して文や文章の中で使うこと。また,平仮名及び片仮名を読み,書くとともに,片仮名で書く語の種類を知り,文や文章の中で使うこと。	ウ 漢字と仮名を用いた表記,送り仮名の付け方,改行の仕方を理解して文や文章の中で使うとともに,句読点を適切に打つこと。また,第3学年においては,日常使われている簡単な単語について,ローマ字で表記されたものを読み,ローマ字で書くこと。	ウ 文や文章の中で漢字と仮名を適切に使い分けるとともに,送り仮名や仮名遣いに注意して正しく書くこと。	

イ 音節と文字との関係,アクセントによる語の意味の違いなどに気付くとともに,姿勢や口形,発声や発音に注意して話すこと。

　国語の音節(拍)と文字の関係,アクセントによる語の違いへの気付き,話す際の姿勢や口形,発声,発音に注意して話すことを示している。

　音節と文字との関係とは,平仮名や片仮名における音節(拍)と文字との関係のことを示している。平仮名や片仮名は拗音の表記などを除けば,一文字が一音節(拍)に対応する文字である。漢字はそのような表音文字ではなく,個々の文字が音と意味とを備えている。児童の発達や学習の状況に応じて,一文字ずつ文字と音とを対応させて読むことなどが有効である。

　アクセントによる語の意味の違いは,音声的な面から語を識別することに関わる点で重要である。日本語のアクセントは,一般に音節(拍)の高低として理解される。実際に発音を聞いたり発音したりすることを通して,意味の違いに気付くようにすることが大切である。

　姿勢や口形,発声や発音に注意して話すことは,平成20年告示の学習指導要領では「A話すこと・聞くこと」の「話すこと」に関する指導事項として示していたものであるが,〔知識及び技能〕へと位置付けを変更した。**姿勢や口形,発声や発音**は,主に相手に内容を正確に伝えるために重要である。

　姿勢は,相手に対する印象などに加え,発声をしやすくしたり明瞭な発音をしたりする基礎となるものである。背筋を伸ばし,声を十分出しながら落ち着いた気持ちで話すことが求められる。また,正しい発音のために,唇や舌などを適切

に使った口形について,早い時期に身に付けられるようにすることが大切である。「ライオン」を「ダイオン」,「子供」を「コロモ」,「サカナ」を「チャカナ」と発音するなど,ラ行やサ行などによく見られる置き換えや,「トウモロコシ」が「トウモコシ」となる音の省略など,幼児音の残る児童も見られる。そこで,母音の口形及び発音,発声について適切に指導するとともに,一音一音を識別させ,安定した発声や明瞭な発音へと導いていくようにすることが必要となる。

ウ　長音,拗音,促音,撥音などの表記,助詞の「は」,「へ」及び「を」の使い方,句読点の打ち方,かぎ(「　」)の使い方を理解して文や文章の中で使うこと。また,平仮名及び片仮名を読み,書くとともに,片仮名で書く語の種類を知り,文や文章の中で使うこと。

　仮名遣いや助詞,句読点やかぎ(「　」)の使い方,平仮名や片仮名の読み書きや基礎的な使い方を理解して文や文章で使うことを示している。

　長音とは「おかあさん」のように「のばす音」,拗音とは「きゃ」,「きゅ」のように「ねじれる音」,促音とは「らっぱ」のように「つまる音」,撥音とは「ん」の字に当たる「はねる音」のことである。

　ここでは,発音に関する指導と関連させるとともに,日々の学習の積み重ねの中で,次第にその規則性に気付き,身に付けていくことができるようにすることが大切である。また,助詞の「は」,「へ」及び「を」については,視写や聴写などを取り入れながら繰り返し指導することによって,文の中で使えるようにすることが必要である。

　句点については,文を書く際には,文末に必ず句点を打つように指導し,文意識を育てていくようにすることが大切である。読点については,文頭の接続語などの後,主語の後,従属節の後,並列する語の後など必要な箇所に打つことを理解することが重要である。

　かぎ(「　」)については,会話文におけるかぎ(「　」)の使い方を中心に指導し,その他の箇所でもかぎ(「　」)が使われていることに気付くようにすることが大切である。

　平仮名の読み書きについては,各教科等の学習の基礎となるものであり,第1学年でその全部の読み書きができるようにする必要がある。**片仮名で書く語の種類を知り,文や文章の中で使うこと**とは,擬声語や擬態語,外国の地名や人名,外来語など片仮名で書く語がどのような種類の語であるかを知り,実際に文や文章の中で片仮名を使うことを示している。

○漢字

第1学年及び第2学年	第3学年及び第4学年	第5学年及び第6学年	中学校第1学年
エ 第1学年においては，別表の学年別漢字配当表（以下「学年別漢字配当表」という。）の第1学年に配当されている漢字を読み，漸次書き，文や文章の中で使うこと。第2学年においては，学年別漢字配当表の第2学年までに配当されている漢字を読むこと。また，第1学年に配当されている漢字を書き，文や文章の中で使うとともに，第2学年に配当されている漢字を漸次書き，文や文章の中で使うこと。	エ 第3学年及び第4学年の各学年においては，学年別漢字配当表の当該学年までに配当されている漢字を読むこと。また，当該学年の前の学年までに配当されている漢字を書き，文や文章の中で使うとともに，当該学年に配当されている漢字を漸次書き，文や文章の中で使うこと。	エ 第5学年及び第6学年の各学年においては，学年別漢字配当表の当該学年までに配当されている漢字を読むこと。また，当該学年の前の学年までに配当されている漢字を書き，文や文章の中で使うとともに，当該学年に配当されている漢字を漸次書き，文や文章の中で使うこと。	イ 小学校学習指導要領第2章第1節国語の学年別漢字配当表（以下「学年別漢字配当表」という。）に示されている漢字に加え，その他の常用漢字のうち300字程度から400字程度までの漢字を読むこと。また，学年別漢字配当表の漢字のうち900字程度の漢字を書き，文や文章の中で使うこと。

エ　第１学年においては，別表の学年別漢字配当表（以下「学年別漢字配当表」という。）の第１学年に配当されている漢字を読み，漸次書き，文や文章の中で使うこと。第２学年においては，学年別漢字配当表の第２学年までに配当されている漢字を読むこと。また，第１学年に配当されている漢字を書き，文や文章の中で使うとともに，第２学年に配当されている漢字を漸次書き，文や文章の中で使うこと。

　第１学年では，漢字に対する興味や関心，字形に関する意識などを養いながら，学年に配当されている80字の漢字を読めるようにする。第１学年の配当漢字には，象形文字や指事文字が多く含まれているので，漢字の字形と具体的な事物（実物や絵など）とを結び付けるなどの指導を工夫し，漢字が表意文字であることを意識しながら，漢字に対する興味や関心を高められるようにする。また，漢字単独の読みだけではなく，文や文章の中で漢字を読むことも大切にして，文

脈の中での意味と結び付けていくようにする。

　漸次書き，文や文章の中で使うとは，学習した漢字を習得できるように少しずつ書くことを積み重ねるとともに，文や文章で使うようにすることである。当該漢字を知っていることにとどまらず，実際に使うことによって有効性を実感できるようにし，第2学年の終わりまでに文や文章の中で使うことができるよう，2学年間にわたって確実に定着させていくことが大切である。

　第2学年では，漢字を読むことについて，学年別漢字配当表の第2学年までに配当されている漢字を読むことを示している。また，漢字を書くことについては，第1学年に配当されている漢字を書き，文や文章の中で使う習慣を身に付けるようにするとともに，当該学年に配当されている漢字を漸次書き，文や文章の中で使うようにすることを示している。

○語彙

第1学年及び第2学年	第3学年及び第4学年	第5学年及び第6学年	中学校第1学年
オ　身近なことを表す語句の量を増し，話や文章の中で使うとともに，言葉には意味による語句のまとまりがあることに気付き，語彙を豊かにすること。	オ　様子や行動，気持ちや性格を表す語句の量を増し，話や文章の中で使うとともに，言葉には性質や役割による語句のまとまりがあることを理解し，語彙を豊かにすること。	オ　思考に関わる語句の量を増し，話や文章の中で使うとともに，語句と語句との関係，語句の構成や変化について理解し，語彙を豊かにすること。また，語感や言葉の使い方に対する感覚を意識して，語や語句を使うこと。	ウ　事象や行為，心情を表す語句の量を増すとともに，語句の辞書的な意味と文脈上の意味との関係に注意して話や文章の中で使うことを通して，語感を磨き語彙を豊かにすること。

オ　身近なことを表す語句の量を増し，話や文章の中で使うとともに，言葉には意味による語句のまとまりがあることに気付き，語彙を豊かにすること。

　身近なことに関する語句の量を増したり，意味による語句のまとまりに気付いたりすることを通して語彙を豊かにすることを示している。

　この指導事項は，小学校の第1学年及び第2学年の段階から語彙の量と質を豊かにすることが，全ての教科等における学習の基盤となる言語能力の育成につながることから，今回の改訂において新設したものである。

　第1学年及び第2学年では，身近なことを表す語句の指導に重点を置き，これ

らに関する語句を理解し使うことを通じて，使いこなせる語句の量を増やし，語彙を豊かにすることを示している。**身近なことを表す語句**とは，日常生活や学校生活で用いる言葉，周りの人について表す言葉，事物や体験したことを表す言葉などを指す。これらを**話や文章の中で使う**ことを通して，自分の語彙として身に付けていくことが重要である。

意味による語句のまとまりとは，ある語句を中心として，同義語や類義語，対義語など，その語句と様々な意味関係にある語句が集まって構成している集合である。例えば，動物や果物の名前を表す語句，色や形を表す語句などは，相互に関係のある語句として一つのまとまりを構成している。

語彙を豊かにするとは，自分の語彙を量と質の両面から充実させることである。使用する語句の量や範囲を広げながら，語句相互の意味関係を理解することで，児童が，自分の語彙を豊かにしていくことが重要である。

指導に当たっては，例えば，聞いたり読んだりする際に新しい言葉に着目することや，話したり書いたりする際にいろいろな表現を使うようにすることが有効である。また，「(2) 情報と情報との関係」との関連を図り，指導の効果を高めることも考えられる。

○文や文章

第1学年及び第2学年	第3学年及び第4学年	第5学年及び第6学年	中学校第1学年
カ　文の中における主語と述語との関係に気付くこと。	カ　主語と述語との関係，修飾と被修飾との関係，指示する語句と接続する語句の役割，段落の役割について理解すること。	カ　文の中での語句の係り方や語順，文と文との接続の関係，話や文章の構成や展開，話や文章の種類とその特徴について理解すること。	エ　単語の類別について理解するとともに，指示する語句と接続する語句の役割について理解を深めること。

カ　文の中における主語と述語との関係に気付くこと。

話や文章に含まれる文の中で主語と述語が関係していることに気付かせることを示している。

書き言葉としての文章だけでなく，話し言葉としての話の中に含まれる文においても主語と述語との関係に気付かせることが大切である。**主語と述語との関係**とは，主語と述語の適切な係り受けのことである。例えば，「昨日，私は，母がおやつにクッキーを焼いてくれました。」のように「私は」に対する述語が示さ

れないといったことがないように，主語と述語を適切に対応させることが必要である。表現するときだけでなく，文章を読むときにも主語と述語の適切な係り受けについて意識できるようにすることが大切である。

また，主語と述語が適切な係り受けの関係となっていることが，伝えたいことを相手に正確に伝える上で重要であることに気付くようにすることが大切である。

○言葉遣い

第1学年及び第2学年	第3学年及び第4学年	第5学年及び第6学年	中学校第１学年
キ　丁寧な言葉と普通の言葉との違いに気を付けて使うとともに，敬体で書かれた文章に慣れること。	キ　丁寧な言葉を使うとともに，敬体と常体との違いに注意しながら書くこと。	キ　日常よく使われる敬語を理解し使い慣れること。	

キ　丁寧な言葉と普通の言葉との違いに気を付けて使うとともに，敬体で書かれた文章に慣れること。

　丁寧な言葉と普通の言葉を相手や場面に応じて使い分けることに気を付けて話すとともに，敬体で書かれた文章を読み慣れることを示している。

　話すときの言葉遣いは，相手との親疎や人数の多少，改まった場面かどうかなどに応じて使い分ける必要がある。第１学年及び第２学年では，場面や状況によって**丁寧な言葉**を用いるときと**普通の言葉**を用いるときとがあることに気付き，それぞれを使い分けようとする気持ちをもたせることが大切である。

　敬体とは，文末が「です」，「ます」又は「でした」，「ました」などのようになる文体である。まず，教科書の敬体の文章に読み慣れるようにすることが必要である。最初は，文末の表現に注意させて読み慣れるようにし，漸次自分でも使い慣れるようにしていくことが有効である。

○音読，朗読

第1学年及び第2学年	第3学年及び第4学年	第5学年及び第6学年	中学校第１学年
ク　語のまとまりや言葉の響きなどに気を付けて音読すること。	ク　文章全体の構成や内容の大体を意識しながら音読すること。	ケ　文章を音読したり朗読したりすること。	

ク　語のまとまりや言葉の響きなどに気を付けて音読すること。

　語のまとまりや言葉の響きなどに気を付けて音読することを示している。

　音読には，自分が理解しているかどうかを確かめる働きや自分が理解したことを表出する働きなどがある。このため，声に出して読むことは，響きやリズムを感じながら言葉のもつ意味を捉えることに役立つ。また，音読により自分が理解したことを表出することは，他の児童の理解を助けることにもつながる。

　明瞭な発音で文章を読むこと，ひとまとまりの語や文として読むこと，言葉の響きやリズムなどに注意して読むことなどが重要となる。文字を確かめ，内容が理解できるか，どのように感じるかなどを，自分の声を自分で聞きながら把握していくことに重点を置くこととなる。

　指導に当たっては，例えば，〔思考力，判断力，表現力等〕の「B書くこと」の「推敲」に関する指導事項のエと関わらせたり，「C読むこと」の「構造と内容の把握」に関する指導事項のアやイと関わらせたりすることが考えられる。

(2) 情報の扱い方に関する事項

> (2) 話や文章に含まれている情報の扱い方に関する次の事項を身に付けることができるよう指導する。
> ア 共通,相違,事柄の順序など情報と情報との関係について理解すること。

○情報と情報との関係

第1学年及び第2学年	第3学年及び第4学年	第5学年及び第6学年	中学校第1学年
ア 共通,相違,事柄の順序など情報と情報との関係について理解すること。	ア 考えとそれを支える理由や事例,全体と中心など情報と情報との関係について理解すること。	ア 原因と結果など情報と情報との関係について理解すること。	ア 原因と結果,意見と根拠など情報と情報との関係について理解すること。

ア 共通,相違,事柄の順序など情報と情報との関係について理解すること。

共通,相違,事柄の順序などに重点を置いて情報と情報との関係を理解することを示している。

相手の考えを理解したり自分の思いや考えを表現したりするためには,話や文章の中に含まれている情報と情報とがどのように結び付いているかを捉えたり,整理したりすることが必要となる。

共通する関係を理解するとは,事柄同士の中から同じ点を見いだしたり,そのことによって共通であることを認識したりすることである。例えば,一見異なるように見えるもの同士にも見方によっては共通する部分が見いだせることを理解したり,似ているもの同士のどことどこが似ているのかを明らかにしたりすることなどが考えられる。

相違する関係を理解するとは,事柄同士の様子や特徴などについて違う点を見いだしたり,そのことによって相違していることを認識したりすることである。例えば,一見似たように見えるもの同士にも見方によっては異なる部分を見いだせることを理解したり,異なるもの同士のどこが異なっているのかを明らかにしたりすることなどが考えられる。

事柄の順序の関係を理解するとは,複数の事柄などが一定の観点に基づいて順序付けられていることを認識することである。例えば,時間,作業手順,重要度,優先度などの観点に基づいた順序が考えられる。

第1学年及び第2学年では，事柄同士の共通点や相違点を見付けることや，事柄の順序を考えることが，理解したり表現したりする上で大切であることを理解することが重要である。

　指導に当たっては，例えば，〔思考力，判断力，表現力等〕の「A話すこと・聞くこと」の(1)の「話題の設定，情報の収集，内容の検討」に関する指導事項のア，「構成の検討，考えの形成」に関する指導事項のイ，「B書くこと」の(1)の「題材の設定，情報の収集，内容の検討」に関する指導事項のア，「構成の検討」に関する指導事項のイ，「C読むこと」の(1)の「構造と内容の把握」に関する指導事項のアやイなどとの関連を図り，指導の効果を高めることが考えられる。

(3) 我が国の言語文化に関する事項

> (3) 我が国の言語文化に関する次の事項を身に付けることができるよう指導する。
>　ア　昔話や神話・伝承などの読み聞かせを聞くなどして，我が国の伝統的な言語文化に親しむこと。
>　イ　長く親しまれている言葉遊びを通して，言葉の豊かさに気付くこと。
>　ウ　書写に関する次の事項を理解し使うこと。
>　　(ｱ)　姿勢や筆記具の持ち方を正しくして書くこと。
>　　(ｲ)　点画の書き方や文字の形に注意しながら，筆順に従って丁寧に書くこと。
>　　(ｳ)　点画相互の接し方や交わり方，長短や方向などに注意して，文字を正しく書くこと。
>　エ　読書に親しみ，いろいろな本があることを知ること。

○伝統的な言語文化

第1学年及び第2学年	第3学年及び第4学年	第5学年及び第6学年	中学校第1学年
ア　昔話や神話・伝承などの読み聞かせを聞くなどして，我が国の伝統的な言語文化に親しむこと。	ア　易しい文語調の短歌や俳句を音読したり暗唱したりするなどして，言葉の響きやリズムに親しむこと。	ア　親しみやすい古文や漢文，近代以降の文語調の文章を音読するなどして，言葉の響きやリズムに親しむこと。	ア　音読に必要な文語のきまりや訓読の仕方を知り，古文や漢文を音読し，古典特有のリズムを通して，古典の世界に親しむこと。
イ　長く親しまれている言葉遊びを通して，言葉の豊かさに気付くこと。	イ　長い間使われてきたことわざや慣用句，故事成語などの意味を知り，使うこと。	イ　古典について解説した文章を読んだり作品の内容の大体を知ったりすることを通して，昔の人のものの見方や感じ方を知ること。	イ　古典には様々な種類の作品があることを知ること。

ア　昔話や神話・伝承などの読み聞かせを聞くなどして，我が国の伝統的な言語文化に親しむこと。

児童が伝統的な言語文化としての古典に出合い，親しんでいく始まりとして，昔話や神話・伝承などの読み聞かせを聞くなどすることを示している。

　昔話や神話・伝承は，国の始まりや形成過程，人の生き方や自然などについての古代からの人々のものの見方や考え方が，長い歴史の中で口承だけでなく筆記された書物として，現在に引き継がれてきたものである。

　昔話は，「むかしむかし，あるところに」などの言葉で語り始められる空想的な物語であり，特定または不特定の人物について描かれる。

　神話・伝承は，一般的には特定の人や場所，自然，出来事などと結び付けられ，伝説的に語られている物語である。古事記，日本書紀，風土記などに描かれたものや，地域に伝わる伝説などが教材として考えられる。その際，児童の発達の段階や初めて古典を学習することを考慮し，易しく書き換えたものを取り上げることが必要である。

　第1学年及び第2学年では，まず，**読み聞かせを聞く**ことで，伝統的な言語文化に触れることの楽しさを実感できるようにすることが大切である。話の面白さに加え，独特の語り口調や言い回しなどにも気付き，親しみを感じていくことを重視する。また，地域が育んできた言語文化に触れることも大切である。例えば，地域の人々による民話の語りを聞いたり劇を行ったりするなど，言語活動を工夫することなどが考えられる。

イ　長く親しまれている言葉遊びを通して，言葉の豊かさに気付くこと。

　言葉そのものがもつ豊かさに気付くことを重視して新設した指導事項である。長く親しまれている言葉遊びを通して，語彙を豊かにし，言葉を用いること自体を楽しむことを示している。言語感覚を養う基盤として，第1学年及び第2学年に示している。

　言葉遊びとしては，いろはうたやかぞえうた，しりとりやなぞなぞ，回文や折句，早口言葉，かるたなど，昔から親しまれてきたものが考えられる。また，地域に伝わる言葉遊びに触れたり，郷土のかるたで遊んだりする活動を通して地域特有の言語文化に親しむことも考えられる。

　言葉の豊かさに気付くとは，言葉のリズムを楽しんだり，言葉を用いて発想を広げたり，言葉を通して人と触れ合ったりするなど，言葉のもつよさを十分に実感することである。

○書写

第1学年及び第2学年	第3学年及び第4学年	第5学年及び第6学年	中学校第1学年
ウ 書写に関する次の事項を理解し使うこと。 (ｱ) 姿勢や筆記具の持ち方を正しくして書くこと。 (ｲ) 点画の書き方や文字の形に注意しながら，筆順に従って丁寧に書くこと。 (ｳ) 点画相互の接し方や交わり方，長短や方向などに注意して，文字を正しく書くこと。	エ 書写に関する次の事項を理解し使うこと。 (ｱ) 文字の組立て方を理解し，形を整えて書くこと。 (ｲ) 漢字や仮名の大きさ，配列に注意して書くこと。 (ｳ) 毛筆を使用して点画の書き方への理解を深め，筆圧などに注意して書くこと。	エ 書写に関する次の事項を理解し使うこと。 (ｱ) 用紙全体との関係に注意して，文字の大きさや配列などを決めるとともに，書く速さを意識して書くこと。 (ｲ) 毛筆を使用して，穂先の動きと点画のつながりを意識して書くこと。 (ｳ) 目的に応じて使用する筆記具を選び，その特徴を生かして書くこと。	エ 書写に関する次の事項を理解し使うこと。 (ｱ) 字形を整え，文字の大きさ，配列などについて理解して，楷書で書くこと。 (ｲ) 漢字の行書の基礎的な書き方を理解して，身近な文字を行書で書くこと。

ウ 書写に関する次の事項を理解し使うこと。

書写に関する(ｱ)，(ｲ)，(ｳ)の事項を理解し使うことを示している。

(ｱ) 姿勢や筆記具の持ち方を正しくして書くこと。

　読みやすく整った文字を効率よく書くためには，姿勢と筆記具の持ち方を正しくして書くことが必要である。

　姿勢とは，文字を書くときの体の構えのことである。背筋を伸ばした状態で体を安定させ，書く位置と目の距離を適度に取り，筆記具を持ったときに筆先が見えるようにすることが重要である。**筆記具**は，第1学年及び第2学年では主に鉛筆やフェルトペンを使用する。**持ち方を正しくする**には，人差し指と親指と中指の位置，手首の状態や鉛筆の軸の角度などを適切にすることが必要である。

　姿勢と筆記具の持ち方は深く関連する。例えば，正面からでは筆先が見えないような持ち方で書く児童は，横から紙面をのぞき込む姿勢をとる。この状況で「背筋を伸ばす」といった指導のみが加えられた場合，児童は筆先を注視するこ

となく文字を書くことになる。このようなことがないように関連性を考えて指導することが大切である。

(イ) **点画**の書き方や**文字の形**に注意しながら，**筆順**に従って**丁寧に書く**こと。

　点画の始筆から送筆，さらに，終筆（とめ，はね，はらい）までを確実に書き，**筆順**に従って点画を積み重ねながら**文字の形**を形成していく過程を意識して書くことが大切である。そのように意識して書くことが読みやすい文字を**丁寧に書**こうとする態度を身に付けることにつながる。

　点画とは，文字を構成する「横画，縦画，左払い，右払い，折れ，曲がり，そり，点」などのことである。漢字の構成要素を指すものであるが，仮名を構成する線についても併せて指導することとする。**点画の書き方**とは，点画の始筆から送筆，さらに，終筆（とめ，はね，はらい）までの筆記具の運び方のことである。特に点画の始筆と終筆の書き方に注意することが文字を**丁寧に書く**ことと深く関わるので，書き方を意識しながら確実に書くようにすることが大切である。

　文字の形とは，点画の積み重ねによって形成される文字のおおよその形（概形）のことである。極端にゆがんだ形を生まないように，児童には，文字のおおよその形を把握した上で書くように指導することが求められる。

　筆順とは，文字を書き進める際の合理的な順序が習慣化したもののことである。学校教育で指導する筆順は，「上から下へ」，「左から右へ」，「横から縦へ」といった原則として一般に通用している常識的なものである。

(ウ) **点画相互**の接し方や交わり方，長短や方向などに注意して，文字を正しく書くこと。

　点画相互の関係性は，正しく整った文字を実現するために理解しておかなければならないルールでもあるため，基準となる字形を見て理解することが求められる。

　接し方や交わり方とは，二つの点画がどの位置で接したり交わったりすべきかといった点画相互の位置関係のことを指す。**長短や方向**とは，点画の長さや向きに関する点画相互の関係性のことである。例えば，「川」の場合，仮に一画目が他の二画に比べて長すぎたり，その方向が縦方向ではなくて横方向を向いていたりすると，その文字は「川」という文字としては認識されにくい。なお，**接し方や交わり方**，**長短や方向**は，文字の正誤に関わることから，漢字に関する事項の指導と関連を図りながら指導することが望ましい。

○読書

第1学年及び第2学年	第3学年及び第4学年	第5学年及び第6学年	中学校第1学年
エ　読書に親しみ，いろいろな本があることを知ること。	オ　幅広く読書に親しみ，読書が，必要な知識や情報を得ることに役立つことに気付くこと。	オ　日常的に読書に親しみ，読書が，自分の考えを広げることに役立つことに気付くこと。	オ　読書が，知識や情報を得たり，自分の考えを広げたりすることに役立つことを理解すること。

エ　読書に親しみ，いろいろな本があることを知ること。

　第1学年及び第2学年では，**読書に親しむこと**に重点を置いている。読書を通して，様々な知識や情報を得たり，自分の考えを広げたりすることができる力の育成を目指し，日常的に読書に親しむようにすることが大切である。そのためには，読書を通して，新しい知識を獲得したり物語の世界を疑似的に体験したりできる読書の楽しさや面白さを感じることが大切である。

　いろいろな本としては，例えば，物語，昔話，絵本，科学的な読み物，図鑑などが挙げられる。表紙や題名，知りたいことや読んでみたい内容から本を選んで読むことを通して，身の回りにはいろいろな本があることを知ることが大切である。

　なお，児童の発達や学習の状況に応じ，易しい読み物の読み聞かせやストーリーテリングなどを聞くことを通して，読書に興味をもつようにすることも考えられる。

●2 〔思考力,判断力,表現力等〕

A 話すこと・聞くこと

> (1) 話すこと・聞くことに関する次の事項を身に付けることができるよう指導する。
>
> ア 身近なことや経験したことなどから話題を決め,伝え合うために必要な事柄を選ぶこと。
>
> イ 相手に伝わるように,行動したことや経験したことに基づいて,話す事柄の順序を考えること。
>
> ウ 伝えたい事柄や相手に応じて,声の大きさや速さなどを工夫すること。
>
> エ 話し手が知らせたいことや自分が聞きたいことを落とさないように集中して聞き,話の内容を捉えて感想をもつこと。
>
> オ 互いの話に関心をもち,相手の発言を受けて話をつなぐこと。
>
> (2) (1)に示す事項については,例えば,次のような言語活動を通して指導するものとする。
>
> ア 紹介や説明,報告など伝えたいことを話したり,それらを聞いて声に出して確かめたり感想を述べたりする活動。
>
> イ 尋ねたり応答したりするなどして,少人数で話し合う活動。

○話題の設定,情報の収集,内容の検討

第1学年及び第2学年	第3学年及び第4学年	第5学年及び第6学年	中学校第1学年
ア 身近なことや経験したことなどから話題を決め,伝え合うために必要な事柄を選ぶこと。	ア 目的を意識して,日常生活の中から話題を決め,集めた材料を比較したり分類したりして,伝え合うために必要な事柄を選ぶこと。	ア 目的や意図に応じて,日常生活の中から話題を決め,集めた材料を分類したり関係付けたりして,伝え合う内容を検討すること。	ア 目的や場面に応じて,日常生活の中から話題を決め,集めた材料を整理し,伝え合う内容を検討すること。

ア 身近なことや経験したことなどから話題を決め,伝え合うために必要な事柄を選ぶこと。

　第1学年及び第2学年においては,身近なことや経験したことなどから話題を決め,必要な事柄を選ぶことを示している。

話題を設定する上で第1学年及び第2学年にふさわしい対象として、**身近なことや経験したことなど**を挙げている。例えば、学校や家庭、地域における身近な出来事や自分が経験したことなどが考えられる。

話題を決めるとは、身近なことや経験したことなどの中から話題にしたいものを想起し、児童の興味や関心の度合い、伝えたい思いの強さを手掛かりにして一つに決めることである。

伝え合うために必要な事柄を選ぶとは、話題として決めた身近なことや経験したことなどに関連する事柄を具体的に思い出し、必要な事柄に絞っていくことである。第1学年及び第2学年では、集めた事柄の全部を話の中に取り入れるのではなく、伝え合うために必要な事柄かどうかを判断して選ぶことが重要である。

また、話したり話し合ったりするために**必要な事柄を選ぶ**ことに加え、例えば自分が聞きたいことを聞く前に具体的に予想しておくなど、聞くことに関わって**必要な事柄を選ぶ**ことも重要となる。

なお、必要な材料を集めるためには、児童の発達や学習の状況に応じて、体験したことを写真や具体物を見て思い出したり、対象物の特徴を考えたりするなどの手掛かりを与えることも有効である。

○構成の検討、考えの形成（話すこと）

第1学年及び第2学年	第3学年及び第4学年	第5学年及び第6学年	中学校第1学年
イ　相手に伝わるように、行動したことや経験したことに基づいて、話す事柄の順序を考えること。	イ　相手に伝わるように、理由や事例などを挙げながら、話の中心が明確になるよう話の構成を考えること。	イ　話の内容が明確になるように、事実と感想、意見とを区別するなど、話の構成を考えること。	イ　自分の考えや根拠が明確になるように、話の中心的な部分と付加的な部分、事実と意見との関係などに注意して、話の構成を考えること。

イ　相手に伝わるように、行動したことや経験したことに基づいて、話す事柄の順序を考えること。

話す事柄の順序について考えることを示している。第1学年及び第2学年においては、相手に伝わるように、行動したことや経験したことの順序に気を付けて話を構成することに重点を置いている。

相手に伝わるようにとは、聞き手を意識して、聞き手に伝わるかどうかを想像しながら話の構成を考えることである。相手としては、教師や同級生、幼児など

身近な人々が考えられる。人数についても，ペアから小グループ，学級全体へと広げていくことが考えられる。様々な相手に話す経験を重ねることで，相手を具体的に意識することができるようになる。

　話す事柄の順序を考えるとは，話の内容が相手に伝わるようにするにはどのような順序を踏まえればよいのかを考えることである。行動や経験の時間的な順序，物事や対象を説明したり紹介したりする際の事柄の順序，「始め－中－終わり」といった話の構成に関わる順序などを考えられるようにしていくこととなる。

　なお，第1学年及び第2学年においては，順序をよく考えることで，自分の伝えたいことを表現できたという実感を味わわせ，工夫して話そうとする態度へとつなぐことが大切である。

○表現，共有（話すこと）

第1学年及び第2学年	第3学年及び第4学年	第5学年及び第6学年	中学校第1学年
ウ　伝えたい事柄や相手に応じて，声の大きさや速さなどを工夫すること。	ウ　話の中心や話す場面を意識して，言葉の抑揚や強弱，間の取り方などを工夫すること。	ウ　資料を活用するなどして，自分の考えが伝わるように表現を工夫すること。	ウ　相手の反応を踏まえながら，自分の考えが分かりやすく伝わるように表現を工夫すること。

ウ　伝えたい事柄や相手に応じて，声の大きさや速さなどを工夫すること。

　伝えたいことを相手に伝えるための発声や発音の工夫について考えることを示している。第1学年及び第2学年においては，伝えたい事柄や相手に応じて，声の大きさや速さなどに注意し，適切な話し方を工夫することに重点を置いている。

　伝えたい事柄に応じて声の大きさや速さを工夫するとは，自分が話す内容を確かめ，何を伝えたいのかを意識した上で，声の大きさや速さについて工夫することである。例えば，大事なところは特に大きな声でゆっくり話すといったことが考えられる。このことが第3学年及び第4学年の「話の中心を意識して」話すことに発展していく。

　相手に応じて声の大きさや速さを工夫するとは，聞き手の人数や聞き手との距離などを踏まえ，聞き手に届く音量や，音声が明確に聞こえる速さで話すことである。このことが第3学年及び第4学年で「話す場面を意識」することに発展していく。

　声の大きさや速さなどを工夫するためには，実際に話す機会を設定することが重要である。話し言葉としての表現の仕方を工夫するためには，例えば，〔知識及び技能〕の(1)「イ　音節と文字との関係，アクセントによる語の意味の違いな

どに気付くとともに、姿勢や口形、発声や発音に注意して話すこと。」との関連を図り、指導の効果を高めることが考えられる。また、伝えたい相手を意識して話すためには、例えば、〔知識及び技能〕の(1)キの「丁寧な言葉と普通の言葉との違いに気を付けて使う」こととの関連を図り、指導の効果を高めることが考えられる。

○構造と内容の把握、精査・解釈、考えの形成、共有（聞くこと）

第1学年及び第2学年	第3学年及び第4学年	第5学年及び第6学年	中学校第1学年
エ　話し手が知らせたいことや自分が聞きたいことを落とさないように集中して聞き、話の内容を捉えて感想をもつこと。	エ　必要なことを記録したり質問したりしながら聞き、話し手が伝えたいことや自分が聞きたいことの中心を捉え、自分の考えをもつこと。	エ　話し手の目的や自分が聞こうとする意図に応じて、話の内容を捉え、話し手の考えと比較しながら、自分の考えをまとめること。	エ　必要に応じて記録したり質問したりしながら話の内容を捉え、共通点や相違点などを踏まえて、自分の考えをまとめること。

エ　話し手が知らせたいことや自分が聞きたいことを落とさないように集中して聞き、話の内容を捉えて感想をもつこと。

　集中して話を聞き、話の内容を捉えて感想をもつことを示している。第1学年及び第2学年においては、話し手が知らせたいことや自分が聞きたいことを落とさないように集中して聞くことに重点を置いている。

　話し手が知らせたいことを落とさないように集中して聞くとは、話し手が自分に知らせたいことは何か考えながら聞くことである。そのためには、事柄の順序を意識しながら聞き、話の内容を把握することが大切である。

　また、**自分が聞きたいことを落とさないように集中して聞く**とは、自分にとって大事なことや知りたいことを落とさずに聞くことである。そのためには、自分の聞きたいことを明確にして話を聞くことが大切である。

　話の内容を捉えて感想をもつことについては、話の内容に対して、自分が興味をもったところや感心したところなどを伝えることから始めて、徐々に自分の体験と結び付けるなどして感想が言えるようにしていくことが大切である。

〇話合いの進め方の検討，考えの形成，共有（話し合うこと）

第1学年及び第2学年	第3学年及び第4学年	第5学年及び第6学年	中学校第1学年
オ　互いの話に関心をもち，相手の発言を受けて話をつなぐこと。	オ　目的や進め方を確認し，司会などの役割を果たしながら話し合い，互いの意見の共通点や相違点に着目して，考えをまとめること。	オ　互いの立場や意図を明確にしながら計画的に話し合い，考えを広げたりまとめたりすること。	オ　話題や展開を捉えながら話し合い，互いの発言を結び付けて考えをまとめること。

オ　互いの話に関心をもち，相手の発言を受けて話をつなぐこと。

　話合いの基盤となる「思考力，判断力，表現力等」を示す指導事項である。第1学年及び第2学年においては，互いの話に関心をもって聞き，相手の発言に関連した発言をすることで話をつなぐことを示している。

　互いの話に関心をもち，相手の発言を受けて話をつなぐとは，互いの話に関心をもって聞き，話の内容を理解した上で話題に沿って話したり，再び聞いたりすることである。**相手の発言を受けて話をつなぐ**ためには，例えば，相手の発言を聞いて，質問する，復唱して確かめる，共感を示す，感想を言うことなどが考えられる。

　互いの話に関心をもって話し合うためには，このような活動を通して，話がつながることの楽しさやよさを実感できるようにすることが大切であり，第3学年及び第4学年以降での話合いの素地となる。

〇言語活動例

第1学年及び第2学年	第3学年及び第4学年	第5学年及び第6学年
ア　紹介や説明，報告など伝えたいことを話したり，それらを聞いて声に出して確かめたり感想を述べたりする活動。	ア　説明や報告など調べたことを話したり，それらを聞いたりする活動。	ア　意見や提案など自分の考えを話したり，それらを聞いたりする活動。
	イ　質問するなどして情報を集めたり，それらを発表したりする活動。	イ　インタビューなどをして必要な情報を集めたり，それらを発表したりする活動。

| イ 尋ねたり応答したりするなどして，少人数で話し合う活動。 | ウ 互いの考えを伝えるなどして，グループや学級全体で話し合う活動。 | ウ それぞれの立場から考えを伝えるなどして話し合う活動。 |

ア　紹介や説明，報告など伝えたいことを話したり，それらを聞いて声に出して確かめたり感想を述べたりする活動。

　伝えたいことを話したり，それらを聞いて声に出して確かめたり感想を述べたりする言語活動を例示している。

　紹介とは，聞き手が知らないことや知りたいと思っていることを伝えることである。また，**報告**とは，見たことや聞いたことなどの事実や出来事を伝えることであり，**説明**とは，それらの内容を相手に分かるようにして伝えることである。

　紹介，説明，報告などの話す活動は，国語科に限らず，第1学年及び第2学年の言語活動として各教科等の学習に取り入れられることが多いため，それらの学習との連携が求められる。

　また，話す活動としてはこのほかに，挨拶や連絡などが考えられる。

　声に出して確かめるとは，話し手の伝えたかったことを確認したり，聞き手が興味をもったことについて話し手の発言内容を繰り返したりすることである。

イ　尋ねたり応答したりするなどして，少人数で話し合う活動。

　話合いについての言語活動を例示している。

　二人から数名程度のグループを作って話し合うなどの多様な形態の話合いが考えられる。

　少人数での話合いは，多人数での話合いに比べ，一人一人が発言する機会も多い。また，話し手と聞き手の距離も近く，聞き手の反応を見ながら分からないことを質問したり応答したりしやすいという特徴をもつ。

　特に，大きな集団の中で話すことに抵抗を感じる児童もいるため，互いに認め合う雰囲気を大事にしながら，尋ねたり応答したりする機会を多くもつことが大切である。

　話合いを行うに当たり，教師と児童，児童同士の話合いを参考にできるよう工夫することも有効である。

　話し合う言語活動は，他教科等においても取り入れられることが多いため，それらの活動との連携が求められる。

B　書くこと

> (1) 書くことに関する次の事項を身に付けることができるよう指導する。
>   ア　経験したことや想像したことなどから書くことを見付け，必要な事柄を集めたり確かめたりして，伝えたいことを明確にすること。
>   イ　自分の思いや考えが明確になるように，事柄の順序に沿って簡単な構成を考えること。
>   ウ　語と語や文と文との続き方に注意しながら，内容のまとまりが分かるように書き表し方を工夫すること。
>   エ　文章を読み返す習慣を付けるとともに，間違いを正したり，語と語や文と文との続き方を確かめたりすること。
>   オ　文章に対する感想を伝え合い，自分の文章の内容や表現のよいところを見付けること。
> (2) (1)に示す事項については，例えば，次のような言語活動を通して指導するものとする。
>   ア　身近なことや経験したことを報告したり，観察したことを記録したりするなど，見聞きしたことを書く活動。
>   イ　日記や手紙を書くなど，思ったことや伝えたいことを書く活動。
>   ウ　簡単な物語をつくるなど，感じたことや想像したことを書く活動。

○題材の設定，情報の収集，内容の検討

第1学年及び第2学年	第3学年及び第4学年	第5学年及び第6学年	中学校第1学年
ア　経験したことや想像したことなどから書くことを見付け，必要な事柄を集めたり確かめたりして，伝えたいことを明確にすること。	ア　相手や目的を意識して，経験したことや想像したことなどから書くことを選び，集めた材料を比較したり分類したりして，伝えたいことを明確にすること。	ア　目的や意図に応じて，感じたことや考えたことなどから書くことを選び，集めた材料を分類したり関係付けたりして，伝えたいことを明確にすること。	ア　目的や意図に応じて，日常生活の中から題材を決め，集めた材料を整理し，伝えたいことを明確にすること。

ア　経験したことや想像したことなどから書くことを見付け，必要な事柄を集めたり確かめたりして，伝えたいことを明確にすること。

書くことを見付け，必要な事柄を集めて伝えたいことを明確にすることを示している。

書く題材を設定する上で，第１学年及び第２学年にふさわしい対象として，**経験したことや想像したこと**などを挙げている。**経験したこと**としては，身近な生活の中で自分が行ったことや見聞きした身の回りの出来事などが考えられる。**想像したこと**としては，様々な事物や出来事などを基に，想像を膨らませて考えたことなどが考えられる。

書くことを見付けるとは，経験したことや想像したことなどを想起し，それらの中から書きたいことや伝えたいことを見いだすことである。児童は，経験や生活，あるいは興味や関心に違いがある。題材の設定においては，そのような違いを考慮することも重要である。また，各教科等における学習で感じたことや，疑問に思ったことなども題材となる。

必要な事柄を集めたり確かめたりすることとは，書くための材料を収集することである。情報の収集の過程には，書こうとする題材に必要な事柄を集める過程と，集めた事柄の中から必要なものを選ぶ過程とがある。第１学年及び第２学年においては，書くために必要な事柄を思い出したり想像したりして，ノートやカードに書き出すとともに，書き出した事柄を見て，書こうとする題材に**必要な事柄**かどうかを確かめることが重要である。書こうとする題材に必要かどうかを判断することを通して，伝えたいことを明確にすることができる。なお，児童の発達や学習の状況に応じて，書こうとする題材に必要な事柄を集める過程に重点を置いて指導するなどの配慮が求められる。

また，各教科等の学習や児童の日常生活での経験などと関連させ，児童一人一人にとって書くことのよさを実感できるものとなるよう留意することが大切である。

○構成の検討

第１学年及び第２学年	第３学年及び第４学年	第５学年及び第６学年	中学校第１学年
イ 自分の思いや考えが明確になるように，事柄の順序に沿って簡単な構成を考えること。	イ 書く内容の中心を明確にし，内容のまとまりで段落をつくったり，段落相互の関係に注意したりして，文章の構成を考えること。	イ 筋道の通った文章となるように，文章全体の構成や展開を考えること。	イ 書く内容の中心が明確になるように，段落の役割などを意識して文章の構成や展開を考えること。

イ　自分の思いや考えが明確になるように，事柄の順序に沿って簡単な構成を考えること。

　書きたいことは，書く前から明確である場合もあるが，書くことによって明確になる場合もある。第1学年及び第2学年では，構成を考えることによって自分の考えを明確にしていくことを重視する。**事柄の順序に沿って簡単な構成を考える**とは，集めた事柄の順序に沿いながら，文章の始めから終わりまでを，内容のまとまりごとに，幾つかに分けて配置していくことを意識することである。経験した順序，物を作ったり作業したりする手順，事物や対象を説明する際の具体的内容の順序など，時間の順序や事柄の順序を考えることから，徐々に，文章の冒頭で内容を大まかに説明すると読み手に伝わりやすいといったことも考えられるようにしていくことが重要である。

　順序を考えることは，伝えたいことを相手に分かってもらうために必要なことであることに気付くようにすることが大切である。また，簡単な構成を考える際には，文章には「始め－中－終わり」などの構成があることを意識できるようにすることが重要である。

○考えの形成，記述

第1学年及び第2学年	第3学年及び第4学年	第5学年及び第6学年	中学校第1学年
ウ　語と語や文と文との続き方に注意しながら，内容のまとまりが分かるように書き表し方を工夫すること。	ウ　自分の考えとそれを支える理由や事例との関係を明確にして，書き表し方を工夫すること。	ウ　目的や意図に応じて簡単に書いたり詳しく書いたりするとともに，事実と感想，意見とを区別して書いたりするなど，自分の考えが伝わるように書き表し方を工夫すること。 エ　引用したり，図表やグラフなどを用いたりして，自分の考えが伝わるように書き表し方を工夫すること。	ウ　根拠を明確にしながら，自分の考えが伝わる文章になるように工夫すること。

ウ　語と語や文と文との続き方に注意しながら，内容のまとまりが分かるように書き表し方を工夫すること。

事柄の順序に沿いながら，文や文章の中で，語と語や文と文との続き方を考えて記述し，自分の考えを一層明確にしていくことを示している。

　語と語や文と文との続き方に注意するとは，前後の語句や文のつながりを大切にし，一文の意味が明確になるように語と語との続き方を考えるとともに，離れたところにある語と語や文と文とのつながりについても考えて記述することである。

　内容のまとまりが分かるように書き表し方を工夫するとは，順序に沿って考えた構成を基に，内容が混在しないようにまとまりを明確にした記述の仕方を工夫することである。時間や事柄の順序を表す語を適切に用いたり，内容のまとまりが明確になっているかを確かめながら書いたりすることが重要になる。

○推敲

第1学年及び第2学年	第3学年及び第4学年	第5学年及び第6学年	中学校第1学年
エ　文章を読み返す習慣を付けるとともに，間違いを正したり，語と語や文と文との続き方を確かめたりすること。	エ　間違いを正したり，相手や目的を意識した表現になっているかを確かめたりして，文や文章を整えること。	オ　文章全体の構成や書き表し方などに着目して，文や文章を整えること。	エ　読み手の立場に立って，表記や語句の用法，叙述の仕方などを確かめて，文章を整えること。

エ　文章を読み返す習慣を付けるとともに，間違いを正したり，語と語や文と文との続き方を確かめたりすること。

　推敲の指導事項として，文章を読み返す習慣を付けることを示している。推敲は，ア，イ，ウ，オの指導事項とも密接な関わりがある。そのため，設定した題材，事柄の順序，語と語や文と文との続き方などを意識しながら読み返すことを求めている。**読み返す習慣を付ける**ためには，間違いに気付いて正すことでよりよく伝わる文章になることを実感できるようにすることが大切である。また，書いた文を音読してみることなども読み返す習慣を付けることにつながる。

　間違いを正すためには，一文一文を丁寧に読み返していくことが求められる。その際，**語と語や文と文との続き方を確かめる**とともに，〔知識及び技能〕の(1)「ウ　長音，拗音，促音，撥音などの表記，助詞の「は」，「へ」及び「を」の使い方，句読点の打ち方，かぎ（「　」）の使い方を理解して文や文章の中で使うこと。」における表記の仕方や使い方などに注意することが重要である。

○共有

第1学年及び第2学年	第3学年及び第4学年	第5学年及び第6学年	中学校第1学年
オ　文章に対する感想を伝え合い，自分の文章の内容や表現のよいところを見付けること。	オ　書こうとしたことが明確になっているかなど，文章に対する感想や意見を伝え合い，自分の文章のよいところを見付けること。	カ　文章全体の構成や展開が明確になっているかなど，文章に対する感想や意見を伝え合い，自分の文章のよいところを見付けること。	オ　根拠の明確さなどについて，読み手からの助言などを踏まえ，自分の文章のよい点や改善点を見いだすこと。

オ　文章に対する感想を伝え合い，自分の文章の内容や表現のよいところを見付けること。

　書いた文章を互いに読み，感想を伝え合うことを通して，自分の文章のよいところを見付けることを示している。

　自分の文章の内容や表現のよいところとは，内容や記述などにおいて見られる具体的なよさのことである。第1学年及び第2学年では，順序の分かりやすさ，語と語や文と文との続き方などを観点として感想を伝え合い，自分の文章の内容や表現のよいところを見付けることができるようにすることが求められる。

　また，文章の内容や書き表し方に表れる書き手の思いや発想のよいところについて感じたことを伝え合うことは，感性や情緒を養うことにもつながる。

○言語活動例

第1学年及び第2学年	第3学年及び第4学年	第5学年及び第6学年
ア　身近なことや経験したことを報告したり，観察したことを記録したりするなど，見聞きしたことを書く活動。	ア　調べたことをまとめて報告するなど，事実やそれを基に考えたことを書く活動。	ア　事象を説明したり意見を述べたりするなど，考えたことや伝えたいことを書く活動。
イ　日記や手紙を書くなど，思ったことや伝えたいことを書く活動。	イ　行事の案内やお礼の文章を書くなど，伝えたいことを手紙に書く活動。	イ　短歌や俳句をつくるなど，感じたことや想像したことを書く活動。
ウ　簡単な物語をつくるなど，感じたことや想像したことを書く活動。	ウ　詩や物語をつくるなど，感じたことや想像したことを書く活動。	

	ウ 事実や経験を基に,感じたり考えたりしたことや自分にとっての意味について文章に書く活動。

ア　身近なことや経験したことを報告したり,観察したことを記録したりするなど,見聞きしたことを書く活動。

　見聞きしたことを文章に書く言語活動を例示している。

　報告とは,見たことや聞いたことなどの事実や出来事を伝えることである。**記録**とは,事実や事柄,経験したことや見聞きしたことなどについて,メモを取ったり,文章として正確に書き残したりすることである。

　児童の発達や学習の状況に応じて,見聞きしたことを忘れたりその時の思いが薄れたりしないうちに書く学習を設定することが有効である。

イ　日記や手紙を書くなど,思ったことや伝えたいことを書く活動。

　実用的な文章を書く言語活動を例示している。

　日記とは,日々の出来事や感想などを記録したものである。毎日書く場合のほか,様々な場合がある。児童の発達や学習の状況に応じて,絵日記などの形式を用いて書くことも考えられる。

　手紙とは,特定の相手に対し,用件や気持ちなどを文章で伝えるものである。相手を明確に意識できるため,児童自らが推敲する必要性を実感して書くことのできる言語活動でもある。児童の発達や学習の状況に応じて,短い文や伝言などで表すことも考えられる。

ウ　簡単な物語をつくるなど,感じたことや想像したことを書く活動。

　感じたことや想像したことを文章に書く言語活動を例示している。

　簡単な物語をつくるとは,想像したことなどから,登場人物を決め,簡単なお話を書くことである。第1学年及び第2学年では,絵や写真から場面や登場人物の会話,行動を想像し,言葉を書き添えたり,お話をつくったりするなどの活動が考えられる。

　このほか,見たり経験したりして感じたことを言葉にして文や文章として書くことなどが考えられる。

C　読むこと

> (1) 読むことに関する次の事項を身に付けることができるよう指導する。
>   ア　時間的な順序や事柄の順序などを考えながら，内容の大体を捉えること。
>   イ　場面の様子や登場人物の行動など，内容の大体を捉えること。
>   ウ　文章の中の重要な語や文を考えて選び出すこと。
>   エ　場面の様子に着目して，登場人物の行動を具体的に想像すること。
>   オ　文章の内容と自分の体験とを結び付けて，感想をもつこと。
>   カ　文章を読んで感じたことや分かったことを共有すること。
>
> (2) (1)に示す事項については，例えば，次のような言語活動を通して指導するものとする。
>   ア　事物の仕組みを説明した文章などを読み，分かったことや考えたことを述べる活動。
>   イ　読み聞かせを聞いたり物語などを読んだりして，内容や感想などを伝え合ったり，演じたりする活動。
>   ウ　学校図書館などを利用し，図鑑や科学的なことについて書いた本などを読み，分かったことなどを説明する活動。

○構造と内容の把握（説明的な文章）

第1学年及び第2学年	第3学年及び第4学年	第5学年及び第6学年	中学校第1学年
ア　時間的な順序や事柄の順序などを考えながら，内容の大体を捉えること。	ア　段落相互の関係に着目しながら，考えとそれを支える理由や事例との関係などについて，叙述を基に捉えること。	ア　事実と感想，意見などとの関係を叙述を基に押さえ，文章全体の構成を捉えて要旨を把握すること。	ア　文章の中心的な部分と付加的な部分，事実と意見との関係などについて叙述を基に捉え，要旨を把握すること。

ア　時間的な順序や事柄の順序などを考えながら，内容の大体を捉えること。

　第1学年及び第2学年では，説明的な文章を読む際，順序を考えながら内容の大体を捉えて読む力の育成に重点を置いている。どのような順序によって説明されているかを考えながら文章の構造を大づかみに捉え，それを手掛かりに内容を正確に理解することが求められる。

順序については，**時間的な順序や事柄の順序**を取り上げている。**時間的な順序**とは，時間の経過に基づいた順序のことである。**事柄の順序**とは，事物の作り方の手順など文章の内容に関わる順序に加え，どのように文章を構成しているかという文章表現上の順序なども意味する。例えば，文章の冒頭において，全体の内容を大まかに説明していることなどに着目し，説明の順序を押さえることも考えられる。

　また，**内容の大体を捉える**とは，一つの段落など文章の特定の部分にとどまらず，文章全体に何が書かれているかを大づかみに把握することである。児童の発達や学習の状況に応じて，題名や見出し，写真なども手掛かりにしながら，文章全体の内容の把握と各段落に書かれている内容の把握とを進めていくことが大切である。

○構造と内容の把握（文学的な文章）

第1学年及び第2学年	第3学年及び第4学年	第5学年及び第6学年	中学校第1学年
イ　場面の様子や登場人物の行動など，内容の大体を捉えること。	イ　登場人物の行動や気持ちなどについて，叙述を基に捉えること。	イ　登場人物の相互関係や心情などについて，描写を基に捉えること。	イ　場面の展開や登場人物の相互関係，心情の変化などについて，描写を基に捉えること。

イ　場面の様子や登場人物の行動など，内容の大体を捉えること。

　文学的な文章について，内容の大体を捉えながら読むことを示している。第1学年及び第2学年においては，場面の様子や「誰が何をした，どのようなことを言った」など，登場人物の行動などを基に，内容の大体を捉えることに重点を置いている。内容の大体を捉えることが，文章を精査・解釈することなどに結び付くことを徐々に実感できるようにしていくことが大切である。

　文学的な文章の**内容の大体を捉える**こととは，場面の様子や登場人物の行動，会話などを手掛かりとしながら，物語の登場人物や主な出来事，結末などを大づかみに捉えることである。児童の発達や学習の状況に応じて，本や作品の題名，場面の様子を描いた挿絵なども手掛かりにしながら，誰が，どうして，どうなったかなどを把握することを繰り返して，物語全体の内容を正確に理解することが重要である。また，本の表紙や題名からどんな話が展開されるのかを予想するなどして，内容の大体を捉えることにつなげていくことも大切である。

　なお，第1学年及び第2学年では，内容の大体を捉える際に音読したり読み聞かせを聞いたりすることも有効である。

○精査・解釈（説明的な文章）

第1学年及び第2学年	第3学年及び第4学年	第5学年及び第6学年	中学校第1学年
ウ　文章の中の重要な語や文を考えて選び出すこと。	ウ　目的を意識して、中心となる語や文を見付けて要約すること。	ウ　目的に応じて、文章と図表などを結び付けるなどして必要な情報を見付けたり、論の進め方について考えたりすること。	ウ　目的に応じて必要な情報に着目して要約したり、場面と場面、場面と描写などを結び付けたりして、内容を解釈すること。 エ　文章の構成や展開、表現の効果について、根拠を明確にして考えること。

ウ　文章の中の重要な語や文を考えて選び出すこと。

　第1学年及び第2学年では、アの指導事項で順序を考えながら文章の内容の大体を捉えたことを基に、**文章の中の重要な語や文を考えて選び出すこと**を示している。

　文章の中の重要な語や文とは、書き手が述べている事柄を正確に捉えるために、時間や事柄の順序に関わって文章の中で重要になる語や文、読み手として必要な情報を適切に見付ける上で重要になる語や文などのことである。

　考えて選び出すとは、例えば、「書き手が伝えたいことは何かを考える」、「自分が知るべきことについて詳しく知る」といったことを意識しながら、重要だと考えられる語や文を文章の中から見付けることである。

○精査・解釈（文学的な文章）

第1学年及び第2学年	第3学年及び第4学年	第5学年及び第6学年	中学校第1学年
エ　場面の様子に着目して、登場人物の行動を具体的に想像すること。	エ　登場人物の気持ちの変化や性格、情景について、場面の移り変わりと結び付けて具体的に想像すること。	エ　人物像や物語などの全体像を具体的に想像したり、表現の効果を考えたりすること。	ウ　目的に応じて必要な情報に着目して要約したり、場面と場面、場面と描写などを結び付けたりして、内容を解釈すること。

| | | | エ　文章の構成や展開，表現の効果について，根拠を明確にして考えること。 |

エ　場面の様子に着目して，登場人物の行動を具体的に想像すること。

　第1学年及び第2学年においては，イの指導事項で内容の大体を捉えたことを基に，場面の様子に着目して，登場人物の行動や会話について，何をしたのか，なぜしたのかなどを具体的に思い描きながら，その世界を豊かに想像することを示している。

　物語は通常複数の場面によって構成され，展開に即して時間や場所，周囲の風景，登場人物などの様子が変化しながら描かれている。**場面の様子に着目する**とは，登場人物の行動を具体的に想像する上で，物語の中のどの場面のどのような様子と結び付けて読むかを明らかにすることである。

　登場人物の行動を具体的に想像するとは，着目した場面の様子などの叙述を基に，主人公などの登場人物について，何をしたのか，どのような表情・口調・様子だったのかなどを具体的にイメージしたり，行動の理由を想像したりすることである。これは，第3学年及び第4学年，第5学年及び第6学年の指導事項を経て，中学校第1学年の指導事項の「内容を解釈すること」へと発展していく指導事項であり，叙述と結び付けて想像することが大切である。

○考えの形成

第1学年及び第2学年	第3学年及び第4学年	第5学年及び第6学年	中学校第1学年
オ　文章の内容と自分の体験とを結び付けて，感想をもつこと。	オ　文章を読んで理解したことに基づいて，感想や考えをもつこと。	オ　文章を読んで理解したことに基づいて，自分の考えをまとめること。	オ　文章を読んで理解したことに基づいて，自分の考えを確かなものにすること。

オ　文章の内容と自分の体験とを結び付けて，感想をもつこと。

　文章を読んで理解した内容と自分の体験とを結び付けて，感想をもつことを示している。

　文章の内容と自分の体験とを結び付けるとは，文章の内容を，自分が既にもっている知識や実際の経験と結び付けて解釈し，想像を広げたり理解を深めたりすることである。また，**感想をもつ**とは，文章の内容に対して児童一人一人が思い

をもつことである。読み手の体験は一人一人異なることから、どのような体験と結び付けて読むかによって、感想も異なってくる。指導に当たっては、児童の発達や学習の状況に応じて、文章との関連を考えながら、実際の経験を十分想起できるよう工夫することが考えられる。

○共有

第1学年及び第2学年	第3学年及び第4学年	第5学年及び第6学年	中学校第1学年
カ　文章を読んで感じたことや分かったことを共有すること。	カ　文章を読んで感じたことや考えたことを共有し、一人一人の感じ方などに違いがあることに気付くこと。	カ　文章を読んでまとめた意見や感想を共有し、自分の考えを広げること。	

カ　文章を読んで感じたことや分かったことを共有すること。

　文章を読んで感じたことや分かったことを共有することを示している。

　文章を読んで感じたことや分かったこととは、文章の構造と内容を把握し、精査・解釈することを通して、「おもしろいな」と感じたり「なるほど」と気付いたりすることである。これらの感想や気付きは、オの指導事項の指導を通して形成されるものであり、カの指導事項では、そうした一人一人の感想などを互いに共有し合うことが求められる。

　共有するとは、互いの思いを分かち合ったり、感じ方や考え方を認め合ったりすることであり、感想などを書いて読み合ったり発表したりするなど様々な言語活動によって行うことが考えられる。

　児童の発達や学習の状況に応じて、一人一人が文章のどの叙述に対して、どのような感想をもったのかを共有しやすくするための配慮や、互いの思いや考えを受容する雰囲気をつくる工夫が大切である。

○言語活動例

第1学年及び第2学年	第3学年及び第4学年	第5学年及び第6学年
ア　事物の仕組みを説明した文章などを読み、分かったことや考えたことを述べる活動。	ア　記録や報告などの文章を読み、文章の一部を引用して、分かったことや考えたことを説明したり、意見を述べたりする活動。	ア　説明や解説などの文章を比較するなどして読み、分かったことや考えたことを、話し合ったり文章にまとめたりする活動。

イ 読み聞かせを聞いたり物語などを読んだりして，内容や感想などを伝え合ったり，演じたりする活動。	イ 詩や物語などを読み，内容を説明したり，考えたことなどを伝え合ったりする活動。	イ 詩や物語，伝記などを読み，内容を説明したり，自分の生き方などについて考えたことを伝え合ったりする活動。
ウ 学校図書館などを利用し，図鑑や科学的なことについて書いた本などを読み，分かったことなどを説明する活動。	ウ 学校図書館などを利用し，事典や図鑑などから情報を得て，分かったことなどをまとめて説明する活動。	ウ 学校図書館などを利用し，複数の本や新聞などを活用して，調べたり考えたりしたことを報告する活動。

ア　事物の仕組みを説明した文章などを読み，分かったことや考えたことを述べる活動。

　説明的な文章を読み，分かったことや考えたことを述べる言語活動を例示している。

　取り上げる文章としては，物事の働きや様子，科学的なことを説明した文章などが考えられる。

　分かったことや考えたことを述べるとは，例えば，読んで理解した内容を友達に話したり，読んで考えた感想を文章に書いたりすることである。文章を読んで分かったことや考えたことを表現する活動は，児童にとって，自分は何が分かり何を考えたのかを整理する機会にもなる。

イ　読み聞かせを聞いたり物語などを読んだりして，内容や感想などを伝え合ったり，演じたりする活動。

　文学的な文章について，読み聞かせをしてもらったり自分で読んだりしたことを基に，内容や感想を伝え合ったり，演じたりする言語活動を例示している。

　取り上げる文章としては，物語，絵本などが考えられる。

　内容や感想などを伝え合うとは，例えば，物語のあらすじや登場人物の行動などを文章にまとめたり，感想を述べたりすることである。演じるとは，例えば，役割を決めて音読したり，紙芝居を行ったりすることである。

　この言語活動は，例えば，〔知識及び技能〕の(3)「ア　昔話や神話・伝承などの読み聞かせを聞くなどして，我が国の伝統的な言語文化に親しむこと。」と関連を図ることが考えられる。

ウ　学校図書館などを利用し，図鑑や科学的なことについて書いた本などを読み，分かったことなどを説明する活動。

図鑑や科学的な読み物などを読み，分かったことなどを説明する言語活動を例示している。

　図鑑は，図や絵，写真を中心に構成され，そこに短い解説の文が載せられていることが多い。科学的なことについて書いた本には，特定の植物や生物のことを詳しく書いたものや，実験や観察の過程が描かれているものなど様々なものがある。

　分かったことなどを説明するとは，図鑑や科学的なことについて書いた本を読んで，何を知ったのか，知ったことに対してどう思ったのかなどについて，話したり書いたりすることである。

　学校図書館や地域の図書館などの利用に当たっては，施設の利用方法や本の配架場所などを知ることが必要である。その際，「第3　指導計画の作成と内容の取扱い」の2(3)の「本などの種類や配置，探し方について指導するなど，児童が必要な本などを選ぶことができるよう配慮すること。」を踏まえて指導することが必要である。

第2節　第3学年及び第4学年の内容

1 〔知識及び技能〕

(1) 言葉の特徴や使い方に関する事項

> (1) 言葉の特徴や使い方に関する次の事項を身に付けることができるよう指導する。
> 　ア　言葉には，考えたことや思ったことを表す働きがあることに気付くこと。
> 　イ　相手を見て話したり聞いたりするとともに，言葉の抑揚や強弱，間の取り方などに注意して話すこと。
> 　ウ　漢字と仮名を用いた表記，送り仮名の付け方，改行の仕方を理解して文や文章の中で使うとともに，句読点を適切に打つこと。また，第3学年においては，日常使われている簡単な単語について，ローマ字で表記されたものを読み，ローマ字で書くこと。
> 　エ　第3学年及び第4学年の各学年においては，学年別漢字配当表の当該学年までに配当されている漢字を読むこと。また，当該学年の前の学年までに配当されている漢字を書き，文や文章の中で使うとともに，当該学年に配当されている漢字を漸次書き，文や文章の中で使うこと。
> 　オ　様子や行動，気持ちや性格を表す語句の量を増し，話や文章の中で使うとともに，言葉には性質や役割による語句のまとまりがあることを理解し，語彙を豊かにすること。
> 　カ　主語と述語との関係，修飾と被修飾との関係，指示する語句と接続する語句の役割，段落の役割について理解すること。
> 　キ　丁寧な言葉を使うとともに，敬体と常体との違いに注意しながら書くこと。
> 　ク　文章全体の構成や内容の大体を意識しながら音読すること。

○言葉の働き

第1学年及び第2学年	第3学年及び第4学年	第5学年及び第6学年	中学校第1学年
ア　言葉には，事物の内容を表す働きや,経験したことを伝える働きがあることに気付くこと。	ア　言葉には,考えたことや思ったことを表す働きがあることに気付くこと。	ア　言葉には，相手とのつながりをつくる働きがあることに気付くこと。	

ア　言葉には，考えたことや思ったことを表す働きがあることに気付くこと。

　第1学年及び第2学年のアを受けて，日常的に用いている言葉には，思考や感情を表す働きがあるということに気付くことを示している。

　考えたことや思ったことを表す働きとは，思考や感情を表出する働きと他者に伝える働きの両方を含むものである。思考や感情を言葉に表す働きによって，一層明確に筋道を立てて物事を考えたり，思いを意識化したりすることができる。このような言葉の働きに気付くためには，第1学年及び第2学年での「事物の内容を表す働き」や「経験したことを伝える働き」への気付きが基盤となる。

　この指導事項は〔知識及び技能〕や〔思考力，判断力，表現力等〕に示す様々な内容に関連するが，例えば，考えたことや思ったことを正確に表現するという観点から，〔知識及び技能〕の(1)オの「様子や行動，気持ちや性格を表す語句の量を増し，話や文章の中で使う」こととの関連を図り，指導の効果を高めることが考えられる。

○話し言葉と書き言葉

第1学年及び第2学年	第3学年及び第4学年	第5学年及び第6学年	中学校第1学年
		イ　話し言葉と書き言葉との違いに気付くこと。	ア　音声の働きや仕組みについて，理解を深めること。
イ　音節と文字との関係，アクセントによる語の意味の違いなどに気付くとともに，姿勢や口形，発声や発音に注意して話すこと。	イ　相手を見て話したり聞いたりするとともに，言葉の抑揚や強弱，間の取り方などに注意して話すこと。		
ウ　長音，拗音，促音，撥音などの表記，助詞の「は」，「へ」及び「を」の使い方，句読点の打ち方，かぎ（「　」）の使い方を理解して文や文章の中で使うこと。また，平仮名及び片仮名を読み，書	ウ　漢字と仮名を用いた表記，送り仮名の付け方，改行の仕方を理解して文や文章の中で使うとともに，句読点を適切に打つこと。また，第3学年においては，日常使われている簡単な単語について，	ウ　文や文章の中で漢字と仮名を適切に使い分けるとともに，送り仮名や仮名遣いに注意して正しく書くこと。	

くとともに，片仮名で書く語の種類を知り，文や文章の中で使うこと。	ローマ字で表記されたものを読み，ローマ字で書くこと。	

　イ　相手を見て話したり聞いたりするとともに，言葉の抑揚や強弱，間の取り方などに注意して話すこと。

　　話したり聞いたりする際に視線を意識することや，言葉の抑揚，強弱，間の取り方などの話し方に注意することを示している。この事項は，平成20年告示の学習指導要領では「話すこと・聞くこと」の指導事項として示していたが，今回の改訂では，話し言葉に関する〔知識及び技能〕の内容として位置付けた。

　　相手を見て話すことによって，聞き手の注意を喚起したり，話したことが聞き手に十分伝わっているかを判断したり，聞き手の反応を見ながら話したりすることができる。また，**相手を見て聞く**ことによって，話を聞こうとする意志を示したり，同意や共感，疑問など，話に対する反応を話し手に示したりすることができる。第3学年及び第4学年では，こうしたことの基盤として，**相手を見て話したり聞いたりする**ことを示している。

　　言葉の抑揚や強弱とは，話す際の声の調子の上げ下げや強弱のことである。身振りや表情などとともに，話の伝わり方に大きな影響を与える要素である。不自然な強調は避けなければならないが，話す内容に応じて，声の上げ下げに注意したり，特定の語や表現の一部を他よりも強調したりして，話の内容が相手に伝わるようにすることが大切である。

　　間の取り方は，話し手と聞き手の双方にとって重要である。話し手にとっての間とは，発音・発声のための息継ぎであると同時に，自らが伝えたい内容を聞き手に理解してもらうために意図的に取る，構文や語句の上での間でもある。一方，聞き手にとっての間は，話し手の意図を理解したり，思いや考えの大事な箇所を感じ取ったりするなど，自分の理解を深める時間となる。

　ウ　漢字と仮名を用いた表記，送り仮名の付け方，改行の仕方を理解して文や文章の中で使うとともに，句読点を適切に打つこと。また，第3学年においては，日常使われている簡単な単語について，ローマ字で表記されたものを読み，ローマ字で書くこと。

　　漢字と仮名の表記，送り仮名の付け方，改行の仕方，句読点の打ち方，ローマ字の読み書きに関する国語の表記を理解し，使うことを示している。

　　漢字と仮名とでは，音節との関係や書き表す語の種類など，文字としての性質

や役割が異なっている。**漢字と仮名を用いた表記を理解する**とは，そのような性質や役割の異なる漢字や仮名を交ぜて書く「漢字仮名交じり文」という日本語の表記の仕方やその利点を理解することである。

　送り仮名の付け方について理解する際には，個々の具体的な語の送り仮名の付け方だけでなく，活用語尾を送るという送り仮名の原則的な付け方についても理解を促し，活用についての意識をもたせるようにすることが重要である。

　改行の仕方を理解して文や文章の中で使うとは，段落の始め，会話部分などの必要な箇所について行を改めて書くことを示している。また，第1学年及び第2学年のウの「かぎ（「　」）の使い方」を受けて，会話の部分などを改行して書くことが習慣となるようにすることも大切である。

　句読点を適切に打つことは，第1学年及び第2学年のウの「句読点の打ち方」を理解して文や文章の中で使うことの発展である。句読点は，文の構成と関係している。特に読点は，意味を明確に伝えるために，文頭の接続詞などの後，主語の後，従属節の後，並列する語の後などに適切に打つことが求められる。第3学年及び第4学年では，それらに加え，文を読みやすくまた分かりやすくするために，文脈に合わせて適切に打つことができるようにすることが求められる。その際，「カ　主語と述語との関係，修飾と被修飾との関係，指示する語句と接続する語句の役割，段落の役割について理解すること。」と関連付けて指導することが有効である。

　ローマ字で表記されたものを読み，ローマ字で書くことは，ローマ字での読み書きについて示したものである。ローマ字表記が添えられた案内板やパンフレットを見たり，コンピュータを使ったりする機会が増えるなど，ローマ字は児童の生活に身近なものになっていることなどを踏まえ，第3学年で指導するものとする。

　日常使われている簡単な単語とは，地名や人名などの固有名詞を含めた，児童が日常目にする簡単な単語のことである。

　ローマ字の表記に当たっては，「ローマ字のつづり方」（昭和29年内閣告示）を踏まえることとなる。ここでは，「一般に国語を書き表す際には第1表に掲げたつづり方によるものと」し，「従来の慣例をにわかに改めがたい事情にある場合に限り，第2表に掲げたつづり方によっても差し支えない」こととされている。第1表（いわゆる訓令式）による表記の指導に当たっては，日本語の音が子音と母音の組み合わせで成り立っていることを理解することが重要である。第2表（いわゆるヘボン式と日本式）による表記の指導に当たっては，例えば，パスポートに記載される氏名の表記など，外国の人たちとコミュニケーションをとる際に用いられることが多い表記の仕方を理解することが重要である。

○漢字

第1学年及び第2学年	第3学年及び第4学年	第5学年及び第6学年	中学校第1学年
エ 第1学年においては，別表の学年別漢字配当表（以下「学年別漢字配当表」という。）の第1学年に配当されている漢字を読み，漸次書き，文や文章の中で使うこと。第2学年においては，学年別漢字配当表の第2学年までに配当されている漢字を読むこと。また，第1学年に配当されている漢字を書き，文や文章の中で使うとともに，第2学年に配当されている漢字を漸次書き，文や文章の中で使うこと。	エ 第3学年及び第4学年の各学年においては，学年別漢字配当表の当該学年までに配当されている漢字を読むこと。また，当該学年の前の学年までに配当されている漢字を書き，文や文章の中で使うとともに，当該学年に配当されている漢字を漸次書き，文や文章の中で使うこと。	エ 第5学年及び第6学年の各学年においては，学年別漢字配当表の当該学年までに配当されている漢字を読むこと。また，当該学年の前の学年までに配当されている漢字を書き，文や文章の中で使うとともに，当該学年に配当されている漢字を漸次書き，文や文章の中で使うこと。	イ 小学校学習指導要領第2章第1節国語の学年別漢字配当表（以下「学年別漢字配当表」という。）に示されている漢字に加え，その他の常用漢字のうち300字程度から400字程度までの漢字を読むこと。また，学年別漢字配当表の漢字のうち900字程度の漢字を書き，文や文章の中で使うこと。

エ　第3学年及び第4学年の各学年においては，学年別漢字配当表の当該学年までに配当されている漢字を読むこと。また，当該学年の前の学年までに配当されている漢字を書き，文や文章の中で使うとともに，当該学年に配当されている漢字を漸次書き，文や文章の中で使うこと。

　第3学年及び第4学年においては，漢字を読むことについて，学年別漢字配当表の当該学年までに配当されている漢字を読むことを示している。また，漢字を書くことについては，当該学年の前の学年に配当されている漢字を書き，文や文章の中で使おうとする習慣を身に付けるようにするとともに，当該学年に配当されている漢字を漸次書き，文や文章の中で使うようにすることを示している。

　指導に当たっては，〔知識及び技能〕の(3)「ウ　漢字が，へんやつくりなどから構成されていることについて理解すること。」との関連を図ることが有効である。

　第3学年及び第4学年は，漢字による熟語などの語句の使用が増えてくる時期

である。「第3 指導計画の作成と内容の取扱い」の2(1)「イ 理解したり表現したりするために必要な文字や語句については,辞書や事典を利用して調べる活動を取り入れるなど,調べる習慣が身に付くようにすること。」を踏まえ,漢字辞典を使って漢字の読みや意味などを自分で調べる活動を積極的に取り入れ,習慣として定着するようにすることが大切である。

また,文や文章を書く際には,学習した漢字を使う習慣が身に付くようにすることが重要である。

○語彙

第1学年及び第2学年	第3学年及び第4学年	第5学年及び第6学年	中学校第1学年
オ 身近なことを表す語句の量を増し,話や文章の中で使うとともに,言葉には意味による語句のまとまりがあることに気付き,語彙を豊かにすること。	オ 様子や行動,気持ちや性格を表す語句の量を増し,話や文章の中で使うとともに,言葉には性質や役割による語句のまとまりがあることを理解し,語彙を豊かにすること。	オ 思考に関わる語句の量を増し,話や文章の中で使うとともに,語句と語句との関係,語句の構成や変化について理解し,語彙を豊かにすること。また,語感や言葉の使い方に対する感覚を意識して,語や語句を使うこと。	ウ 事象や行為,心情を表す語句の量を増すとともに,語句の辞書的な意味と文脈上の意味との関係に注意して話や文章の中で使うことを通して,語感を磨き語彙を豊かにすること。

オ 様子や行動,気持ちや性格を表す語句の量を増し,話や文章の中で使うとともに,言葉には性質や役割による語句のまとまりがあることを理解し,語彙を豊かにすること。

第1学年及び第2学年のオを受けて,様子や行動,気持ちや性格を表す語句の量を増したり,言葉の性質や役割によるまとまりを理解したりすることを通して語彙を豊かにすることを示している。

第3学年及び第4学年では,様子や行動,気持ちや性格を表す語句の量を増し,話や文章の中で使うことに重点を置いている。平成20年告示の学習指導要領では,「表現したり理解したりするために必要な語句を増すこと」を示していたが,今回の改訂では,語彙に関する指導を充実させる観点から,各学年の重点を明示し,系統的に示している。なお,**様子や行動,気持ちや性格を表す語句**とは,事柄や人物などの様子や特徴を表す語句,人物などの行動や気持ち,性格を

表す語句などを指す。これらを**話や文章の中で使う**ことを通して，自分の語彙として身に付けていくことが重要である。

性質や役割による語句のまとまりがあることを理解するとは，様々な語句を，その特徴や使い方によって類別して捉えるということである。**性質による語句のまとまり**とは，物の名前を表す語句や，動きを表す語句，様子を表す語句などのまとまりのことである。**役割による語句のまとまり**とは，文の主語になる語句，述語になる語句，修飾する語句などのまとまりのことである。

語彙を豊かにするとは，自分の語彙の量と質を両面から充実させることである。性質や役割による語句のまとまりがあることを理解することを通して，語句の量を増し，使い方の範囲を広げ，語彙を豊かにすることが大切である。例えば，「C読むこと」において文学的な文章を読む際に，「様子や行動，気持ちや性格を表す語句」を捉えることや，「B書くこと」において語句を「役割」によって捉え，書き表し方を工夫したりすることも考えられる。

○文や文章

第1学年及び第2学年	第3学年及び第4学年	第5学年及び第6学年	中学校第1学年
カ 文の中における主語と述語との関係に気付くこと。	カ 主語と述語との関係，修飾と被修飾との関係，指示する語句と接続する語句の役割，段落の役割について理解すること。	カ 文の中での語句の係り方や語順，文と文との接続の関係，話や文章の構成や展開，話や文章の種類とその特徴について理解すること。	エ 単語の類別について理解するとともに，指示する語句と接続する語句の役割について理解を深めること。

カ　主語と述語との関係，修飾と被修飾との関係，指示する語句と接続する語句の役割，段落の役割について理解すること。

第1学年及び第2学年のカを受けて，主語と述語の関係，修飾と被修飾の関係，指示語や接続語の役割，段落の役割について理解することを示している。

主語と述語との関係，修飾と被修飾との関係は，文の構成に関して理解を図る内容を示したものである。文章の内容を理解する場合だけでなく表現する場合にも，それぞれの文の中での語句の役割や，語句相互の関係に気を付けて，文がどのように組み立てられているかを理解することが重要である。第1学年及び第2学年では主語と述語が照応することが大切であることを取り上げている。これについての理解を深めるとともに，修飾語がどこに係るのかという修飾と被修飾と

の関係にも気を付けて，文の構成を理解することが大切である。

指示する語句と接続する語句の役割は，文や文章のつながりや関係性に関して理解を図る内容を示したものである。**指示する語句**とは，物事を指し示す役割をもつ語句のことである。具体的には，いわゆる「こ・そ・あ・ど言葉」と言われるものがこれに当たる。**指示する語句**を適切に使うことで，文や文章をより簡潔に表現したり，文と文との内容のつながりなどを明瞭に表したりすることができる。

接続する語句とは，前後の文節や文などをつなぐ働きをもつ語句のことである。具体的には，いわゆる「つなぎ言葉」と言われるものがこれに当たる。**接続する語句**を適切に使うことで，文や文章などが，相互にどのように関わるのかを明確にし，文相互の関係，段落相互の関係などをつかんだり，端的に示したりすることができる。

なお，「このようなことから」，「なぜかというと」など，複数の語から構成される語句の中にも指示語，接続語と同様の役割をするものがあることから**指示する語句**，**接続する語句**という示し方をしている。

段落は，改行によって示されるいくつかの文のまとまりである形式段落と，その形式段落のいくつかが意味のつながりの上でひとまとまりになった意味段落とがある。段落には問題を提示したり，具体例を示したり，理由を述べたり，結論を述べたりするなどの役割がある。これらの段落相互の関係を理解することで，内容を把握したり必要な情報を的確に見付けたりすることができる。また，段落や段落相互の関係を明確にして表現することで，自分の思いや考えをより適切に表すことができる。

○言葉遣い

第1学年及び第2学年	第3学年及び第4学年	第5学年及び第6学年	中学校第1学年
キ　丁寧な言葉と普通の言葉との違いに気を付けて使うとともに，敬体で書かれた文章に慣れること。	キ　丁寧な言葉を使うとともに，敬体と常体との違いに注意しながら書くこと。	キ　日常よく使われる敬語を理解し使い慣れること。	

キ　丁寧な言葉を使うとともに，敬体と常体との違いに注意しながら書くこと。

第1学年及び第2学年のキを受けて，相手や目的を意識して表現する際などに，丁寧な言葉を使うとともに，敬体と常体との違いに注意しながら書くことを示している。

常体とは，文末が「である」，「だ」又は「であった」，「だった」などのようになる文体である。文章を記述する際には，相手や目的に応じて敬体と常体のいずれかを使用して書くことが多い。それを意識的に使い分けることや，「です」，「ます」，「である」，「だ」などの文末表現に注意して書くことが求められる。

○音読，朗読

第1学年及び第2学年	第3学年及び第4学年	第5学年及び第6学年	中学校第1学年
ク 語のまとまりや言葉の響きなどに気を付けて音読すること。	ク 文章全体の構成や内容の大体を意識しながら音読すること。	ケ 文章を音読したり朗読したりすること。	

ク　文章全体の構成や内容の大体を意識しながら音読すること。

　第1学年及び第2学年のクを受けて，文章の構成や内容を意識して音読することを示している。第3学年及び第4学年では，一文一文などの表現だけでなく，文章全体を意識して音読することを求めている。

　文章全体として何が書かれているのかを大づかみに捉えたり，登場人物の行動や気持ちの変化などを大筋で捉えたりしながら，音読することを示している。なお，黙読を活用し，文章の内容の理解を深めることも重要である。

　指導に当たっては，例えば，〔思考力，判断力，表現力等〕の「B書くこと」の「推敲」に関する指導事項のエと関わらせたり，「C読むこと」の「構造と内容の把握」に関する指導事項のアやイと関わらせたりすることが考えられる。

(2) 情報の扱い方に関する事項

> (2) 話や文章に含まれている情報の扱い方に関する次の事項を身に付けることができるよう指導する。
> 　ア　考えとそれを支える理由や事例，全体と中心など情報と情報との関係について理解すること。
> 　イ　比較や分類の仕方，必要な語句などの書き留め方，引用の仕方や出典の示し方，辞書や事典の使い方を理解し使うこと。

○情報と情報との関係

第1学年及び第2学年	第3学年及び第4学年	第5学年及び第6学年	中学校第1学年
ア　共通，相違，事柄の順序など情報と情報との関係について理解すること。	ア　考えとそれを支える理由や事例，全体と中心など情報と情報との関係について理解すること。	ア　原因と結果など情報と情報との関係について理解すること。	ア　原因と結果，意見と根拠など情報と情報との関係について理解すること。

ア　考えとそれを支える理由や事例，全体と中心など情報と情報との関係について理解すること。

　第1学年及び第2学年のアを踏まえ，考えと理由や事例，全体と中心の関係などに重点を置いて情報と情報との関係を理解することを示している。

　理由は，なぜそのような**考え**をもつのかを説明するものである。**事例**とは，考えをより具体的に説明するために挙げられた事柄や内容のことである。このため，理解したり表現したりする上で，考えがどのような理由や事例によって支えられているのかを吟味することが重要である。

　中心とは，話や文章の中心的な部分のことである。話や文章の全体を大づかみに捉えることが，その中心を把握することに役立つ。また，中心を把握することが，全体をより明確に捉えることにもつながっている。

　指導に当たっては，例えば，〔思考力，判断力，表現力等〕の「A話すこと・聞くこと」の(1)「イ　相手に伝わるように，理由や事例などを挙げながら，話の中心が明確になるよう話の構成を考えること。」，「B書くこと」の(1)「イ　書く内容の中心を明確にし，内容のまとまりで段落をつくったり，段落相互の関係に注意したりして，文章の構成を考えること。」，「ウ　自分の考えとそれを支える

理由や事例との関係を明確にして，書き表し方を工夫すること。」，「C読むこと」の(1)「ア　段落相互の関係に着目しながら，考えとそれを支える理由や事例との関係などについて，叙述を基に捉えること。」，「ウ　目的を意識して，中心となる語や文を見付けて要約すること。」などとの関連を図り，指導の効果を高めることが考えられる。

○情報の整理

第1学年及び第2学年	第3学年及び第4学年	第5学年及び第6学年	中学校第1学年
	イ　比較や分類の仕方，必要な語句などの書き留め方，引用の仕方や出典の示し方，辞書や事典の使い方を理解し使うこと。	イ　情報と情報との関係付けの仕方，図などによる語句と語句との関係の表し方を理解し使うこと。	イ　比較や分類，関係付けなどの情報の整理の仕方，引用の仕方や出典の示し方について理解を深め，それらを使うこと。

イ　比較や分類の仕方，必要な語句などの書き留め方，引用の仕方や出典の示し方，辞書や事典の使い方を理解し使うこと。

　情報を整理する際に必要となる，比較や分類，語句の書き留め方，引用の仕方や出典の示し方，辞書や事典などの使い方について示したものである。

　比較とは複数の情報を比べることである。**分類**とは，複数の情報を共通な性質に基づいて分けることである。話や文章を理解したり表現したりするためには，観点を明確にして比較したり分類したりすることで情報を整理することが重要である。

　必要な語句とは，情報を集めたり，発信したりする場合に落としてはいけない語句である。それらを**書き留める**ためには，目的を意識して必要な語句を判断することが必要となる。したがって，話や文章の内容を網羅的に書き出したり，機械的にメモの取り方を覚えたりするのではなく，必要な情報は何かということを念頭に置きながら，落としてはいけない語句を適切に捉え，それらを書き留めることが重要となる。

　指導に当たっては，例えば，〔思考力，判断力，表現力等〕の「A話すこと・聞くこと」の(1)アや「B書くこと」の(1)アなどの材料を集めたり整理したりすることに関する指導事項，「A話すこと・聞くこと」の(1)エや「C読むこと」の(1)ウなどの構造と内容を把握し精査・解釈することに関する指導事項との関連を図り，指導の効果を高めることが考えられる。

引用とは,本や文章の一節や文,語句などをそのまま抜き出すことである。文章を引用する場合には,必ず,引用する部分をかぎ(「 」)でくくることを併せて指導することが求められる。なお,文章の表現や情報だけに限らず,図表やグラフ,絵や写真なども含むことに留意する必要がある。

出典とは,引用元の書物や典拠などを指す。書物や典拠などのタイトル,著作者,発行年など,読み手が引用元に立ち返ってその内容を確認できるよう出典を示すとともに,引用部分が適切な量になるようにする必要がある。このことは,著作権を尊重し,保護するために必要なことであり,指導に当たっては十分留意することが求められる。

指導に当たっては,例えば,〔思考力,判断力,表現力等〕の「B書くこと」の(1)「ウ 自分の考えとそれを支える理由や事例との関係を明確にして,書き表し方を工夫すること。」や,「C読むこと」の(1)「オ 文章を読んで理解したことに基づいて,感想や考えをもつこと。」などとの関連を図り,引用したり出典を示したりできるようにすることが考えられる。

辞書や事典の使い方を理解し使うことは,情報化社会において必要な情報を収集したり,語彙を豊かにしたりするために必要な「知識及び技能」である。**辞書**の利用については,国語辞典や漢字辞典などの使い方を理解するとともに,必要なときにはいつでも辞書が手元にあり使えるような環境をつくっておくことが重要である。**事典**の利用については,目的に応じていろいろな種類の事典を選んだり,目次や索引を利用して情報を得たりすることが重要である。

辞書や事典については,調べる学習などにおいて活用できるようにすることが求められ,国語科に限らず,他の教科等の調べる学習や日常生活の中でも積極的に利用できるようにすることが大切である。

⑶ 我が国の言語文化に関する事項

> ⑶ 我が国の言語文化に関する次の事項を身に付けることができるよう指導する。
> 　ア　易しい文語調の短歌や俳句を音読したり暗唱したりするなどして，言葉の響きやリズムに親しむこと。
> 　イ　長い間使われてきたことわざや慣用句，故事成語などの意味を知り，使うこと。
> 　ウ　漢字が，へんやつくりなどから構成されていることについて理解すること。
> 　エ　書写に関する次の事項を理解し使うこと。
> 　　(ｱ)　文字の組立て方を理解し，形を整えて書くこと。
> 　　(ｲ)　漢字や仮名の大きさ，配列に注意して書くこと。
> 　　(ｳ)　毛筆を使用して点画の書き方への理解を深め，筆圧などに注意して書くこと。
> 　オ　幅広く読書に親しみ，読書が，必要な知識や情報を得ることに役立つことに気付くこと。

○伝統的な言語文化

第1学年及び第2学年	第3学年及び第4学年	第5学年及び第6学年	中学校第1学年
ア　昔話や神話・伝承などの読み聞かせを聞くなどして，我が国の伝統的な言語文化に親しむこと。	ア　易しい文語調の短歌や俳句を音読したり暗唱したりするなどして，言葉の響きやリズムに親しむこと。	ア　親しみやすい古文や漢文，近代以降の文語調の文章を音読するなどして，言葉の響きやリズムに親しむこと。	ア　音読に必要な文語のきまりや訓読の仕方を知り，古文や漢文を音読し，古典特有のリズムを通して，古典の世界に親しむこと。
イ　長く親しまれている言葉遊びを通して，言葉の豊かさに気付くこと。	イ　長い間使われてきたことわざや慣用句，故事成語などの意味を知り，使うこと。	イ　古典について解説した文章を読んだり作品の内容の大体を知ったりすることを通して，昔の人のものの見方や感じ方を知ること。	イ　古典には様々な種類の作品があることを知ること。

ア　易しい文語調の短歌や俳句を音読したり暗唱したりするなどして，言葉の響きやリズムに親しむこと。

　易しい文語調の短歌や俳句の音読や暗唱を通して，言葉の響きやリズムに親しむことを示している。

　短歌の五・七・五・七・七の三十一音，俳句の五・七・五の十七音のリズムから国語の美しい響きを感じ取りながら音読したり暗唱したりして，文語の調子に親しむ態度を育成するようにすることが重要である。

　易しいとは，意味内容が容易に理解できるということである。**文語調**とは，日常の話し言葉とは異なった特色をもつ言語体系で書かれた文章の調子のことである。文語調の短歌や俳句では，歴史的仮名遣いや古典の語句などが用いられている。教材としては，響きやリズムを体感できるような作品や親しみやすい作者の作品を選んだり，代表的な歌集などから内容の理解しやすい歌を選んだりすることが考えられる。また，各地域に縁のある歌人や俳人，地域の景色を詠んだ歌や句を教材にすることで，地域の文化を理解することができるようにすることなども考えられる。

イ　長い間使われてきたことわざや慣用句，故事成語などの意味を知り，使うこと。

　長い間使われてきたことわざや慣用句，故事成語などの意味を知り，日常生活でも使うようにすることに関する内容を示している。

　ことわざは，生活経験などにおいてありがちなことを述べたり，教訓を述べたりするものである。例えば，「塵も積もれば山となる」，「善は急げ」，「石橋をたたいて渡る」などがある。**慣用句**は，「水に流す」，「羽を伸ばす」などのように，二つ以上の語が結び付いて元の意味とは違った特定の意味を表すものである。**故事成語**は，「矛盾」，「推敲」，「五十歩百歩」などのように中国の故事に由来する熟語である。これらによって，先人の知恵や教訓，機知に触れることができる。これらの言葉の意味を知り，日常生活で用いるようにすることが大切である。

○言葉の由来や変化

第1学年及び第2学年	第3学年及び第4学年	第5学年及び第6学年	中学校第1学年
	ウ　漢字が，へんやつくりなどから構成されていることについて理解すること。	ウ　語句の由来などに関心をもつとともに，時間の経過による言葉の変化や世代による言葉の違いに気付き，	ウ　共通語と方言の果たす役割について理解すること。

| | | 共通語と方言との違いを理解すること。また,仮名及び漢字の由来,特質などについて理解すること。 | |

ウ　漢字が,へんやつくりなどから構成されていることについて理解すること。

　文字文化に関する内容として,第3学年及び第4学年では,「へん」,「つくり」,「かんむり」,「あし」,「たれ」,「かまえ」,「にょう」などの部首と他の部分とによって漢字が構成されることを知るとともに,実際の漢字についてその構成を理解することを示している。指導に当たっては,漢字のへんやつくりなどから,漢字を調べたり,漢字の字義や読み方を推測したりすることも有効である。

○書写

第1学年及び第2学年	第3学年及び第4学年	第5学年及び第6学年	中学校第1学年
ウ　書写に関する次の事項を理解し使うこと。 (ア)　姿勢や筆記具の持ち方を正しくして書くこと。 (イ)　点画の書き方や文字の形に注意しながら,筆順に従って丁寧に書くこと。 (ウ)　点画相互の接し方や交わり方,長短や方向などに注意して,文字を正しく書くこと。	エ　書写に関する次の事項を理解し使うこと。 (ア)　文字の組立て方を理解し,形を整えて書くこと。 (イ)　漢字や仮名の大きさ,配列に注意して書くこと。 (ウ)　毛筆を使用して点画の書き方への理解を深め,筆圧などに注意して書くこと。	エ　書写に関する次の事項を理解し使うこと。 (ア)　用紙全体との関係に注意して,文字の大きさや配列などを決めるとともに,書く速さを意識して書くこと。 (イ)　毛筆を使用して,穂先の動きと点画のつながりを意識して書くこと。 (ウ)　目的に応じて使用する筆記具を選び,その特徴を生かして書くこと。	エ　書写に関する次の事項を理解し使うこと。 (ア)　字形を整え,文字の大きさ,配列などについて理解して,楷書で書くこと。 (イ)　漢字の行書の基礎的な書き方を理解して,身近な文字を行書で書くこと。

エ　書写に関する次の事項を理解し使うこと。

　第1学年及び第2学年のウを受けて，書写に関する(ア)，(イ)，(ウ)の事項を理解し使うことを示している。

(ア)　文字の組立て方を理解し，形を整えて書くこと。

　第1学年及び第2学年のウ(イ)及び(ウ)を受けて，一つの文字の組立て方を身に付けることを示している。

　文字の組立て方とは，点画の組立て方から部首や部分相互の組立て方までを指すが，ここでは主に後者に重点を置いている。組立て方が簡単なものが多かった第1学年及び第2学年の漢字に比べて，第3学年及び第4学年では，組立て方が複雑な漢字が多くなる。そこで，部首と他の部分の組立て方，すなわち左と右，上と下，内と外などの関係において一つの文字が組み立てられるという仕組みを理解することを重視する。このため，「ウ　漢字が，へんやつくりなどから構成されていることについて理解すること。」との関連を図りながら指導することが必要である。

　形を整えて書くとは，第1学年及び第2学年で指導した文字のおおよその形（概形）を意識するとともに，一つの文字の構成要素となる部分相互が等間隔であること，左右対称であること，同一方向であることなどを考えて書くことである。

(イ)　漢字や仮名の大きさ，配列に注意して書くこと。

　語句，文，文章などの文字の集まりにおける漢字や仮名の大きさや配列に注意して書くことを示している。

　漢字や仮名の大きさとは，漢字と漢字，漢字と仮名，仮名と仮名との相互のつり合いから生じる相対的な大きさのことである。画数の多い文字ほど大きく書き，画数の少ない文字ほど小さく書くと，並べたときに読みやすい文字列になる。一般的に，仮名は漢字よりも小さく書くとよいと言われるのは，仮名が漢字よりも構成要素が少ないことによるものである。

　配列に注意してとは，行の中心や行と行との間，文字と文字との間がそろっているかなど文字列及び複数の文字列に注意してということである。読みやすい文や文章を書くには，一文字一文字を整えることに加え，文字の集まりという面から整えることが重要である。したがって，書き出しの位置を決めること，行の中心に文字の中心をそろえるように書くことなどが求められる。字間，行間，行の中心を扱う配列の学習において，児童は，文や文章など文字数の多い教材で学習することになるため，毛筆を使用する場合は，小筆の使用にも配慮する必要がある。

(ウ) **毛筆を使用して点画の書き方への理解を深め，筆圧などに注意して書くこと。**

第１学年及び第２学年のウ(イ)を受けて，毛筆を使用して点画の書き方への理解を深め，筆圧などに注意しながら書くことを示している。

「横画，縦画，左払い，右払い，折れ，曲がり，そり，点」などの点画の種類や「始筆，送筆，終筆」などの書き方については，第１学年及び第２学年で硬筆等を使用して基礎的な学習をしている。ここでは，点画やその書き方が毛筆を使用する中で定式化してきたという点に着目し，**毛筆**による学習を通して**点画や点画の書き方への理解を一層深めて書ける**ようにする。

筆圧とは，筆記具から用紙に加わる力のことである。点画には，左右の払いのように筆圧を変化させて書くものや，横画のようにほぼ等しい筆圧で書くものがある。その意味で点画の種類を理解することと呼応しており，点画の書き方と筆圧とを関連付けることを重視する必要がある。例えば，送筆については，筆圧のかけ方に変化が少ない場合（横画，縦画など），徐々に筆圧を弱めていく場合（左払い，右払い，はねの部分など），穂先の位置が移動する場合（折れ，曲がり，そりなど）などがある。終筆については，止めの形で終わる場合（横画，縦画など），払いの形で終わる場合（左払い，右払いなど），はねの形で終わる場合（そり，曲がり，縦画など）などがある。なお，筆圧は，筆記具を握る力と連動することが多いので，第１学年及び第２学年の「姿勢や筆記具の持ち方」に関する事項ウ(ア)との関連を図りながら指導を進める配慮も必要である。

○読書

第１学年及び第２学年	第３学年及び第４学年	第５学年及び第６学年	中学校第１学年
エ　読書に親しみ，いろいろな本があることを知ること。	オ　幅広く読書に親しみ，読書が，必要な知識や情報を得ることに役立つことに気付くこと。	オ　日常的に読書に親しみ，読書が，自分の考えを広げることに役立つことに気付くこと。	オ　読書が，知識や情報を得たり，自分の考えを広げたりすることに役立つことを理解すること。

オ　幅広く読書に親しみ，読書が，必要な知識や情報を得ることに役立つことに気付くこと。

第１学年及び第２学年のエを受けて，幅広く読書に親しみ，読書が知識や情報を得ることに役立つことに気付くことを示している。

幅広く読書に親しむとは，多様な本や文章があることを知り，読書する本や文章の種類，分野，活用の仕方など，自分の読書の幅を広げていくことである。読

書が，必要な知識や情報を得ることに役立つことに気付くためには，読書によって，疑問に思っていたことが解決したり，新しい世界に触れて自分の興味が広がったりする楽しさを味わうことが大切である。

　また，読書によって知識や情報を得るための基盤として，学校図書館などの施設の利用方法や，必要な本などの選び方を身に付けることも大切である。

●2 〔思考力,判断力,表現力等〕

A 話すこと・聞くこと

> (1) 話すこと・聞くことに関する次の事項を身に付けることができるよう指導する。
>   ア 目的を意識して,日常生活の中から話題を決め,集めた材料を比較したり分類したりして,伝え合うために必要な事柄を選ぶこと。
>   イ 相手に伝わるように,理由や事例などを挙げながら,話の中心が明確になるよう話の構成を考えること。
>   ウ 話の中心や話す場面を意識して,言葉の抑揚や強弱,間の取り方などを工夫すること。
>   エ 必要なことを記録したり質問したりしながら聞き,話し手が伝えたいことや自分が聞きたいことの中心を捉え,自分の考えをもつこと。
>   オ 目的や進め方を確認し,司会などの役割を果たしながら話し合い,互いの意見の共通点や相違点に着目して,考えをまとめること。
> (2) (1)に示す事項については,例えば,次のような言語活動を通して指導するものとする。
>   ア 説明や報告など調べたことを話したり,それらを聞いたりする活動。
>   イ 質問するなどして情報を集めたり,それらを発表したりする活動。
>   ウ 互いの考えを伝えるなどして,グループや学級全体で話し合う活動。

○話題の設定,情報の収集,内容の検討

第1学年及び第2学年	第3学年及び第4学年	第5学年及び第6学年	中学校第1学年
ア 身近なことや経験したことなどから話題を決め,伝え合うために必要な事柄を選ぶこと。	ア 目的を意識して,日常生活の中から話題を決め,集めた材料を比較したり分類したりして,伝え合うために必要な事柄を選ぶこと。	ア 目的や意図に応じて,日常生活の中から話題を決め,集めた材料を分類したり関係付けたりして,伝え合う内容を検討すること。	ア 目的や場面に応じて,日常生活の中から話題を決め,集めた材料を整理し,伝え合う内容を検討すること。

ア 目的を意識して,日常生活の中から話題を決め,集めた材料を比較したり分類したりして,伝え合うために必要な事柄を選ぶこと。

第1学年及び第2学年のアを受けて，目的を意識して，話題を決め，集めた材料を整理し，伝え合うために必要な事柄を選ぶことを示している。

　話題の設定については，学校や家庭，地域のことなど，児童が日常生活の中で興味や関心をもっていることから話題を決めることを求めている。情報の収集については，第1学年及び第2学年では身近なことや経験したことの想起が中心であるが，第3学年及び第4学年では必要に応じて，本や文章を読んだり，人に聞いたりしながら調べることへと広がっていく。

　目的としては，説明や報告をする，知りたいことを聞く，互いの考えを伝え合うことなどが考えられる。**目的を意識**することは，「話題の設定，情報の収集，内容の検討」だけでなく，話すこと，聞くこと，話し合うことのそれぞれの学習過程において必要となる。したがって，アの指導事項はイ，ウ，エ，オの指導事項と密接な関わりがある。

　比較したり分類したりするとは，集めた材料を，共通点や相違点に着目しながら比べたり，共通する性質に基づいて分けたりすることである。第1学年及び第2学年の「伝え合うために必要な事柄を選ぶこと」を発展させ，集めたことが話したり聞いたり話し合ったりする目的に合っているかどうかを意識しながら確かめ，より適切なものを見付けていくことが求められる。

〇構成の検討，考えの形成（話すこと）

第1学年及び第2学年	第3学年及び第4学年	第5学年及び第6学年	中学校第1学年
イ　相手に伝わるように，行動したことや経験したことに基づいて，話す事柄の順序を考えること。	イ　相手に伝わるように，理由や事例などを挙げながら，話の中心が明確になるよう話の構成を考えること。	イ　話の内容が明確になるように，事実と感想，意見とを区別するなど，話の構成を考えること。	イ　自分の考えや根拠が明確になるように，話の中心的な部分と付加的な部分，事実と意見との関係などに注意して，話の構成を考えること。

イ　相手に伝わるように，理由や事例などを挙げながら，話の中心が明確になるよう話の構成を考えること。

　第1学年及び第2学年のイを受けて，話の中心的な部分が明確になるように構成を考えることを示している。第3学年及び第4学年においては，具体的な相手や目的を一層強く意識して，話の中心が明確になるように理由や事例などを挙げ，筋道を立てた構成にすることに重点を置いている。

相手に伝わるように，理由や事例などを挙げるとは，伝えたいことがよく伝わるよう，相手のことを踏まえて理由や事例を選んでいくことである。例えば，相手が知らないことについては丁寧に理由付けをしたり，相手にとって理解しやすい事例を挙げたりすることが求められる。
　　話の中心が明確になるよう話の構成を考えるとは，自分の伝えたいことの中心が聞き手に分かりやすくなるよう話の構成を考えることである。話の中心は，話す目的と密接に関連して決まってくる。話し手はその中心を明確にし，話す内容を構成することが求められる。例えば，冒頭で話の中心を述べ，そのことに合わせた理由や事例などを挙げたり，最初に提示した内容と結論とがずれないようにしたりすることなどが重要である。

○表現，共有（話すこと）

第1学年及び第2学年	第3学年及び第4学年	第5学年及び第6学年	中学校第1学年
ウ　伝えたい事柄や相手に応じて，声の大きさや速さなどを工夫すること。	ウ　話の中心や話す場面を意識して，言葉の抑揚や強弱，間の取り方などを工夫すること。	ウ　資料を活用するなどして，自分の考えが伝わるように表現を工夫すること。	ウ　相手の反応を踏まえながら，自分の考えが分かりやすく伝わるように表現を工夫すること。

ウ　話の中心や話す場面を意識して，言葉の抑揚や強弱，間の取り方などを工夫すること。

　　第1学年及び第2学年のウを受けて，表現を工夫することを示している。第3学年及び第4学年においては，話の中心的な部分を聞き手に分かりやすく伝えたり，場面を意識して話したりするために，言葉の抑揚や強弱，間の取り方，相手を見る視線など，表現を工夫することに重点を置いている。
　　話の中心や話す場面を意識して話すとは，話の中心を明確に捉えて話すとともに，相手との親疎やその人数，目的や場の状況などを意識し，声の出し方や言葉遣い，視線などに気を付けて話すことである。
　　言葉の抑揚や強弱，間の取り方などを工夫することは，話の中心や話す場面を意識して話す際の話し方として示しているものである。例えば，話の中心的な部分において自分の感じたことを強く伝えるために，抑揚を意識して話したり，多人数の聞き手に伝えたいことを伝えるために，声を張って話したりするなど，話の中心や話す場面を意識して話し方を工夫することが重要である。
　　また，言葉の抑揚や強弱，間の取り方などを工夫するためには，〔知識及び技能〕の(1)「イ　相手を見て話したり聞いたりするとともに，言葉の抑揚や強弱，

間の取り方などに注意して話すこと。」との関連を図ることが有効である。さらに，場面や相手を意識して話すためには，例えば，〔知識及び技能〕の(1)「キ　丁寧な言葉を使うとともに，敬体と常体との違いに注意しながら書くこと。」における言葉遣いに関する内容との関連を図り，指導の効果を高めることが考えられる。

　指導に当たっては，様々な場面で話すことを通して，繰り返し表現の工夫を行う場を設けることが有効である。また，自分や友達の発表の様子を録画し，観点に沿って振り返るなど，ICT機器を活用することも効果的である。

○構造と内容の把握，精査・解釈，考えの形成，共有（聞くこと）

第1学年及び第2学年	第3学年及び第4学年	第5学年及び第6学年	中学校第1学年
エ　話し手が知らせたいことや自分が聞きたいことを落とさないように集中して聞き，話の内容を捉えて感想をもつこと。	エ　必要なことを記録したり質問したりしながら聞き，話し手が伝えたいことや自分が聞きたいことの中心を捉え，自分の考えをもつこと。	エ　話し手の目的や自分が聞こうとする意図に応じて，話の内容を捉え，話し手の考えと比較しながら，自分の考えをまとめること。	エ　必要に応じて記録したり質問したりしながら話の内容を捉え，共通点や相違点などを踏まえて，自分の考えをまとめること。

エ　必要なことを記録したり質問したりしながら聞き，話し手が伝えたいことや自分が聞きたいことの中心を捉え，自分の考えをもつこと。

　第1学年及び第2学年のエを受けて，話の中心を捉え，自分の考えをもつことを示している。第3学年及び第4学年においては，記録したり質問したりしながら聞くことや，話し手が伝えたいことや自分が聞きたいことの中心を捉え，自分の考えをもつことに重点を置いている。

　必要なことを記録したり質問したりしながら聞くとは，目的に応じて必要な内容を記録したり，聞いた事柄を基に分からない点や確かめたい点を質問したりすることである。必要な内容を記録するためには，重要な語句は何か判断しながら聞いたり，聞いた後に話の内容を振り返ったりすることが大切である。

　話の中心を捉えることには，話し手が伝えたいことの中心を捉えることと，自分が聞きたいことの中心を明確にして聞くこととの二つの側面がある。

　話し手が伝えたいことの中心を捉えるためには，話の内容や話し方に関心をもち，事柄の順序など，話の組立て方を意識しながら，話の要点を聞くことが重要である。また，**自分が聞きたいことの中心を明確にして聞くためには，どのよう**

な目的で聞くのか，自分が聞いたことは何かなどをよく確かめて聞くことが重要である。

　自分の考えをもつためには，話の内容を予想して聞いたり，聞いた内容と自分が知っていることとを比べたりすることなどが有効である。また，記録したことや質問したことが十分なものだったかどうかは，聞いたことを基に自分の考えをまとめたり，それを表現したりする際に確認することができる。したがって，聞いたことを発表する機会などを設けることにより，指導の効果を高めることが考えられる。

〇話合いの進め方の検討，考えの形成，共有（話し合うこと）

第1学年及び第2学年	第3学年及び第4学年	第5学年及び第6学年	中学校第1学年
オ　互いの話に関心をもち，相手の発言を受けて話をつなぐこと。	オ　目的や進め方を確認し，司会などの役割を果たしながら話し合い，互いの意見の共通点や相違点に着目して，考えをまとめること。	オ　互いの立場や意図を明確にしながら計画的に話し合い，考えを広げたりまとめたりすること。	オ　話題や展開を捉えながら話し合い，互いの発言を結び付けて考えをまとめること。

オ　目的や進め方を確認し，司会などの役割を果たしながら話し合い，互いの意見の共通点や相違点に着目して，考えをまとめること。

　第1学年及び第2学年のオを受けて，目的や進め方を確認して話し合い，考えをまとめることを示している。第3学年及び第4学年においては，話し合って考えをまとめるために，司会などの役割を果たしながら，互いの意見の共通点や相違点に着目することに重点を置いている。

　目的や進め方を確認して話し合うとは，話合いの目的や目指す到達点，そこに向かう話合いの進め方などを確認して，話し合う目的や必要性を意識して話合いを進めることである。**司会**の役割とは，話合いがまとまるように進行していくことである。最初は準備した進行表に沿って進行することそのものを学び，徐々に，話合いが目的に応じて適切に進行するように，参加者に発言を促したり，発言の共通点や相違点を確認したり，話し合った内容をまとめたりすることができるようにすることが求められる。

　司会者，提案者，参加者などは，それぞれの役割を理解し，話題に沿って発言しているか，その発言は話合いの流れを踏まえているかなどの観点に基づいて適

時判断しながら話合いを進めるようにすることが重要である。考えが，最終的に一つにまとまらない場合にも，どのような意見が出されたか，どのような点で考えが異なっているか，今後どのように話合いを進めていくとよいかなどを確認することが求められる。

　互いの意見の共通点や相違点に着目して，考えをまとめるとは，互いの意見の共通点や相違点に着目し，一つの結論を出したり，話し合われたことに対する自分の考えをまとめたりすることである。互いの意見を比較し，考えが相違するときには，それぞれの考えがどのようなことに基づいているのかといったことにも目を向けることが重要である。

○言語活動例

第１学年及び第２学年	第３学年及び第４学年	第５学年及び第６学年
ア　紹介や説明，報告など伝えたいことを話したり，それらを聞いて声に出して確かめたり感想を述べたりする活動。	ア　説明や報告など調べたことを話したり，それらを聞いたりする活動。	ア　意見や提案など自分の考えを話したり，それらを聞いたりする活動。
	イ　質問するなどして情報を集めたり，それらを発表したりする活動。	イ　インタビューなどをして必要な情報を集めたり，それらを発表したりする活動。
イ　尋ねたり応答したりするなどして，少人数で話し合う活動。	ウ　互いの考えを伝えるなどして，グループや学級全体で話し合う活動。	ウ　それぞれの立場から考えを伝えるなどして話し合う活動。

ア　説明や報告など調べたことを話したり，それらを聞いたりする活動。

　調べたことを話したり，それらを聞いたりする言語活動を例示している。

　説明や報告など調べたことを話すとは，例えば，各教科等で行う観察や実験，調査などの経過や結論などをまとめて，聞き手に分かりやすく伝えたり発表したりすることである。

　また，**それらを聞いたりする**とは，必要なことを記録したり質問したりしながら聞き，話の内容を捉えることである。

イ　質問するなどして情報を集めたり，それらを発表したりする活動。

　質問するなどして情報を集めたり，それらを発表したりする言語活動を例示している。

情報を集めるために**質問する**とは，事前に自分が知りたいことを考え，尋ねることである。そのようにして集めた情報について，話したり書いたりして発表する活動についても例示している。

ウ　互いの考えを伝えるなどして，グループや学級全体で話し合う活動。

　互いの考えを伝えるなどして話し合う言語活動を例示している。

　話合いには，結論を一つにまとめることに重点を置くものや，それぞれの参加者の考えを明確にしたり広げたりすることに重点を置くものなどがある。

　多人数での話合いは，少人数での話合いに比べ，話し手と聞き手との間に一定の距離があるため，改まった言葉遣いをするなどの配慮が必要である。

　また，一人一人が発言する機会が少ないため，話合いの進め方や司会の役割が重要となる。このため，話合いをする際には，児童一人一人が，司会などの様々な役割を経験できるようにすることが重要である。

　話し合う言語活動は，他教科等においても取り入れられることが多いため，それらの活動との連携が求められる。

第3章
各学年の内容

B 書くこと

> (1) 書くことに関する次の事項を身に付けることができるよう指導する。
>   ア 相手や目的を意識して，経験したことや想像したことなどから書くことを選び，集めた材料を比較したり分類したりして，伝えたいことを明確にすること。
>   イ 書く内容の中心を明確にし，内容のまとまりで段落をつくったり，段落相互の関係に注意したりして，文章の構成を考えること。
>   ウ 自分の考えとそれを支える理由や事例との関係を明確にして，書き表し方を工夫すること。
>   エ 間違いを正したり，相手や目的を意識した表現になっているかを確かめたりして，文や文章を整えること。
>   オ 書こうとしたことが明確になっているかなど，文章に対する感想や意見を伝え合い，自分の文章のよいところを見付けること。
> (2) (1)に示す事項については，例えば，次のような言語活動を通して指導するものとする。
>   ア 調べたことをまとめて報告するなど，事実やそれを基に考えたことを書く活動。
>   イ 行事の案内やお礼の文章を書くなど，伝えたいことを手紙に書く活動。
>   ウ 詩や物語をつくるなど，感じたことや想像したことを書く活動。

○題材の設定，情報の収集，内容の検討

第1学年及び第2学年	第3学年及び第4学年	第5学年及び第6学年	中学校第1学年
ア 経験したことや想像したことなどから書くことを見付け，必要な事柄を集めたり確かめたりして，伝えたいことを明確にすること。	ア 相手や目的を意識して，経験したことや想像したことなどから書くことを選び，集めた材料を比較したり分類したりして，伝えたいことを明確にすること。	ア 目的や意図に応じて，感じたことや考えたことなどから書くことを選び，集めた材料を分類したり関係付けたりして，伝えたいことを明確にすること。	ア 目的や意図に応じて，日常生活の中から題材を決め，集めた材料を整理し，伝えたいことを明確にすること。

ア 相手や目的を意識して，経験したことや想像したことなどから書くことを選び，集めた材料を比較したり分類したりして，伝えたいことを明確にすること。

第1学年及び第2学年のアを受けて，相手や目的を意識して，書くことを選び，集めた材料を整理し，伝えたいことを明確にすることを示している。第3学年及び第4学年では，集めた材料を比較したり分類したりして整理することに重点を置いている。

　相手や目的を意識してとは，題材を設定したり情報を収集したりする際に，不特定多数の人に対して文章を書くのか，特定の人に対して文章を書くのか，何のために書くのか，読み手はどのようなことを知りたいのかなど，文章を書く相手や目的を念頭に置くことである。相手や目的を意識することは，「題材の設定，情報の収集，内容の検討」の過程だけでなく，「考えの形成，記述」，「推敲」などの過程においても重要なものとなる。したがって，アの指導事項はイ，ウ，エ，オの指導事項と密接な関わりがある。

　材料とは，伝え合う内容を構成する体験や，本や文章を調べたり聞いたりすることによって得た情報のことであり，書く内容を考える際の素材となるものである。

　集めた材料を比較したり分類したりするとは，集めた材料を，共通点や相違点に着目しながら比べたり，共通する性質に基づいて分けたりして，伝えたいことが明確になるように書く材料を整理することである。例えば，同じような材料を比較して，どちらが自分の書きたい事柄に合っているかを考えたり，読み手が理解しやすいように，事柄ごとに材料を分類したりすることが考えられる。こうした整理を通して，伝えたいことを明確にすることが重要である。

○構成の検討

第1学年及び第2学年	第3学年及び第4学年	第5学年及び第6学年	中学校第1学年
イ　自分の思いや考えが明確になるように，事柄の順序に沿って簡単な構成を考えること。	イ　書く内容の中心を明確にし，内容のまとまりで段落をつくったり，段落相互の関係に注意したりして，文章の構成を考えること。	イ　筋道の通った文章となるように，文章全体の構成や展開を考えること。	イ　書く内容の中心が明確になるように，段落の役割などを意識して文章の構成や展開を考えること。

イ　書く内容の中心を明確にし，内容のまとまりで段落をつくったり，段落相互の関係に注意したりして，文章の構成を考えること。

　第1学年及び第2学年のイを受けて，書く内容の中心を明確にし，文章の構成を考えることを示している。

書く内容の中心を明確にするとは，文章の構成を考えるに当たり，書こうとしている材料の中から，中心に述べたいことを一つに絞ることである。このことによって，中心となる事柄や，それに関わる他の書きたい事柄が明らかになる。それを基に**内容のまとまりで段落をつくる**のである。段落には，改行によって示されるいくつかの文のまとまりである形式段落と，その形式段落のいくつかが意味のつながりの上でひとまとまりになった意味段落とがある。段落は，そのような文章を構成する単位としての役割をもっている。

　段落相互の関係に注意して文章の構成を考えるとは，書く文章の種類や特徴を踏まえ，段落と段落との関係に気を付けて文章の構成を考えることである。段落相互の関係としては，例えば，考えとそれを支える理由や，考えとそれを具体的に述べる事例といった関係，列挙された事例同士の関係などがある。書く内容の中心を明確にした上でこうした関係に注意し，文章の構成を考えることが重要である。また，「冒頭部－展開部－終結部」などの文章の展開や文章の種類に応じて，それぞれの部分に何を書くのか，それらがどのようにつながるのかを強く意識して，自分の考えが明確になるように工夫することも重要である。

○考えの形成，記述

第1学年及び第2学年	第3学年及び第4学年	第5学年及び第6学年	中学校第1学年
ウ　語と語や文と文との続き方に注意しながら，内容のまとまりが分かるように書き表し方を工夫すること。	ウ　自分の考えとそれを支える理由や事例との関係を明確にして，書き表し方を工夫すること。	ウ　目的や意図に応じて簡単に書いたり詳しく書いたりするとともに，事実と感想，意見とを区別して書いたりするなど，自分の考えが伝わるように書き表し方を工夫すること。 エ　引用したり，図表やグラフなどを用いたりして，自分の考えが伝わるように書き表し方を工夫すること。	ウ　根拠を明確にしながら，自分の考えが伝わる文章になるように工夫すること。

ウ　自分の考えとそれを支える理由や事例との関係を明確にして，書き表し方を

工夫すること。

　第1学年及び第2学年のウを受けて，自分の考えなどが明確になるよう書き表し方を工夫することを示している。第3学年及び第4学年においては，自分の考えとそれを支える理由や事例といった関係性が明確になるように記述することに重点を置いている。

　考えを支える**理由**を記述する際には，「なぜなら～」，「その理由は～」，「～ためである」など，理由を示すことを明確にする表現を用いることができるようにすることが求められる。

　事例とは，書き手の考えをより具体的に説明するために挙げられた事柄や内容のことである。考えを支える**事例**を記述する際には，「例えば～」，「事例を挙げると～」，「～などがそれに当たる」などの表現を用いることができるようにすることが求められる。

　また，例えば，〔知識及び技能〕の(1)「キ　丁寧な言葉を使うとともに，敬体と常体との違いに注意しながら書くこと。」における，相手や目的に応じて敬体と常体とを意識的に使い分けることや，書いていくときに「だ」，「である」，「です」，「ます」などの文末表現に注意して書くことの指導との関連を図ることも有効である。

○推敲

第1学年及び第2学年	第3学年及び第4学年	第5学年及び第6学年	中学校第1学年
エ　文章を読み返す習慣を付けるとともに，間違いを正したり，語と語や文と文との続き方を確かめたりすること。	エ　間違いを正したり，相手や目的を意識した表現になっているかを確かめたりして，文や文章を整えること。	オ　文章全体の構成や書き表し方などに着目して，文や文章を整えること。	エ　読み手の立場に立って，表記や語句の用法，叙述の仕方などを確かめて，文章を整えること。

エ　間違いを正したり，相手や目的を意識した表現になっているかを確かめたりして，文や文章を整えること。

　第1学年及び第2学年のエを受けて，文や文章を整えることを示している。第3学年及び第4学年では，間違いを正すとともに，ア，イ，ウの指導事項に示す内容に基づいて，相手や目的を意識した表現になっているかを確かめることに重点を置いている。

　間違いを正す際には，主語と述語，修飾語と被修飾語の関係の明確さ，長音，

拗音，促音，撥音，助詞などの表記の仕方のほかに，敬体と常体，断定や推量，疑問などの文末表現の使い方などに注意することが求められる。

相手や目的を意識した表現になっているかを確かめるとは，書く相手や目的に照らして，構成や書き表し方が適切なものとなっているかを確かめることである。例えば，相手の立場や年齢，相手との関係に応じた文末表現になっているか，書こうとすることについて相手のもっている知識や関心に応じた構成や書き表し方になっているか，書く目的に応じた文末表現になっているかなどについて見直すことが重要である。

なお，指導に当たっては，児童自身が間違いなどを正したり，よりよい表現に書き直したりすることによって整った文章になることが実感できるように，例えば，下書きと推敲後の文章を比べるなどの工夫をすることが考えられる。

○共有

第1学年及び第2学年	第3学年及び第4学年	第5学年及び第6学年	中学校第1学年
オ 文章に対する感想を伝え合い，自分の文章の内容や表現のよいところを見付けること。	オ 書こうとしたことが明確になっているかなど，文章に対する感想や意見を伝え合い，自分の文章のよいところを見付けること。	カ 文章全体の構成や展開が明確になっているかなど，文章に対する感想や意見を伝え合い，自分の文章のよいところを見付けること。	オ 根拠の明確さなどについて，読み手からの助言などを踏まえ，自分の文章のよい点や改善点を見いだすこと。

オ 書こうとしたことが明確になっているかなど，文章に対する感想や意見を伝え合い，自分の文章のよいところを見付けること。

　第1学年及び第2学年のオを受けて，感想や意見を伝え合い，自分の文章のよいところを見付けることを示している。第3学年及び第4学年においては，書こうとしたことが明確になっているかなどの観点から，自分の文章のよいところを見付けることに重点を置いている。

　文章に対する感想や意見を伝え合うとは，互いの書いた文章を読み合ったり音読し合ったりして，その内容や表現について，感想や意見を述べ合うことである。その際，書き手が**書こうとしたことが明確**に表現されているところを見付けることなどが重要である。そのためには，例えば，書き終えた文章に加えて，「題材の設定」，「情報の収集」，「内容の検討」，「構成の検討」など，学習過程の各段階のメモなどについても共有することで，書く目的などを確認し合えるよう

にすることも考えられる。

　自分の文章のよいところを見付ける際には，記述した内容以外にも，相手について配慮したことや，記述の仕方などで工夫したこと，なぜそのような考えに至ったのかについてのきっかけなどを共有することも大切である。

○言語活動例

第1学年及び第2学年	第3学年及び第4学年	第5学年及び第6学年
ア　身近なことや経験したことを報告したり，観察したことを記録したりするなど，見聞きしたことを書く活動。	ア　調べたことをまとめて報告するなど，事実やそれを基に考えたことを書く活動。	ア　事象を説明したり意見を述べたりするなど，考えたことや伝えたいことを書く活動。
イ　日記や手紙を書くなど，思ったことや伝えたいことを書く活動。	イ　行事の案内やお礼の文章を書くなど，伝えたいことを手紙に書く活動。	イ　短歌や俳句をつくるなど，感じたことや想像したことを書く活動。
ウ　簡単な物語をつくるなど，感じたことや想像したことを書く活動。	ウ　詩や物語をつくるなど，感じたことや想像したことを書く活動。	ウ　事実や経験を基に，感じたり考えたりしたことや自分にとっての意味について文章に書く活動。

ア　調べたことをまとめて報告するなど，事実やそれを基に考えたことを書く活動。

　事実やそれを基に考えたことを文章に書く言語活動を例示している。

　調べたことをまとめて報告する文章を書く際には，報告する文章の特徴に基づいて書くこととなる。例えば，調査を報告する文章では，調査の目的や方法，調査の結果とそこから考えたことなどを明確に書くことになる。

　事実やそれを基に考えたことを書くとは，自分の考えと，それを支える理由や事例としての事実との関係を明確にして書くことである。

　このようにして書かれた文章については，例えば，学級新聞や小冊子，リーフレットなど，日常生活で目にする形式にまとめることも考えられる。

イ　行事の案内やお礼の文章を書くなど，伝えたいことを手紙に書く活動。

　実用的な文章としての手紙を書く言語活動を例示している。

　例えば，学校行事について案内する文章や，地域の活動などでお世話になった方々へのお礼の手紙を書く活動が考えられる。

行事を**案内**する文章を書く際には，行事名，日時，場所，内容などのほか，参加してほしいといったお願いなど，必要な情報を漏れなく書く必要がある。**お礼**の手紙を書く際には，表書きの住所や宛て名を正しく書くことや，後付けにおける署名や宛て名の位置関係といった基本的な形式などを押さえることが必要である。

　各教科等の学習や学校の教育活動全体との関連を図り，実際に書いて伝えたり，反応を受け取ったりすることができるよう工夫することが有効である。

ウ　詩や物語をつくるなど，感じたことや想像したことを書く活動。

　感じたことや想像したことを書く言語活動を例示している。

　詩をつくる際には，凝縮した表現であること，普通の文章とは違った改行形式や連による構成になっていることなどの基本的な特徴を踏まえて，感じたことや想像したことを書くこととなる。また，作家の創作による物語は，主人公やその他の登場人物がそれぞれの役割をもっていたり，冒頭部に状況や登場人物が設定され，事件とその解決が繰り返され発端から結末へと至る展開によって構成されていたりするなどの工夫がなされている。児童が物語をつくる際には，このような工夫を参考にすることも考えられる。

2　第3学年及び第4学年の内容

C　読むこと

> (1) 読むことに関する次の事項を身に付けることができるよう指導する。
>   ア　段落相互の関係に着目しながら，考えとそれを支える理由や事例との関係などについて，叙述を基に捉えること。
>   イ　登場人物の行動や気持ちなどについて，叙述を基に捉えること。
>   ウ　目的を意識して，中心となる語や文を見付けて要約すること。
>   エ　登場人物の気持ちの変化や性格，情景について，場面の移り変わりと結び付けて具体的に想像すること。
>   オ　文章を読んで理解したことに基づいて，感想や考えをもつこと。
>   カ　文章を読んで感じたことや考えたことを共有し，一人一人の感じ方などに違いがあることに気付くこと。
> (2) (1)に示す事項については，例えば，次のような言語活動を通して指導するものとする。
>   ア　記録や報告などの文章を読み，文章の一部を引用して，分かったことや考えたことを説明したり，意見を述べたりする活動。
>   イ　詩や物語などを読み，内容を説明したり，考えたことなどを伝え合ったりする活動。
>   ウ　学校図書館などを利用し，事典や図鑑などから情報を得て，分かったことなどをまとめて説明する活動。

○構造と内容の把握（説明的な文章）

第1学年及び第2学年	第3学年及び第4学年	第5学年及び第6学年	中学校第1学年
ア　時間的な順序や事柄の順序などを考えながら，内容の大体を捉えること。	ア　段落相互の関係に着目しながら，考えとそれを支える理由や事例との関係などについて，叙述を基に捉えること。	ア　事実と感想，意見などとの関係を叙述を基に押さえ，文章全体の構成を捉えて要旨を把握すること。	ア　文章の中心的な部分と付加的な部分，事実と意見との関係などについて叙述を基に捉え，要旨を把握すること。

ア　段落相互の関係に着目しながら，考えとそれを支える理由や事例との関係などについて，叙述を基に捉えること。

　第1学年及び第2学年のアを受けて，段落相互の関係に着目しながら，文章の

構造や内容を把握することを示している。

段落相互の関係とは，考えとその事例，結論とその理由といった関係などのことである。これらの関係に着目しながら，書き手の考えがどのような理由によって説明されているのか，どのような事例によって具体化されているのかなどを，叙述を基に正確に捉えていくことが求められる。なお，**事例**とは，書き手の考えを具体的に説明するために挙げられた事柄や内容のことである。

指導に当たっては，例えば，〔知識及び技能〕の(1)「カ　主語と述語との関係，修飾と被修飾との関係，指示する語句と接続する語句の役割，段落の役割について理解すること。」との関連を図り，指導の効果を高めることが考えられる。

○構造と内容の把握（文学的な文章）

第1学年及び第2学年	第3学年及び第4学年	第5学年及び第6学年	中学校第1学年
イ　場面の様子や登場人物の行動など，内容の大体を捉えること。	イ　登場人物の行動や気持ちなどについて，叙述を基に捉えること。	イ　登場人物の相互関係や心情などについて，描写を基に捉えること。	イ　場面の展開や登場人物の相互関係，心情の変化などについて，描写を基に捉えること。

イ　登場人物の行動や気持ちなどについて，叙述を基に捉えること。

第1学年及び第2学年のイを受けて，物語全体の登場人物の行動や気持ちを捉えることを示している。

登場人物の行動の背景には，そのときの，あるいはその行動に至るまでの気持ちがある場合が多い。そうした登場人物の気持ちを，行動や会話，地の文などの叙述を基に捉えていくことが求められる。

行動や気持ちなどを捉える際には，登場人物の境遇や性格なども重要な要素になる。物語全体を見通して，複数の叙述を基に行動や気持ちなどを捉えることが重要である。

また，登場人物の行動や気持ちを捉えることは，文章を精査・解釈することや自分の考えを形成することなどにつながるものである。

○精査・解釈（説明的な文章）

第1学年及び第2学年	第3学年及び第4学年	第5学年及び第6学年	中学校第1学年
ウ　文章の中の重要な語や文を考えて選び出すこと。	ウ　目的を意識して，中心となる語や文を見付けて要約す	ウ　目的に応じて，文章と図表などを結び付けるなどし	ウ　目的に応じて必要な情報に着目して要約したり，場

		面と場面,場面と描写などを結び付けたりして,内容を解釈すること。
ること。	て必要な情報を見付けたり,論の進め方について考えたりすること。	エ 文章の構成や展開,表現の効果について,根拠を明確にして考えること。

ウ　目的を意識して，中心となる語や文を見付けて要約すること。

　第1学年及び第2学年のウを受けて，目的を意識して，アの指導事項で捉えた文章の構造や内容を基に，必要な情報を見付けて要約することを示している。

　要約するとは，文章全体の内容を正確に把握した上で，元の文章の構成や表現をそのまま生かしたり自分の言葉を用いたりして，文章の内容を短くまとめることである。文章の内容を端的に説明するといった要約する目的を意識して，内容の**中心となる語や文**を選んで，要約の分量などを考えて要約することが重要である。

　なお，この指導事項で示す内容は，文学的な文章においてあらすじを捉える際などにも必要となる「思考力，判断力，表現力等」である。

○精査・解釈（文学的な文章）

第1学年及び第2学年	第3学年及び第4学年	第5学年及び第6学年	中学校第1学年
エ　場面の様子に着目して，登場人物の行動を具体的に想像すること。	エ　登場人物の気持ちの変化や性格，情景について，場面の移り変わりと結び付けて具体的に想像すること。	エ　人物像や物語などの全体像を具体的に想像したり，表現の効果を考えたりすること。	ウ　目的に応じて必要な情報に着目して要約したり，場面と場面，場面と描写などを結び付けたりして，内容を解釈すること。 エ　文章の構成や展開，表現の効果について,根拠を明確にして考えること。

エ　登場人物の気持ちの変化や性格，情景について，場面の移り変わりと結び付けて具体的に想像すること。

　第1学年及び第2学年のエを受けて，イの指導事項で捉えた内容を基に，登場人物の気持ちの変化や性格，情景について，場面の移り変わりと結び付けながら

具体的に思い描き,その世界を豊かに想像することに重点を置いている。

登場人物の気持ちの変化について,**場面の移り変わりと結び付けて具体的に想像する**とは,場面の移り変わりとともに描かれる登場人物の気持ちが,どのように変化しているのかを具体的に思い描くことである。登場人物の気持ちは,場面の移り変わりの中で揺れ動いて描かれることが多い。そのため,複数の場面の叙述を結び付けながら,気持ちの変化を見いだして想像していく必要がある。また,どの叙述とどの叙述とを結び付けるかによっても変化やそのきっかけの捉え方が異なり,多様に想像を広げて読むことができる。

登場人物の性格は,複数の場面に共通して一貫して描かれる場合と,多面的に描かれる場合とがある。いずれの場合も,**場面の移り変わりと結び付けて具体的に想像する**ためには,それぞれの登場人物の境遇や状況を把握し,物語全体に描かれた行動や会話に関わる複数の叙述を結び付けて読むことが重要である。一つの叙述だけではなく,複数の叙述を根拠にすることで,より具体的に登場人物の性格を思い描くことができる。

情景には,登場人物の気持ちが表されていることが多い。情景について具体的に想像する際には,場面の移り変わりとともに変化していく登場人物の気持ちと併せて考えていくことが重要である。

○考えの形成

第1学年及び第2学年	第3学年及び第4学年	第5学年及び第6学年	中学校第1学年
オ 文章の内容と自分の体験とを結び付けて,感想をもつこと。	オ 文章を読んで理解したことに基づいて,感想や考えをもつこと。	オ 文章を読んで理解したことに基づいて,自分の考えをまとめること。	オ 文章を読んで理解したことに基づいて,自分の考えを確かなものにすること。

オ 文章を読んで理解したことに基づいて,感想や考えをもつこと。

第1学年及び第2学年のオを受けて,文章を読んで感想や考えをもつことを示している。第3学年及び第4学年においては,文章の内容だけではなく理解したことに基づいて,感想や考えをもつことに重点を置いている。

文章を読んで理解したことに基づくとは,文章の内容や構造を捉え,精査・解釈しながら考えたり理解したりしたことを基にするということである。また,**感想や考えをもつ**とは,文章を読んで理解したことについて,自分の体験や既習の内容と結び付けて自分の考えを形成することである。ここには,疑問点や更に知りたい点などを見いだすことも含まれる。

なお，感想や考えをもつことは，自分が文章をどのように捉え，理解したのかを改めて確かめることにもつながる。「構造と内容の把握」，「精査・解釈」に関する指導事項とも関連を図ることが重要である。

○共有

第1学年及び第2学年	第3学年及び第4学年	第5学年及び第6学年	中学校第1学年
カ　文章を読んで感じたことや分かったことを共有すること。	カ　文章を読んで感じたことや考えたことを共有し，一人一人の感じ方などに違いがあることに気付くこと。	カ　文章を読んでまとめた意見や感想を共有し，自分の考えを広げること。	

カ　文章を読んで感じたことや考えたことを共有し，一人一人の感じ方などに違いがあることに気付くこと。

第1学年及び第2学年のカを受けて，考えを共有したり，互いの感じ方などの違いに気付いたりすることを示している。

文章を読んで感じたことや考えたこととは，文章の構造と内容を把握し，精査・解釈することを通して，感想をもったり考えたりしたことである。これらの感想や考えは，同じ文章を読んでも文章のどこに着目するか，どのような思考や感情，経験と結び付けて読むかによって，一人一人に違いが出てくる。

これを**共有し，一人一人の感じ方などに違いがあることに気付く**とは，同じ文章を読んでも，一人一人の感じ方などに違いがあることに気付くとともに，互いの感じたことや考えたことを理解し，他者の感じ方などのよさに気付くことが大切である。

○言語活動例

第1学年及び第2学年	第3学年及び第4学年	第5学年及び第6学年
ア　事物の仕組みを説明した文章などを読み，分かったことや考えたことを述べる活動。	ア　記録や報告などの文章を読み，文章の一部を引用して，分かったことや考えたことを説明したり，意見を述べたりする活動。	ア　説明や解説などの文章を比較するなどして読み，分かったことや考えたことを，話し合ったり文章にまとめたりする活動。

イ　読み聞かせを聞いたり物語などを読んだりして，内容や感想などを伝え合ったり，演じたりする活動。	イ　詩や物語などを読み，内容を説明したり，考えたことなどを伝え合ったりする活動。	イ　詩や物語，伝記などを読み，内容を説明したり，自分の生き方などについて考えたことを伝え合ったりする活動。
ウ　学校図書館などを利用し，図鑑や科学的なことについて書いた本などを読み，分かったことなどを説明する活動。	ウ　学校図書館などを利用し，事典や図鑑などから情報を得て，分かったことなどをまとめて説明する活動。	ウ　学校図書館などを利用し，複数の本や新聞などを活用して，調べたり考えたりしたことを報告する活動。

ア　記録や報告などの文章を読み，文章の一部を引用して，分かったことや考えたことを説明したり，意見を述べたりする活動。

　説明的な文章を読み，分かったことや考えたことを，本文を引用しながら説明したり意見を述べたりする言語活動を例示している。

　例えば，自分の考えを支える理由や事例である本文の**一部を引用**することで，相手に分かるように自分の考えを説明したり意見を述べたりすることを取り上げている。

　取り上げる文章としては，記録や報告の文章のほか，対象について観察したことや調べたことを説明した文章，事物を解説した文章などが考えられる。

　小学校第3学年及び第4学年においては，説明する内容や意見を明確にもつことができるように，意図的，計画的に様々な内容の文章と出合わせる工夫も必要である。

イ　詩や物語などを読み，内容を説明したり，考えたことなどを伝え合ったりする活動。

　文学的な文章を読んで，その内容を説明したり，読んで考えたことなどを伝え合ったりする言語活動を例示している。

　取り上げる文章としては，詩や物語などが考えられる。

　内容を説明したり，考えたことなどを伝え合ったりするとは，例えば，物語のあらすじや登場人物の行動や気持ちなどを説明したり，それらを基に考えたことや具体的に想像したことなどを文章にまとめたり発表したりすることである。

ウ　学校図書館などを利用し，事典や図鑑などから情報を得て，分かったことなどをまとめて説明する活動。

　事典や図鑑などを読み，分かったことなどをまとめて説明する言語活動を例示

している。

　事典は，語義などの説明を中心とする辞書とは異なり，事物や事柄について解説したもので，百科事典などがある。

　分かったことなどをまとめて説明するとは，何が分かったのか，なぜ疑問に思ったのか，どこを更に調べたいのかなどについてまとめ，話したり書いたりすることである。

　学校図書館や地域の図書館などを利用し，こうした言語活動を行うことは，各教科等の学習において調べる活動を行う際の基盤になるものである。学校図書館や地域の図書館などの利用にあたっては，「第3　指導計画の作成と内容の取扱い」の2(3)を踏まえ，施設の利用方法や本の配架場所などを指導することが必要である。

第3節　第5学年及び第6学年の内容

● 1　〔知識及び技能〕

(1) 言葉の特徴や使い方に関する事項

> (1) 言葉の特徴や使い方に関する次の事項を身に付けることができるよう指導する。
> 　ア　言葉には，相手とのつながりをつくる働きがあることに気付くこと。
> 　イ　話し言葉と書き言葉との違いに気付くこと。
> 　ウ　文や文章の中で漢字と仮名を適切に使い分けるとともに，送り仮名や仮名遣いに注意して正しく書くこと。
> 　エ　第5学年及び第6学年の各学年においては，学年別漢字配当表の当該学年までに配当されている漢字を読むこと。また，当該学年の前の学年までに配当されている漢字を書き，文や文章の中で使うとともに，当該学年に配当されている漢字を漸次書き，文や文章の中で使うこと。
> 　オ　思考に関わる語句の量を増し，話や文章の中で使うとともに，語句と語句との関係，語句の構成や変化について理解し，語彙を豊かにすること。また，語感や言葉の使い方に対する感覚を意識して，語や語句を使うこと。
> 　カ　文の中での語句の係り方や語順，文と文との接続の関係，話や文章の構成や展開，話や文章の種類とその特徴について理解すること。
> 　キ　日常よく使われる敬語を理解し使い慣れること。
> 　ク　比喩や反復などの表現の工夫に気付くこと。
> 　ケ　文章を音読したり朗読したりすること。

○ 言葉の働き

第1学年及び第2学年	第3学年及び第4学年	第5学年及び第6学年	中学校第1学年
ア　言葉には，事物の内容を表す働きや，経験したことを伝える働きがあることに気付くこと。	ア　言葉には，考えたことや思ったことを表す働きがあることに気付くこと。	ア　言葉には，相手とのつながりをつくる働きがあることに気付くこと。	

ア　言葉には，相手とのつながりをつくる働きがあることに気付くこと。

　第3学年及び第4学年のアを受けて，日常的に用いている言葉には，人間関係を構築する働きがあるということに気付くことを示している。

　この指導事項は，言葉が果たす他者との良好な関係をつくる働きや特徴に気付くために，今回の改訂で新設したものである。挨拶などの日常会話において見られるように，言葉には，話し手と聞き手（送り手と受け手）の間に好ましい関係を築き，継続させる働きがある。このような言葉の働きに気付かせることが，中学校第2学年の「相手の行動を促す働きがあることに気付くこと」へと発展していく。

　この指導事項は〔知識及び技能〕や〔思考力，判断力，表現力等〕に示す様々な内容に関連するが，例えば，〔知識及び技能〕の(1)オの「語感や言葉の使い方に対する感覚を意識して，語や語句を使うこと」との関連を図り，指導の効果を高めることが考えられる。

○話し言葉と書き言葉

第1学年及び第2学年	第3学年及び第4学年	第5学年及び第6学年	中学校第1学年
		イ　話し言葉と書き言葉との違いに気付くこと。	
イ　音節と文字との関係，アクセントによる語の意味の違いなどに気付くとともに，姿勢や口形，発声や発音に注意して話すこと。	イ　相手を見て話したり聞いたりするとともに，言葉の抑揚や強弱，間の取り方などに注意して話すこと。		ア　音声の働きや仕組みについて，理解を深めること。
ウ　長音，拗音，促音，撥音などの表記，助詞の「は」，「へ」及び「を」の使い方，句読点の打ち方，かぎ（「　」）の使い方を理解して文や文章の中で使うこと。また，平仮名及び片仮名を読み，書	ウ　漢字と仮名を用いた表記，送り仮名の付け方，改行の仕方を理解して文や文章の中で使うとともに，句読点を適切に打つこと。また，第3学年においては，日常使われている簡単な単語について，	ウ　文や文章の中で漢字と仮名を適切に使い分けるとともに，送り仮名や仮名遣いに注意して正しく書くこと。	

くとともに，片仮名で書く語の種類を知り，文や文章の中で使うこと。	ローマ字で表記されたものを読み，ローマ字で書くこと。		

イ　話し言葉と書き言葉との違いに気付くこと。

　第1学年から第4学年までの，話し言葉と書き言葉に関する事項を発展させ，話し言葉と書き言葉，それぞれの特色や役割に気付くことを示している。

　音声は，発せられた途端に消えていくので，話し言葉はそのままでは遡って内容を確認することができない。このことによって，複雑な構文や誤解されやすい同音異義語を避けるなど，様々な表現上の特質が生まれる。聞き手や場面の状況の影響を強く受けながら表現及び理解が進められるという特質もある。

　書き言葉については，読み手が文や文章を繰り返し確認することができる。使用される語彙や，文及び文章の構造なども話し言葉と違いがある。また，意味の違いを漢字の使い分けで表すこともできる。

　それぞれの特質に配慮した使い分けを身に付けるための基礎を養うことが大切である。こうした両者の違いについて気付かせることは，オの「語感や言葉の使い方に対する感覚を意識して，語や語句を使うこと」との関連が深い。

ウ　文や文章の中で漢字と仮名を適切に使い分けるとともに，送り仮名や仮名遣いに注意して正しく書くこと。

　第3学年及び第4学年のウを受けて，文や文章の中で漢字や仮名を適切に使い分けたり，送り仮名や仮名遣いに注意して正しく書いたりすることを示している。

　漢字と仮名を適切に使い分けるとは，「漢字仮名交じり文」という日本語の表記の仕方を踏まえ，文や文章の読みやすさや意味の通りやすさを考えて，漢字と仮名を適切に使い分けることである。その際，漢字の表意文字としての特徴と，仮名の表音文字としての特徴に気付いて使い分けることが大切になる。

　送り仮名や仮名遣いについては，第3学年及び第4学年の内容を発展させ，**文や文章の中で正しく書く**ことを求めている。オの「語句の構成」について理解することと関連付けることが効果的である。

　仮名遣いについては，例えば，「鼻血（はなぢ）」と「地面（じめん）」，「みずうみ（湖）」と「みかづき（三日月）」などの区別を付けるなどして，正しく表記できるようにすることを求めている。その際，「送り仮名の付け方」（昭和48年内閣告示）や，「現代仮名遣い」（昭和61年内閣告示）の内容を十分に踏まえ，児童の仮名遣いの実態などと関連を図ることが重要である。

○漢字

第1学年及び第2学年	第3学年及び第4学年	第5学年及び第6学年	中学校第1学年
エ 第1学年においては，別表の学年別漢字配当表（以下「学年別漢字配当表」という。）の第1学年に配当されている漢字を読み，漸次書き，文や文章の中で使うこと。第2学年においては，学年別漢字配当表の第2学年までに配当されている漢字を読むこと。また，第1学年に配当されている漢字を書き，文や文章の中で使うとともに，第2学年に配当されている漢字を漸次書き，文や文章の中で使うこと。	エ 第3学年及び第4学年の各学年においては，学年別漢字配当表の当該学年までに配当されている漢字を読むこと。また，当該学年の前の学年までに配当されている漢字を書き，文や文章の中で使うとともに，当該学年に配当されている漢字を漸次書き，文や文章の中で使うこと。	エ 第5学年及び第6学年の各学年においては，学年別漢字配当表の当該学年までに配当されている漢字を読むこと。また，当該学年の前の学年までに配当されている漢字を書き，文や文章の中で使うとともに，当該学年に配当されている漢字を漸次書き，文や文章の中で使うこと。	イ 小学校学習指導要領第2章第1節国語の学年別漢字配当表（以下「学年別漢字配当表」という。）に示されている漢字に加え，その他の常用漢字のうち300字程度から400字程度までの漢字を読むこと。また，学年別漢字配当表の漢字のうち900字程度の漢字を書き，文や文章の中で使うこと。

エ　第5学年及び第6学年の各学年においては，学年別漢字配当表の当該学年までに配当されている漢字を読むこと。また，当該学年の前の学年までに配当されている漢字を書き，文や文章の中で使うとともに，当該学年に配当されている漢字を漸次書き，文や文章の中で使うこと。

第5学年及び第6学年においては，漢字を読むことについて，学年別漢字配当表の当該学年までに配当されている漢字を読むことを示している。また，漢字を書くことについては，当該学年の前の学年に配当されている漢字を書き，文や文章の中で使おうとする習慣を身に付けるようにするとともに，当該学年に配当されている漢字を漸次書き，文や文章の中で使うようにすることを示している。

第5学年及び第6学年は，漢字による熟語などの語句の使用が一層増加する時期である。したがって，文や文章を書く際には，例えば，「収める」，「納める」，「修める」，「治める」などの同音異義語に注意するなど，漢字のもつ意味を考え

て使う習慣が身に付くようにすることが重要である。

○語彙

第1学年及び第2学年	第3学年及び第4学年	第5学年及び第6学年	中学校第１学年
オ　身近なことを表す語句の量を増し、話や文章の中で使うとともに、言葉には意味による語句のまとまりがあることに気付き、語彙を豊かにすること。	オ　様子や行動、気持ちや性格を表す語句の量を増し、話や文章の中で使うとともに、言葉には性質や役割による語句のまとまりがあることを理解し、語彙を豊かにすること。	オ　思考に関わる語句の量を増し、話や文章の中で使うとともに、語句と語句との関係、語句の構成や変化について理解し、語彙を豊かにすること。また、語感や言葉の使い方に対する感覚を意識して、語や語句を使うこと。	ウ　事象や行為、心情を表す語句の量を増すとともに、語句の辞書的な意味と文脈上の意味との関係に注意して話や文章の中で使うことを通して、語感を磨き語彙を豊かにすること。

オ　**思考に関わる語句の量を増し、話や文章の中で使うとともに、語句と語句との関係、語句の構成や変化について理解し、語彙を豊かにすること。また、語感や言葉の使い方に対する感覚を意識して、語や語句を使うこと。**

　第３学年及び第４学年のオを受けて、思考に関わる語句の量を増したり、語句と語句との関係、語句の構成や変化について理解したりすることを通して語彙を豊かにすることや、語感を磨くことを示している。

　思考に関わる語句とは、「しかし」のように情報と情報との関係を表す語句、「要するに」のように情報全体の中でその情報がどのような位置付けにあるのかを示唆する語句、「考える」、「だろう」のように文の中の述部などとして表れる思考そのものに関わる語句などを指す。また、「〜は〜より…」、「〜は〜に比べて…」のように複数の情報を比べる場合や、「〜が〜すると…」、「〜になった原因を考えてみると…」のように原因と結果の関係について述べる場合の言い方なども含まれる。これらの語句を、**話や文章の中で使う**ことができるようにすることが重要である。

　語句と語句との関係には、類義語や対義語、上位語・下位語などがある。このような語句と語句との関係を理解することは、語感を高めたり、言葉の使い方に対する感覚を豊かにしたりすることにもつながる。話や文章の中で、結び付きの強い語句同士が相互に関連し合い、文章の種類や内容を特徴付けている場合があ

ることに気付くことも重要である。

語句の構成については，お米の「お」のような接頭語，お父さんの「さん」のような接尾語のほかに，複合語，略語，慣用語なども含んでいる。語句の変化については，例えば，「花＋畑」で「ハナバタケ」というような音の変化，「帰る＋道」で「帰り道」というような語形の変化などがある。

語彙を豊かにするとは，自分の語彙を量と質の両面から充実させることである。具体的には，意味を理解している語句の数を増やすだけでなく，話や文章の中で使いこなせる語句を増やすとともに，語句と語句との関係，語句の構成や変化などへの理解を通して，語句の意味や使い方に対する認識を深め，語彙の質を高めることである。

語感や言葉の使い方に対する感覚とは，言葉や文，文章について，その正しさや適切さを判断したり，美しさ，柔らかさ，リズムなどを感じ取ったりする感覚のことである。

こうしたことを意識して，**語や語句を使う**ためには，多くの文章を繰り返し読んで優れた表現に触れたり，自分の表現に生かしたりして，語感や言葉の使い方に関する感覚を養うことが重要である。

○文や文章

第1学年及び第2学年	第3学年及び第4学年	第5学年及び第6学年	中学校第1学年
カ　文の中における主語と述語との関係に気付くこと。	カ　主語と述語との関係，修飾と被修飾との関係，指示する語句と接続する語句の役割，段落の役割について理解すること。	カ　文の中での語句の係り方や語順，文と文との接続の関係，話や文章の構成や展開，話や文章の種類とその特徴について理解すること。	エ　単語の類別について理解するとともに，指示する語句と接続する語句の役割について理解を深めること。

カ　文の中での語句の係り方や語順，文と文との接続の関係，話や文章の構成や展開，話や文章の種類とその特徴について理解すること。

第3学年及び第4学年のカを受けて，語句の係り方や語順，文と文との接続，話や文章の構成や展開，種類について理解することを示している。

文の中での語句の係り方とは，主語と述語との関係，修飾と被修飾との関係に加え，文の書き出しと文末表現の関係などを含めた文の中の語句と語句との係り受けのことを指している。このうち，主語と述語との関係に着目して文の構成を

みると,単文・重文・複文に分けることができる。

語順について理解するとは,述語が文末に位置することが多かったり,文の成分の順序が比較的柔軟であったりする日本語の語順の特徴を理解することを指している。なお,外国語科においては,第2の3(2)ウに「(ア)児童が日本語と英語との語順等の違いや,関連のある文や文構造のまとまりを認識できるようにするために,効果的な指導ができるよう工夫すること。」を示している。このことを踏まえ,指導に当たっては,外国語科における指導との関連を図り,相互に指導の効果を高めることが重要である。

文と文との接続の関係とは,前の文と後の文とのつながりのことである。どのようにつながるのかを明示する語句として,接続語などの接続する語句がある。文と文との関係を捉え,接続する語句を適切に選択することが重要である。なお,文と文は接続する語句によってのみつなげられるのではない。語句の係り方や語順が適切であることはもちろんのこと,書き出しや文末の言い回し,説明や描写のための語句の選択など様々な要因が関わっていることを理解し,適切に文と文とをつなげることができるようにすることが重要である。

話や文章の構成や展開とは,「始め－中－終わり」,「序論－本論－結論」や頭括型,尾括型,双括型などの,話や文章の組立てや説明などにおける論の進め方のことである。

話や文章の種類とその特徴とは,紹介,提案,推薦,案内,解説,物語など,日常生活で児童が触れることの多い話や文章の種類とその特徴のことである。例えば,提案は,その内容が実現可能で具体的なものであることが求められる。また,推薦は,目的に応じて固有のよさを捉えるなどして,推薦する理由を明確にすることが求められる。

○言葉遣い

第1学年及び第2学年	第3学年及び第4学年	第5学年及び第6学年	中学校第1学年
キ　丁寧な言葉と普通の言葉との違いに気を付けて使うとともに,敬体で書かれた文章に慣れること。	キ　丁寧な言葉を使うとともに,敬体と常体との違いに注意しながら書くこと。	キ　日常よく使われる敬語を理解し使い慣れること。	

キ　日常よく使われる敬語を理解し使い慣れること。

　第3学年及び第4学年のキを受けて,日常よく使われる敬語を理解して使い慣

れることを示している。

　相手と自分との関係を意識しながら，尊敬語や謙譲語などの敬語について理解することが重要である。

　敬語の役割や必要性を自覚してくる時期であるので，児童の日常生活の中で相手や場面に応じて適切に敬語を使うことに慣れるようにすることが重要である。例えば，初対面の相手や目上の相手などに対し，「いらっしゃる」，「おっしゃる」，「お帰りになる」などの敬語を使うことができるよう，学校行事や来客があった時などと関連させて指導することも考えられる。

○表現の技法

第1学年及び第2学年	第3学年及び第4学年	第5学年及び第6学年	中学校第1学年
		ク　比喩や反復などの表現の工夫に気付くこと。	オ　比喩,反復,倒置,体言止めなどの表現の技法を理解し使うこと。

ク　比喩や反復などの表現の工夫に気付くこと。

　表現の工夫とは，**比喩や反復**など修辞法に関する表現の工夫のことである。

　比喩とは，あるものを別のものにたとえて表現することである。「まるで～のようだ」などのようにたとえであることを示す語句を伴う直喩や，そのような語句を用いない隠喩などがある。**反復**とは，同一又は類似した表現を繰り返すことである。連続したり間を置いたりして繰り返すなど様々な場合がある。表現の工夫には，比喩や反復，倒置など様々なものがある。

　これらの表現の工夫は，第1学年及び第2学年の児童が読んだり書いたりする文章中にも頻繁に見られる。第5学年及び第6学年においては，これまでに触れてきたこうした表現の工夫への気付きをまとめて整理することが求められる。このことが，中学校第1学年の〔知識及び技能〕の(1)「オ　比喩，反復，倒置，体言止めなどの表現の技法を理解し使うこと。」の指導へと発展していく。

○音読，朗読

第1学年及び第2学年	第3学年及び第4学年	第5学年及び第6学年	中学校第1学年
ク　語のまとまりや言葉の響きなどに気を付けて音読すること。	ク　文章全体の構成や内容の大体を意識しながら音読すること。	ケ　文章を音読したり朗読したりすること。	

ケ 文章を音読したり朗読したりすること。

　第5学年及び第6学年においては,文章の構成や内容を理解して音声化することに加え,自分の思いや考えが聞き手に伝わるように音読や朗読をすることが求められる。

　音読では,これまでに身に付けてきた,声の大きさや抑揚,速さや間の取り方といった音読の技能を生かすことが重要である。

　朗読は,読者として自分が思ったことや考えたことを踏まえ,聞き手に伝えようと表現性を高めて,文章を声に出して読むことである。音読が,文章の内容や表現をよく理解し伝えることに重点があるのに対して,朗読は,児童一人一人が思ったり考えたりしたことを,表現性を高めて伝えることに重点がある。

　指導に当たっては,例えば,〔思考力,判断力,表現力等〕の「B書くこと」の「共有」に関する指導事項のカと関わらせたり,「C読むこと」の「精査・解釈」,「考えの形成」に関する指導事項のウ,エ,オと関わらせたりすることが考えられる。

⑵ 情報の扱い方に関する事項

> ⑵ 話や文章に含まれている情報の扱い方に関する次の事項を身に付けることができるよう指導する。
> 　ア　原因と結果など情報と情報との関係について理解すること。
> 　イ　情報と情報との関係付けの仕方，図などによる語句と語句との関係の表し方を理解し使うこと。

○情報と情報との関係

第1学年及び第2学年	第3学年及び第4学年	第5学年及び第6学年	中学校第1学年
ア　共通，相違，事柄の順序など情報と情報との関係について理解すること。	ア　考えとそれを支える理由や事例，全体と中心など情報と情報との関係について理解すること。	ア　原因と結果など情報と情報との関係について理解すること。	ア　原因と結果，意見と根拠など情報と情報との関係について理解すること。

ア　原因と結果など情報と情報との関係について理解すること。

　第3学年及び第4学年のアを受けて，原因と結果の関係などに重点を置いて情報と情報との関係を理解することを示している。

　原因とは，ある物事や状態を引き起こすもとになるものを指し，**結果**とは，ある原因によってもたらされた事柄や状態を指す。原因と結果の関係について理解するためには，例えば，ある事象がどのような原因によって起きたのかを把握したり明らかにしたりするなど，様々な情報の中から**原因**と**結果**の関係を見いだし，結び付けて捉えることができるようにすることが重要である。

　指導に当たっては，例えば，〔思考力，判断力，表現力等〕の「B書くこと」の⑴「イ　筋道の通った文章となるように，文章全体の構成や展開を考えること。」や，「C読むこと」の⑴「ア　事実と感想，意見などとの関係を叙述を基に押さえ，文章全体の構成を捉えて要旨を把握すること。」などとの関連を図り，指導の効果を高めることが考えられる。

○情報の整理

第1学年及び第2学年	第3学年及び第4学年	第5学年及び第6学年	中学校第1学年
	イ 比較や分類の仕方，必要な語句などの書き留め方，引用の仕方や出典の示し方，辞書や事典の使い方を理解し使うこと。	イ 情報と情報との関係付けの仕方，図などによる語句と語句との関係の表し方を理解し使うこと。	イ 比較や分類，関係付けなどの情報の整理の仕方，引用の仕方や出典の示し方について理解を深め，それらを使うこと。

イ　情報と情報との関係付けの仕方，図などによる語句と語句との関係の表し方を理解し使うこと。

　第3学年及び第4学年のイを受けて，情報と情報との関係付けの仕方や語句と語句との関係の表し方を理解し使うことを示している。

　情報と情報との関係付けの仕方としては，例えば，複雑な事柄などを分解して捉えたり，多様な内容や別々の要素などをまとめたり，類似する点を基にして他のことを類推したり，一定のきまりを基に順序立てて系統化したりすることなどが挙げられる。

　図などによる語句と語句との関係の表し方とは，複数の語句を丸や四角で囲んだり，語句と語句を線でつないだりするなど，図示することによって情報を整理することを指している。図示などにより語句と語句との関係を表すことを通して，考えをより明確なものにしたり，思考をまとめたりすることができることを理解することが重要である。

　指導に当たっては，例えば，〔思考力，判断力，表現力等〕の「Ａ話すこと・聞くこと」の(1)アやイ，「Ｂ書くこと」の(1)アやイなどの材料を集めて整理したり，構成を検討したりすることに関する指導事項，「Ａ話すこと・聞くこと」の(1)エ，「Ｃ読むこと」の(1)アやウなどの構造と内容を把握し精査・解釈することに関する指導事項との関連を図り，指導の効果を高めることが考えられる。

(3) 我が国の言語文化に関する事項

> (3) 我が国の言語文化に関する次の事項を身に付けることができるよう指導する。
>
> ア　親しみやすい古文や漢文，近代以降の文語調の文章を音読するなどして，言葉の響きやリズムに親しむこと。
>
> イ　古典について解説した文章を読んだり作品の内容の大体を知ったりすることを通して，昔の人のものの見方や感じ方を知ること。
>
> ウ　語句の由来などに関心をもつとともに，時間の経過による言葉の変化や世代による言葉の違いに気付き，共通語と方言との違いを理解すること。また，仮名及び漢字の由来，特質などについて理解すること。
>
> エ　書写に関する次の事項を理解し使うこと。
>
> 　(ｱ)　用紙全体との関係に注意して，文字の大きさや配列などを決めるとともに，書く速さを意識して書くこと。
>
> 　(ｲ)　毛筆を使用して，穂先の動きと点画のつながりを意識して書くこと。
>
> 　(ｳ)　目的に応じて使用する筆記具を選び，その特徴を生かして書くこと。
>
> オ　日常的に読書に親しみ，読書が，自分の考えを広げることに役立つことに気付くこと。

○伝統的な言語文化

第1学年及び第2学年	第3学年及び第4学年	第5学年及び第6学年	中学校第1学年
ア　昔話や神話・伝承などの読み聞かせを聞くなどして，我が国の伝統的な言語文化に親しむこと。	ア　易しい文語調の短歌や俳句を音読したり暗唱したりするなどして，言葉の響きやリズムに親しむこと。	ア　親しみやすい古文や漢文，近代以降の文語調の文章を音読するなどして，言葉の響きやリズムに親しむこと。	ア　音読に必要な文語のきまりや訓読の仕方を知り，古文や漢文を音読し，古典特有のリズムを通して，古典の世界に親しむこと。
イ　長く親しまれている言葉遊びを通して，言葉の豊かさに気付くこと。	イ　長い間使われてきたことわざや慣用句，故事成語などの意味を知り，使うこと。	イ　古典について解説した文章を読んだり作品の内容の大体を知ったりすることを通して，昔の人のものの見方や感じ方を知ること。	イ　古典には様々な種類の作品があることを知ること。

ア　親しみやすい古文や漢文，近代以降の文語調の文章を音読するなどして，言葉の響きやリズムに親しむこと。

　古文や漢文，近代以降の文語調の文章の音読を通して，言葉の響きやリズムに親しむことを示している。これらの文章には，独特のリズムや美しい語調が備わっている。音読することなどにより，その美しさや楽しさを感覚的に味わうことを求めている。

　親しみやすい古文や漢文，近代以降の文語調の文章とは，児童が，言葉のリズムを実感しながら読めるもの，音読することによって内容の大体を知ることができるような親しみやすい範囲のものを指す。また，唱歌や文語調の校歌，各地域に縁のある作品など，児童にとって親しみやすいものを教材にすることも考えられる。古文や漢文を声に出して読むことで，心地よい響きやリズムを味わうとともに，読んで楽しいものであることを実感させるようにすることが大切である。

イ　古典について解説した文章を読んだり作品の内容の大体を知ったりすることを通して，昔の人のものの見方や感じ方を知ること。

　古典について解説した文章を読むことなどを通して昔の人のものの見方や感じ方を知ることを示している。

　古典について解説した文章とは，昔の人々の生活や文化，世の中の様子など，古典の背景について易しく解説したものである。**作品の内容の大体を知る**ためには，児童向けに現代語で易しく書き換えられたものを用いて理解を深めることも考えられる。作品に直接的に表れている作者の考え方などを知り，現代人のものの見方や感じ方と比べるなどして，古典への興味・関心を深めるようにすることが重要である。また，言語文化への興味・関心を深めるために，能，狂言，人形浄瑠璃，歌舞伎，落語などを鑑賞したり，年中行事や地域に伝わる祭事などを調べたりすることも考えられる。

○言葉の由来や変化

第1学年及び第2学年	第3学年及び第4学年	第5学年及び第6学年	中学校第1学年
	ウ　漢字が，へんやつくりなどから構成されていることについて理解すること。	ウ　語句の由来などに関心をもつとともに，時間の経過による言葉の変化や世代による言葉の違いに気付き，共通語と方言との違いを理解するこ	ウ　共通語と方言の果たす役割について理解すること。

| | | と。また、仮名及び漢字の由来、特質などについて理解すること。 | |

ウ　語句の由来などに関心をもつとともに、時間の経過による言葉の変化や世代による言葉の違いに気付き、共通語と方言との違いを理解すること。また、仮名及び漢字の由来、特質などについて理解すること。

　語句の由来、時間の経過などによる言葉の変化、共通語と方言との違い、仮名及び漢字の由来について示している。

　語句の由来などに関心をもつとは、語源や、その語がどのようにして伝わってきたのかなどについて関心をもつことができるようにすることである。語源を調べたり、和語、漢語、外来語などの区別について関心をもったりできるようにすることが重要である。

　時間の経過による言葉の変化に気付くとは、伝統的な言語文化に触れるうちに、古典などの言葉には、自分たちが普段使っている言葉とは異なる言葉があることや、それは、言葉が時間の経過によって変化したためであることに気付くことである。そのように変化する言葉の特質に気付き、自分たちの言葉への関心を深めるとともに、言語文化としての古典に親しみ、受け継いでいく態度を養う契機とすることが重要である。ただし、古典に見られる過去の言葉は、現代の言葉と連続したものであること、したがって現代の言葉に置き換えなくてもそのまま理解できる部分があることにも自然に気付かせるように配慮することが大切である。

　世代による言葉の違いとは、年配者と、年少者や若者には、それぞれの世代に特有の言葉遣いがあることを指す。それらの存在に気付き、世代間の親近感やつながりを強めるという役割を意識させた上で、例えば、若者の言葉が、使える場合と使うべきではない場合とがあることなどを理解できるようにすることが重要である。

　共通語と方言との違いを理解するためには、共通語と方言とを比較、対照させながら違いを理解し、それぞれの特質とよさを知り、共通語を用いることが必要な場合を判断しながら話すことができるようにすることが重要である。

　こうした言葉の変化や違いを明確に意識することは、場に応じた適切な言葉遣いができるようになるためにも重要である。

　仮名及び漢字の由来、特質などについて理解することは、文字文化に関することを示したものである。第3学年及び第4学年の「ウ　漢字が、へんやつくりなどから構成されていることについて理解すること。」を受けて、仮名及び漢字の

由来，特質などについて理解することを示している。具体的には，仮名や漢字がどのように形成され，継承されてきたのかなどについて基本的な知識をもつこと，また，表音文字としての平仮名や片仮名，表意文字としての漢字の特質を理解すること，文章が漢字仮名交じりで表記されていることや，漢字には原則として音と訓の読み方があることなどをまとまった知識として整理することなどである。

○書写

第1学年及び第2学年	第3学年及び第4学年	第5学年及び第6学年	中学校第1学年
ウ 書写に関する次の事項を理解し使うこと。 (ｱ) 姿勢や筆記具の持ち方を正しくして書くこと。 (ｲ) 点画の書き方や文字の形に注意しながら，筆順に従って丁寧に書くこと。 (ｳ) 点画相互の接し方や交わり方，長短や方向などに注意して，文字を正しく書くこと。	エ 書写に関する次の事項を理解し使うこと。 (ｱ) 文字の組立て方を理解し，形を整えて書くこと。 (ｲ) 漢字や仮名の大きさ，配列に注意して書くこと。 (ｳ) 毛筆を使用して点画の書き方への理解を深め，筆圧などに注意して書くこと。	エ 書写に関する次の事項を理解し使うこと。 (ｱ) 用紙全体との関係に注意して，文字の大きさや配列などを決めるとともに，書く速さを意識して書くこと。 (ｲ) 毛筆を使用して，穂先の動きと点画のつながりを意識して書くこと。 (ｳ) 目的に応じて使用する筆記具を選び，その特徴を生かして書くこと。	エ 書写に関する次の事項を理解し使うこと。 (ｱ) 字形を整え，文字の大きさ，配列などについて理解して，楷書で書くこと。 (ｲ) 漢字の行書の基礎的な書き方を理解して，身近な文字を行書で書くこと。

エ 書写に関する次の事項を理解し使うこと。

　第3学年及び第4学年のエを受けて，書写に関する(ｱ)，(ｲ)，(ｳ)の事項を理解し使うことを示している。

(ｱ) 用紙全体との関係に注意して，文字の大きさや配列などを決めるとともに，書く速さを意識して書くこと。

　第3学年及び第4学年のエ(ｲ)を受けて，文や文章などの文字の集まりにおける文字の大きさや配列の決定，書く速さの意識化を図ることを示している。書く

速さの意識化は，中学校における行書の指導への橋渡しという位置付けになる。

用紙全体との関係の**用紙**とは，原稿用紙や便箋などの書式に対応した用紙，半紙，画用紙や模造紙などの白紙に始まり，それらに準ずる布や金属，ガラスなどといった用材全般のことを指す。

文字の大きさは，第3学年及び第4学年のエ(イ)の「漢字や仮名の大きさ」と関連している。第3学年及び第4学年までは，漢字より仮名は小さく書くといった文字相互の相対的な大きさの関係であったのに対して，第5学年及び第6学年では，主に用紙全体との関係から判断される文字の大きさを指している。例えば，用紙全体からはみださずに書く，逆に余白をつくり過ぎずに書く，また，用紙の中で見出しの文字を目立たせる，地の文章の文字は控えめに見せるといったようなことである。

配列も同じように，第3学年及び第4学年のエ(イ)の「配列」と関連している。第3学年及び第4学年までは，「配列」が，字間は均等にする，行の中心はそろえる，行間は均等にするという一般的なものであったのに対して，第5学年及び第6学年では，用紙全体との関係から考えられる文字の位置，字間，行間などの効果的な在り方に重点を置いている。

書く速さを意識してとは，書く場面の状況によって速さが決まってくることを意識することである。速く書くことが求められるだけでなく，ゆっくりと丁寧に書くことが求められる場面もある。例えば，聞き取りメモや板書の視写をするといった時間が限定されている場面では，ある程度の速さが求められる。自分の持ち物に名前を書く場面や目上の人に手紙を書く場面などでは，ゆっくりと丁寧に書くことが求められる。

(イ) **毛筆を使用して，穂先の動きと点画のつながりを意識して書くこと。**

第3学年及び第4学年のエ(ウ)を受けて，毛筆を使用して穂先の動きと点画のつながりを意識して書くことを示している。

穂先の動きについては，第3学年及び第4学年のエ(ウ)で，横画・縦画や左右の払いなどの点画の種類ごとにある一定の穂先の動きを指導している。ここでは，点画の中での穂先の動きだけでなく，点画から点画へ，さらには，文字から文字へと移動していく過程に重点を置く。したがって，「穂先の動き」と「点画のつながり」とは一体化した事項と言える。

また，穂先の柔軟さが書写する際の筆圧を吸収し，強弱のあるリズミカルな運筆を可能にするという毛筆という用具の特性を生かして，書き始めから書き終わりまでを無理なくつないで書き進める効率よい書写のリズムを習得させるようにする。また，点画相互，文字相互のつながりという点では，小筆や筆ペンなどを

使用して，日常で文字を書く条件に近づけることが求められる。

(ウ) **目的に応じて使用する筆記具を選び，その特徴を生かして書くこと。**

手書きの慣習に関わる文字文化に関する事項として位置付けられる。

目的に応じての**目的**は，生活や学習活動において文字を書く様々な場面における目的のことである。例えば，全校児童に伝えるために大きく読みやすく書くことや，お世話になった人にお礼の気持ちを伝えるために丁寧に整った文字で書くことなどである。

筆記具を選びの**筆記具**は，鉛筆，フェルトペン，毛筆，ボールペン，筆ペンなどから選択することが考えられる。これらの筆記具に適した用材の選択にも配慮する必要がある。**その特徴を生かして**の**特徴**は，筆記具全体の形状，書く部分の材質や形状，色などである。例えば，横断幕を書くときには，大きく書ける毛筆と墨で書きやすい布を選ぶことが考えられる。

○読書

第1学年及び第2学年	第3学年及び第4学年	第5学年及び第6学年	中学校第1学年
エ　読書に親しみ，いろいろな本があることを知ること。	オ　幅広く読書に親しみ，読書が，必要な知識や情報を得ることに役立つことに気付くこと。	オ　日常的に読書に親しみ，読書が，自分の考えを広げることに役立つことに気付くこと。	オ　読書が，知識や情報を得たり，自分の考えを広げたりすることに役立つことを理解すること。

オ　日常的に読書に親しみ，読書が，自分の考えを広げることに役立つことに気付くこと。

第3学年及び第4学年のオを受けて，日常的に読書に親しむことや，読書が自分の考えを広げることなどに役立つことに気付くことを示している。

日常的に読書に親しむとは，読書の楽しさや有効性を実感しながら，日常生活の中で主体的，継続的に読書を行うことである。

読書が，自分の考えを広げることなどに役立つことに気付くとは，読書によって多様な視点から物事を考えることができるようになることに気付くことである。

本などの中の言葉は，時間や空間を超えて読者に伝わり，様々な物事を理解したり，書き手の多様なものの見方や考え方に触れたりすることを可能にする。それらの中から自分を支える言葉を見付けたり，今までになかった考えを発見したりすることなどによって，読書の意義をより強く実感することができる。

2 〔思考力,判断力,表現力等〕

A 話すこと・聞くこと

(1) 話すこと・聞くことに関する次の事項を身に付けることができるよう指導する。

ア 目的や意図に応じて,日常生活の中から話題を決め,集めた材料を分類したり関係付けたりして,伝え合う内容を検討すること。

イ 話の内容が明確になるように,事実と感想,意見とを区別するなど,話の構成を考えること。

ウ 資料を活用するなどして,自分の考えが伝わるように表現を工夫すること。

エ 話し手の目的や自分が聞こうとする意図に応じて,話の内容を捉え,話し手の考えと比較しながら,自分の考えをまとめること。

オ 互いの立場や意図を明確にしながら計画的に話し合い,考えを広げたりまとめたりすること。

(2) (1)に示す事項については,例えば,次のような言語活動を通して指導するものとする。

ア 意見や提案など自分の考えを話したり,それらを聞いたりする活動。

イ インタビューなどをして必要な情報を集めたり,それらを発表したりする活動。

ウ それぞれの立場から考えを伝えるなどして話し合う活動。

○話題の設定,情報の収集,内容の検討

第1学年及び第2学年	第3学年及び第4学年	第5学年及び第6学年	中学校第1学年
ア 身近なことや経験したことなどから話題を決め,伝え合うために必要な事柄を選ぶこと。	ア 目的を意識して,日常生活の中から話題を決め,集めた材料を比較したり分類したりして,伝え合うために必要な事柄を選ぶこと。	ア 目的や意図に応じて,日常生活の中から話題を決め,集めた材料を分類したり関係付けたりして,伝え合う内容を検討すること。	ア 目的や場面に応じて,日常生活の中から話題を決め,集めた材料を整理し,伝え合う内容を検討すること。

ア 目的や意図に応じて,日常生活の中から話題を決め,集めた材料を分類した

り関係付けたりして，伝え合う内容を検討すること。

　第3学年及び第4学年のアを受けて，目的や意図に応じて，話題を決め，集めた材料を整理し，伝え合う内容を検討することを示している。

　話すことにおいては，自分の目的や意図に応じるとともに，聞き手の求めていることに応じて集めた材料をどのように整理すればよいかを考えることが求められる。また，話す際の材料の整理だけでなく，聞くこと，話し合うことにおいても，聞いたり話し合ったりすることを具体的に考え，関係する材料を整理しておくことが重要である。

　目的や意図に応じるとは，第3学年及び第4学年で意識してきた目的に加え，場面や状況を考慮することなども含んだものである。

　集めた材料を分類したり関係付けたりするとは，集めた材料を話す目的や意図に応じて内容ごとにまとめたり，それらを互いに結び付けて関係を明確にしたりすることである。例えば，ある事柄を説明するために材料を複数のまとまりに分けたり，異なる内容の材料を総合してどのようなことが言えるのかを明確にしたりすることなどが考えられる。

○構成の検討，考えの形成（話すこと）

第1学年及び第2学年	第3学年及び第4学年	第5学年及び第6学年	中学校第1学年
イ　相手に伝わるように，行動したことや経験したことに基づいて，話す事柄の順序を考えること。	イ　相手に伝わるように，理由や事例などを挙げながら，話の中心が明確になるよう話の構成を考えること。	イ　話の内容が明確になるように，事実と感想，意見とを区別するなど，話の構成を考えること。	イ　自分の考えや根拠が明確になるように，話の中心的な部分と付加的な部分，事実と意見との関係などに注意して，話の構成を考えること。

イ　話の内容が明確になるように，事実と感想，意見とを区別するなど，話の構成を考えること。

　第3学年及び第4学年のイを受けて，話の内容が明確になるように構成を考えることを示している。第5学年及び第6学年においては，事実と感想，意見などを区別したり関係付けたりして，話の全体の構成について考えることに重点を置いている。

　話の内容が明確になるようにするとは，自分の立場や結論などが明確になるよう話の内容を構成することである。そのためには，第3学年及び第4学年で取り

上げた「話の中心を明確に」することに加え，**事実と感想，意見とを区別**したり，詳しい説明を付け加えたりすることが考えられる。

事実と感想，意見とを区別するためには，接続語や文末表現などにも注意しながら，事実，意見，感想などの関係を明らかにすることが求められる。また，**話の構成を考える**際には，話の種類や特徴を意識することも重要である。

○表現，共有（話すこと）

第1学年及び第2学年	第3学年及び第4学年	第5学年及び第6学年	中学校第1学年
ウ　伝えたい事柄や相手に応じて，声の大きさや速さなどを工夫すること。	ウ　話の中心や話す場面を意識して，言葉の抑揚や強弱，間の取り方などを工夫すること。	ウ　資料を活用するなどして，自分の考えが伝わるように表現を工夫すること。	ウ　相手の反応を踏まえながら，自分の考えが分かりやすく伝わるように表現を工夫すること。

ウ　資料を活用するなどして，自分の考えが伝わるように表現を工夫すること。

　第3学年及び第4学年のウを受けて，話の内容を分かりやすく伝えるために，資料を活用するなどして表現を工夫することを示している。第5学年及び第6学年においては，資料を活用したり，視線や指示の仕方について意識したりすることを通して，表現を工夫することに重点を置いている。

　資料を活用するとは，音声言語だけでは聞き手が理解しにくかったり，誤解を招きそうだったりする場合などに，資料を使いながら話すことである。資料を用いる目的としては，説明を補足したり，伝えたいことを強調したりすることなどが挙げられる。例えば，必要な文言や数値などを引用したり，実物や画像，映像などを用いたり，図解したものや重要な語句の定義付けなどを明示したりすることが考えられる。その際，目的や相手，状況などを踏まえ，話す内容と資料との整合，適切な時間や機会での資料の提示の仕方などに注意する必要がある。

　表現を工夫するためには，相手や目的を一層意識することが求められる。聞き手の興味・関心や情報量などを予想し，補足説明が必要な箇所や言葉だけでは伝わりにくい内容について，どのような資料を用意すればよいかを考えることも重要である。その際，目的や意図に応じて，資料の順番を変えたり，資料を提示しながら話す仕方について検討したりすることが求められる。また，実際に発表する場面では，聞き手のうなずきや表情にも注意することが重要である。

　また，場面や相手を意識して話すためには，例えば，〔知識及び技能〕の(1)「キ　日常よく使われる敬語を理解し使い慣れること。」における言葉遣いに関す

る理解との関連を図り，指導の効果を高めることが考えられる。

○構造と内容の把握，精査・解釈，考えの形成，共有（聞くこと）

第1学年及び第2学年	第3学年及び第4学年	第5学年及び第6学年	中学校第1学年
エ 話し手が知らせたいことや自分が聞きたいことを落とさないように集中して聞き，話の内容を捉えて感想をもつこと。	エ 必要なことを記録したり質問したりしながら聞き，話し手が伝えたいことや自分が聞きたいことの中心を捉え，自分の考えをもつこと。	エ 話し手の目的や自分が聞こうとする意図に応じて，話の内容を捉え，話し手の考えと比較しながら，自分の考えをまとめること。	エ 必要に応じて記録したり質問したりしながら話の内容を捉え，共通点や相違点などを踏まえて，自分の考えをまとめること。

エ 話し手の目的や自分が聞こうとする意図に応じて，話の内容を捉え，話し手の考えと比較しながら，自分の考えをまとめること。

　第3学年及び第4学年のエを受けて，話を聞き，自他の意見を比較して考えをまとめることを示している。第5学年及び第6学年においては，話し手の目的や自分が聞こうとする意図を考慮しながら聞くことに重点を置いている。

　話し手の目的に応じて話の内容を捉えるとは，話の目的は何か，自分に伝えたいことは何か，共に考えたいことは何かなどを踏まえて，話の内容を十分に聞き取ることである。**自分が聞こうとする意図**に応じて話の内容を捉えるとは，自分はどのような情報を求めているのか，聞いた内容をどのように生かそうとしているのか，そのためにどういった情報を相手から引き出そうとしているのかなどを明確にして聞くことである。

　話し手の考えと比較しながら，自分の考えをまとめるとは，話し手の考えと自分の考えとを比較して共通点や相違点を整理したり，共感した内容や納得した事例を取り上げたりして，自分の考えをまとめることである。自分の考えと比較する経験を積み重ねることで，中学校第1学年の「エ　必要に応じて記録したり質問したりしながら話の内容を捉え，共通点や相違点などを踏まえて，自分の考えをまとめること。」において，自分の考えを筋道立てて整えることへと発展させることができる。

○話合いの進め方の検討，考えの形成，共有（話し合うこと）

第1学年及び第2学年	第3学年及び第4学年	第5学年及び第6学年	中学校第1学年
オ　互いの話に関心をもち，相手の発言を受けて話をつなぐこと。	オ　目的や進め方を確認し，司会などの役割を果たしながら話し合い，互いの意見の共通点や相違点に着目して，考えをまとめること。	オ　互いの立場や意図を明確にしながら計画的に話し合い，考えを広げたりまとめたりすること。	オ　話題や展開を捉えながら話し合い，互いの発言を結び付けて考えをまとめること。

オ　互いの立場や意図を明確にしながら計画的に話し合い，考えを広げたりまとめたりすること。

　第3学年及び第4学年のオを受けて，計画的に話し合い，考えを形成することを示している。第5学年及び第6学年においては，互いの立場や意図を明確にしながら計画的に話し合うことで，考えを広げたりまとめたりすることに重点を置いている。

　互いの立場を明確にするとは，話題に対してどのような考えをもっているかを互いに明らかにすることである。立場が対立的な関係にある場合においても，互いに言い負かすことを話合いの目的とするのではなく，異なる立場からの考えを聞き，意見の基となる理由を尋ね合うことで，互いに考えを広げたりまとめたりすることが大切である。**意図**を明確にするとは，話合いを通して何を達成しようとするのかということに加えて，相手や目的，状況などを踏まえながら，どのように話し合うのかといった話合いの方法に関する意識を明確にすることである。また，話合いにおいて立場や意図を明確に示すためには，話合いの冒頭で意見を述べることなども重要である。

　計画的に話し合うとは，話合いを始める前に，話合いの内容，順序，時間配分等を事前に検討することに加えて，意見を一つにまとめるために話し合うのか，互いの考えを広げるために話し合うのかといった話合いの目的や方向性を検討することも含んでいる。

　考えを広げたりまとめたりするとは，話合いを通して様々な視点から検討し，自分の考えを広げたり，互いの意見の共通点や相違点，利点や問題点等をまとめたりすることである。話し合った後で考えをまとめる際には，異なる意見を自分の考えに生かせるように「～という意見もあったが」，「～という考えもあるけれど」などの表現を用いられるようにすることが効果的である。

　指導に当たっては，例えば，〔知識及び技能〕の(1)「イ　話し言葉と書き言葉

との違いに気付くこと。」との関連を図り,指導の効果を高めることが考えられる。

○言語活動例

第1学年及び第2学年	第3学年及び第4学年	第5学年及び第6学年
ア　紹介や説明,報告など伝えたいことを話したり,それらを聞いて声に出して確かめたり感想を述べたりする活動。	ア　説明や報告など調べたことを話したり,それらを聞いたりする活動。	ア　意見や提案など自分の考えを話したり,それらを聞いたりする活動。
	イ　質問するなどして情報を集めたり,それらを発表したりする活動。	イ　インタビューなどをして必要な情報を集めたり,それらを発表したりする活動。
イ　尋ねたり応答したりするなどして,少人数で話し合う活動。	ウ　互いの考えを伝えるなどして,グループや学級全体で話し合う活動。	ウ　それぞれの立場から考えを伝えるなどして話し合う活動。

ア　意見や提案など自分の考えを話したり,それらを聞いたりする活動。

自分の考えを話したり,それらを聞いたりする言語活動を例示している。

提案とは,聞き手に何らかの行動を促すために自分の考えを示し,意見を求めることである。

また,**それらを聞いたりする**とは,必要なことを記録したり質問したりしながら聞き,話の内容を捉えることである。

イ　インタビューなどをして必要な情報を集めたり,それらを発表したりする活動。

インタビューなどをして必要な情報を集めたり,それらを発表したりする言語活動を例示している。

情報を集めるために**インタビュー**をするとは,目的をもって特定の相手に質問し,必要な情報を聞き出すことである。そのようにして集めた情報について,話したり文章にまとめたりして発表する活動についても例示している。

ウ　それぞれの立場から考えを伝えるなどして話し合う活動。

それぞれの立場から話し合う言語活動を例示している。

それぞれの立場から話し合うとは,賛成又は反対などのそれぞれの立場を明らかにした上で考えを述べ合い,互いの考えを基にして,考えを広げたりまとめたりすることである。

話し合う言語活動は,他教科等においても取り入れられることが多いため,それらの活動との連携が求められる。

第3章
各学年の
内容

B 書くこと

> (1) 書くことに関する次の事項を身に付けることができるよう指導する。
> 　ア　目的や意図に応じて，感じたことや考えたことなどから書くことを選び，集めた材料を分類したり関係付けたりして，伝えたいことを明確にすること。
> 　イ　筋道の通った文章となるように，文章全体の構成や展開を考えること。
> 　ウ　目的や意図に応じて簡単に書いたり詳しく書いたりするとともに，事実と感想，意見とを区別して書いたりするなど，自分の考えが伝わるように書き表し方を工夫すること。
> 　エ　引用したり，図表やグラフなどを用いたりして，自分の考えが伝わるように書き表し方を工夫すること。
> 　オ　文章全体の構成や書き表し方などに着目して，文や文章を整えること。
> 　カ　文章全体の構成や展開が明確になっているかなど，文章に対する感想や意見を伝え合い，自分の文章のよいところを見付けること。
>
> (2) (1)に示す事項については，例えば，次のような言語活動を通して指導するものとする。
> 　ア　事象を説明したり意見を述べたりするなど，考えたことや伝えたいことを書く活動。
> 　イ　短歌や俳句をつくるなど，感じたことや想像したことを書く活動。
> 　ウ　事実や経験を基に，感じたり考えたりしたことや自分にとっての意味について文章に書く活動。

○題材の設定，情報の収集，内容の検討

第1学年及び第2学年	第3学年及び第4学年	第5学年及び第6学年	中学校第1学年
ア　経験したことや想像したことなどから書くことを見付け，必要な事柄を集めたり確かめたりして，伝えたいことを明確にすること。	ア　相手や目的を意識して，経験したことや想像したことなどから書くことを選び，集めた材料を比較したり分類したりして，伝えたいことを明確にすること。	ア　目的や意図に応じて，感じたことや考えたことなどから書くことを選び，集めた材料を分類したり関係付けたりして，伝えたいことを明確にすること。	ア　目的や意図に応じて，日常生活の中から題材を決め，集めた材料を整理し，伝えたいことを明確にすること。

ア　目的や意図に応じて，感じたことや考えたことなどから書くことを選び，集めた材料を分類したり関係付けたりして，伝えたいことを明確にすること。

　第3学年及び第4学年のアを受けて，目的や意図に応じて，書くことを選び，集めた材料を整理し，伝えたいことを明確にすることを示している。第5学年及び第6学年では，目的や意図に応じて，集めた材料を分類したり関係付けたりして整理することに重点を置いている。

　目的や意図に応じて書くとは，第3学年及び第4学年で意識してきた相手や目的に加え，場面や状況を考慮することなども含んだものである。

　感じたことや考えたことなどから書くことを選ぶとは，家庭や地域，学校生活での学習などで感じたり考えたりしたことから選択して書く題材を決めることである。**目的や意図**が明確になっていて，それに基づいて題材を考えることもあれば，以前から疑問や問題意識をもっており，そこから題材を選んだ上で，**目的や意図**を設定していくことも考えられる。

　集めた材料を分類したり関係付けたりするとは，集めた材料を書く目的や意図に応じて内容ごとにまとめたり，それらを互いに結び付けて関係を明確にしたりすることである。例えば，集めた材料を，目的や意図，相手に応じて，主張の理由，事例として適切なものを選んだり，優先順位を考えて並べたりすることである。その際，こうした整理が，伝えたいことを明確にすることや書き表し方を工夫することに，どのようにつながるかを見いだすことが重要である。また，賛成の立場から集めた材料と反対の立場から集めた材料とに分類することで，一方の立場からの材料の不足に気付き，更なる情報収集の必要性を感じることも考えられる。

　集めた材料相互の関係が整理されることによって，示すべき理由や事例などの事実が絞られ，**伝えたいことを明確にする**ことができる。

　なお，情報を収集する対象や手段としては，本や文章，パンフレットやリーフレット，雑誌や新聞，音声や映像，インタビューやアンケートなど様々なものが考えられる。

○構成の検討

第1学年及び第2学年	第3学年及び第4学年	第5学年及び第6学年	中学校第1学年
イ　自分の思いや考えが明確になるように，事柄の順序に沿って簡単な構成を考えること。	イ　書く内容の中心を明確にし，内容のまとまりで段落をつくったり，段落相互の関係に注	イ　筋道の通った文章となるように，文章全体の構成や展開を考えること。	イ　書く内容の中心が明確になるように，段落の役割などを意識して文章の構成や展開を考

	意したりして,文章の構成を考えること。		えること。

イ　筋道の通った文章となるように，文章全体の構成や展開を考えること。

　第3学年及び第4学年のイを受けて，文章の構成を考えることを示している。第5学年及び第6学年においては，伝えたいことを筋道の通った文章で伝えるために，文章全体の構成や展開を考えることに重点を置いている。

　筋道の通った文章とは，相手に分かりやすく伝わるように，伝えたいことや知らせたいことを明確にし，首尾一貫した展開となるよう，論の進め方に注意して組み立てた文章のことである。筋道の通った文章にするためには，第1学年及び第2学年で取り上げた「事柄の順序」に沿った構成や，第3学年及び第4学年で取り上げた「書く内容の中心を明確に」した構成を工夫することに加え，例えば，「考えと理由や事例」，「原因と結果」，「疑問と解決」などのつながりや配列を意識して文章全体の筋道を整えていくことが大切である。

　文章全体の構成や展開には，例えば，基本的なものとして「序論－本論－結論」などが挙げられる。また，統括する内容を位置付ける箇所によって，「頭括型」，「尾括型」，「双括型」がある。

　文章全体の構成を考える際には，それぞれの段落の内容としてどのようなことを書けばよいのかを考えたり，自分の考えを一貫して述べたりすることなどに注意したりすることが大切である。また，書き出しに読み手の関心を喚起する事例や全体の概略を配置したり，終結部に全体のまとめを書いたりして，読み手が考えを理解しやすいように書き方を工夫することも考えられる。

　その際，例えば，〔知識及び技能〕の(1)カの「話や文章の構成や展開，話や文章の種類とその特徴」と関連付けて指導することも有効である。

○考えの形成，記述

第1学年及び第2学年	第3学年及び第4学年	第5学年及び第6学年	中学校第1学年
ウ　語と語や文と文との続き方に注意しながら，内容のまとまりが分かるように書き表し方を工夫すること。	ウ　自分の考えとそれを支える理由や事例との関係を明確にして，書き表し方を工夫すること。	ウ　目的や意図に応じて簡単に書いたり詳しく書いたりするとともに，事実と感想，意見とを区別して書いたりするなど，自分	ウ　根拠を明確にしながら，自分の考えが伝わる文章になるように工夫すること。

| | | の考えが伝わるように書き表し方を工夫すること。
エ　引用したり，図表やグラフなどを用いたりして，自分の考えが伝わるように書き表し方を工夫すること。 | |

ウ　目的や意図に応じて簡単に書いたり詳しく書いたりするとともに，事実と感想，意見とを区別して書いたりするなど，自分の考えが伝わるように書き表し方を工夫すること。

　第3学年及び第4学年のウを受けて，簡単に書いたり詳しく書いたり，事実と感想，意見とを区別して書いたりするなど，自分の考えが伝わるように書き表し方を工夫することを示している。第5学年及び第6学年においては，目的や意図に応じて簡単に書く部分と詳しく書く部分を決めたり，事実と感想，意見とを区別して書いたりするなど，書き表し方を工夫することに重点を置いている。

　目的や意図に応じて簡単に書いたり詳しく書いたりするとは，書く目的や意図を明確にした上で，詳しく書く必要のある場合や簡単に書いた方が効果的である場合などを判断しながら書き表し方を工夫することである。イの指導事項の「構成や展開を考える」過程において，文章のどこを詳しく，どこを簡単に書けば効果的かをあらかじめ検討しておくことも考えられる。

　事実と感想，意見とを区別して書いたりするには，事実を客観的に書くこととともに，その事実と感想や意見との関係を十分捉えて書くことが重要である。それは，自分の考えたことなどが客観的な事象に裏付けられたものになっているかどうかを振り返り，自分の考えをより深めていくことにつながるからである。また，事実と感想，意見とを明確に区別して書くためには，文末表現に注意することも重要である。

エ　引用したり，図表やグラフなどを用いたりして，自分の考えが伝わるように書き表し方を工夫すること。

　引用したり，図表やグラフなどを用いたりして，自分の考えが伝わるように書き表し方を工夫することを示している。

　引用して書くとは，本や文章などから必要な語句や文を抜き出して書くことである。引用する場合は，まず何のために引用するのかという目的を明確にするこ

とが必要である。原文に正確に引用することや，引用した部分と自分の考えとの関係などを明確にすることなどに注意することも必要である。

図表やグラフなどを用いるのは，示すべき事実が，図解したり，表形式やグラフ形式で示したりした方が分かりやすい場合である。観察や実験，調査の結果などの事実の記述は，このような図表やグラフを用いる方が自分にとっても考えを深めやすく，相手にとってもよく理解できるものとなる。なお，用いる図表やグラフは，本や文章から引用する場合のほか，自分で作成する場合もある。ただし，自分で作成する場合には，国語科の学習であることに鑑み，図表やグラフを作成する活動に過度に偏らないよう留意する必要がある。

なお，引用した文章や図表等の出典については必ず明記するとともに，引用部分が適切な量になるようにする必要がある。このことは，著作権を尊重し，保護するために必要なことであり，指導に当たっては十分留意することが求められる。また，文章を引用する場合には，引用する部分をかぎ（「　」）でくくることや，図表を用いる場合には，本文に「図１は，～」，「表１は，～」といった表現を用いて本文との関連を示すことなども必要である。

○推敲

第１学年及び第２学年	第３学年及び第４学年	第５学年及び第６学年	中学校第１学年
エ　文章を読み返す習慣を付けるとともに，間違いを正したり，語と語や文と文との続き方を確かめたりすること。	エ　間違いを正したり，相手や目的を意識した表現になっているかを確かめたりして，文や文章を整えること。	オ　文章全体の構成や書き表し方などに着目して，文や文章を整えること。	エ　読み手の立場に立って，表記や語句の用法，叙述の仕方などを確かめて，文章を整えること。

オ　文章全体の構成や書き表し方などに着目して，文や文章を整えること。

第３学年及び第４学年のエを受けて，文や文章を整えることを示している。

文章全体の構成や書き表し方などに着目して，文や文章を整えるとは，ア，イ，ウ，エの指導事項を観点に，文や文章を推敲することである。第５学年及び第６学年においては，文章全体を見たときに，内容や表現に一貫性があるか，目的や意図に照らして適切な構成や記述になっているか，事実と感想，意見とが区別して書かれているか，引用の仕方，図表やグラフなどの用い方は適切かといったことなどが推敲の観点となる。

○共有

第1学年及び第2学年	第3学年及び第4学年	第5学年及び第6学年	中学校第1学年
オ　文章に対する感想を伝え合い，自分の文章の内容や表現のよいところを見付けること。	オ　書こうとしたことが明確になっているかなど，文章に対する感想や意見を伝え合い，自分の文章のよいところを見付けること。	カ　文章全体の構成や展開が明確になっているかなど，文章に対する感想や意見を伝え合い，自分の文章のよいところを見付けること。	オ　根拠の明確さなどについて，読み手からの助言などを踏まえ，自分の文章のよい点や改善点を見いだすこと。

カ　文章全体の構成や展開が明確になっているかなど，文章に対する感想や意見を伝え合い，自分の文章のよいところを見付けること。

　第3学年及び第4学年のオを受けて，感想や意見を伝え合い，文章の内容や表現のよいところを見付けることを示している。第5学年及び第6学年においては，文章全体の構成や展開が明確になっているかなどの観点から，自分の文章のよいところを見付けることに重点を置いている。

　文章全体の構成や展開が明確になっているかなど，文章に対する感想や意見を伝え合うとは，互いの書いた文章を読み合い，目的や意図に応じた文章の構成や展開になっているかなどについて，具体的に感想や意見を述べ合うことである。このことを通して，**自分の文章のよいところを見付ける**こととなる。また，互いの文章のよいところを見付けて伝え合うことを通して，それらを自分の表現に生かそうとすることが大切である。

○言語活動例

第1学年及び第2学年	第3学年及び第4学年	第5学年及び第6学年
ア　身近なことや経験したことを報告したり，観察したことを記録したりするなど，見聞きしたことを書く活動。	ア　調べたことをまとめて報告するなど，事実やそれを基に考えたことを書く活動。	ア　事象を説明したり意見を述べたりするなど，考えたことや伝えたいことを書く活動。
イ　日記や手紙を書くなど，思ったことや伝えたいことを書く活動。	イ　行事の案内やお礼の文章を書くなど，伝えたいことを手紙に書く活動。	
ウ　簡単な物語をつくるなど，感じたことや想像したことを書く活動。	ウ　詩や物語をつくるなど，感じたことや想像したことを書く活動。	イ　短歌や俳句をつくるなど，感じたことや想像したことを書く活動。

		ウ　事実や経験を基に，感じたり考えたりしたことや自分にとっての意味について文章に書く活動。

ア　事象を説明したり意見を述べたりするなど，考えたことや伝えたいことを書く活動。

考えたことや伝えたいことを文章に書く言語活動を例示している。

事象を説明する文章を書くとは，対象となる事象について，表面に表れている事実を説明するのみならず，その事実が生起した背景や原因，経過などを整理して書き表すことである。例えば，調査などを通して明らかになったことを解説する文章などが考えられる。

意見を述べる文章を書くとは，理由や事例を明確にしながら，筋道を立てて自分の考えを述べることである。例えば，自分の考えを，異なる立場の読み手に向けて主張する文章や，自分たちの生活をより良いものにするために提案する文章，事物のよさを多くの人に推薦する文章などを書くことが考えられる。

イ　短歌や俳句をつくるなど，感じたことや想像したことを書く活動。

感じたことや想像したことを書く言語活動を例示している。

短歌や俳句については，第3学年及び第4学年の〔知識及び技能〕の(3)「ア　易しい文語調の短歌や俳句を音読したり暗唱したりするなどして，言葉の響きやリズムに親しむこと。」において取り上げている。これを踏まえ，第5学年及び第6学年においては，伝統的な定型詩の特徴を生かした創作を行うことによって，七音五音を中心とする言葉の調子やリズムに親しみ，凝縮した表現によって創作する活動として例示している。

ウ　事実や経験を基に，感じたり考えたりしたことや自分にとっての意味について文章に書く活動。

事実や経験を基に，感じたり考えたりしたことや自分にとっての意味について文章に書く言語活動を例示している。

身近に起こったこと，見たことや聞いたこと，経験したことなどを描写しながら，感想や自分にとっての意味などをまとめて書く言語活動である。この言語活動は，中学校第1学年の随筆を書く言語活動につながるものである。

C 読むこと

> (1) 読むことに関する次の事項を身に付けることができるよう指導する。
> 　ア　事実と感想，意見などとの関係を叙述を基に押さえ，文章全体の構成を捉えて要旨を把握すること。
> 　イ　登場人物の相互関係や心情などについて，描写を基に捉えること。
> 　ウ　目的に応じて，文章と図表などを結び付けるなどして必要な情報を見付けたり，論の進め方について考えたりすること。
> 　エ　人物像や物語などの全体像を具体的に想像したり，表現の効果を考えたりすること。
> 　オ　文章を読んで理解したことに基づいて，自分の考えをまとめること。
> 　カ　文章を読んでまとめた意見や感想を共有し，自分の考えを広げること。
> (2) (1)に示す事項については，例えば，次のような言語活動を通して指導するものとする。
> 　ア　説明や解説などの文章を比較するなどして読み，分かったことや考えたことを，話し合ったり文章にまとめたりする活動。
> 　イ　詩や物語，伝記などを読み，内容を説明したり，自分の生き方などについて考えたことを伝え合ったりする活動。
> 　ウ　学校図書館などを利用し，複数の本や新聞などを活用して，調べたり考えたりしたことを報告する活動。

○構造と内容の把握（説明的な文章）

第1学年及び第2学年	第3学年及び第4学年	第5学年及び第6学年	中学校第1学年
ア　時間的な順序や事柄の順序などを考えながら，内容の大体を捉えること。	ア　段落相互の関係に着目しながら，考えとそれを支える理由や事例との関係などについて，叙述を基に捉えること。	ア　事実と感想，意見などとの関係を叙述を基に押さえ，文章全体の構成を捉えて要旨を把握すること。	ア　文章の中心的な部分と付加的な部分，事実と意見との関係などについて叙述を基に捉え，要旨を把握すること。

ア　事実と感想，意見などとの関係を叙述を基に押さえ，文章全体の構成を捉えて要旨を把握すること。

　第3学年及び第4学年のアを受けて，事実と感想，意見などとの関係を押さえ

た上で，文章全体の構成を捉え，要旨を把握することを示している。

要旨とは，書き手が文章で取り上げている内容の中心となる事柄や，書き手の考えの中心となる事柄などである。**要旨を把握する**ためには，**文章全体の構成を捉える**ことが必要になる。文章の各部分だけを取り上げるのではなく，全体を通してどのように構成されているのかを正確に捉えることが重要である。その際，叙述を基に，書き手が，どのような事実を理由や事例として挙げているのか，どのような感想や意見などをもっているのかなどに着目して，**事実と感想，意見などとの関係を押さえる**こととなる。

また，例えば，〔知識及び技能〕の(1)カの「話や文章の構成や展開」と関連付けて指導することも有効である。

○構造と内容の把握（文学的な文章）

第1学年及び第2学年	第3学年及び第4学年	第5学年及び第6学年	中学校第1学年
イ 場面の様子や登場人物の行動など，内容の大体を捉えること。	イ 登場人物の行動や気持ちなどについて，叙述を基に捉えること。	イ 登場人物の相互関係や心情などについて，描写を基に捉えること。	イ 場面の展開や登場人物の相互関係，心情の変化などについて，描写を基に捉えること。

イ　登場人物の相互関係や心情などについて，描写を基に捉えること。

第3学年及び第4学年のイを受けて，登場人物の相互関係や心情の変化などを，描写を基に捉えることを示している。

登場人物の相互関係や心情などには，登場人物の性格や情景なども含まれる。

描写とは，物事の様子や場面，行動や心情などを，読み手が想像できるように描いたものである。第5学年及び第6学年においては，描写に着目しながら読み進めていくことが重要である。登場人物の心情は，直接的に描写されている場合もあるが，登場人物相互の関係に基づいた行動や会話，情景などを通して暗示的に表現されている場合もある。このような表現の仕方にも注意し，想像を豊かにしながら読むことが大切になる。

また，登場人物の相互関係や心情などについて，描写を基に捉えることは，「エ　人物像や物語などの全体像を具体的に想像したり，表現の効果を考えたりすること。」につながる。

○精査・解釈（説明的な文章）

第1学年及び第2学年	第3学年及び第4学年	第5学年及び第6学年	中学校第1学年
ウ 文章の中の重要な語や文を考えて選び出すこと。	ウ 目的を意識して、中心となる語や文を見付けて要約すること。	ウ 目的に応じて、文章と図表などを結び付けるなどして必要な情報を見付けたり、論の進め方について考えたりすること。	ウ 目的に応じて必要な情報に着目して要約したり、場面と場面、場面と描写などを結び付けたりして、内容を解釈すること。 エ 文章の構成や展開、表現の効果について、根拠を明確にして考えること。

ウ 目的に応じて、文章と図表などを結び付けるなどして必要な情報を見付けたり、論の進め方について考えたりすること。

　第3学年及び第4学年のウを受け、目的に応じて、アの指導事項で捉えた要旨を手掛かりとして、必要な情報を見付けたり、論の進め方について考えたりすることを示している。

　目的に応じて、必要な情報を見付けるとは、書き手の述べたいことを知るために読む、読み手の知りたいことを調べるために読む、知的欲求を満たすために読む、自分の表現に生かすために読むなどの目的に応じて、文章の中から必要な情報を取捨選択したり、整理したり、再構成したりすることである。**必要な情報**は、目的に応じて変わるため、読む目的を明確にすることが重要である。

　論の進め方について考えるとは、アの指導事項で捉えた「事実と感想、意見などとの関係」や「文章全体の構成」などを基に、目的に応じて、書き手は自分の考えをより適切に伝えるために、どのように論を進めているのか、どのような理由や事例を用いることで説得力を高めようとしているのかなどについて考えをもつことである。

　また、日常生活において児童が触れる文章には、図表やグラフ、写真や挿絵などを含むものも多い。**文章と図表などを結び付けるなどして読む**とは、文章中に用いられている図表などが、文章のどの部分と結び付くのかを明らかにすることによって、必要な情報を見付けたり、論の進め方を捉えたりすることである。

○精査・解釈（文学的な文章）

第1学年及び第2学年	第3学年及び第4学年	第5学年及び第6学年	中学校第1学年
エ　場面の様子に着目して，登場人物の行動を具体的に想像すること。	エ　登場人物の気持ちの変化や性格，情景について，場面の移り変わりと結び付けて具体的に想像すること。	エ　人物像や物語などの全体像を具体的に想像したり，表現の効果を考えたりすること。	ウ　目的に応じて必要な情報に着目して要約したり，場面と場面，場面と描写などを結び付けたりして，内容を解釈すること。 エ　文章の構成や展開，表現の効果について，根拠を明確にして考えること。

エ　人物像や物語などの全体像を具体的に想像したり，表現の効果を考えたりすること。

　第3学年及び第4学年のエを受けて，イの指導事項で捉えた登場人物の相互関係などを手掛かりに，その人物像や物語などの全体像を具体的に思い描くことや，優れた叙述に着目しながら様々な表現の効果について考えることを示している。

　登場人物の**人物像**を具体的に想像するためには，登場人物の行動や会話，様子などを表している複数の叙述を結び付け，それらを基に性格や考え方などを総合して判断することが必要である。イの指導事項で捉えた性格や心情を踏まえ，物語などの展開と結び付けながら読んでいくことが重要である。

　物語などの全体像は，登場人物や場面設定，個々の叙述などを基に，その世界や人物像を豊かに想像することで捉えられる。「何が書かれているか」という内容面だけでなく，「どのように描かれているか」という表現面にも着目して読むことが，物語などの全体像を具体的にイメージすることにつながる。

　第3学年及び第4学年で登場人物の性格について具体的に想像することが，第5学年及び第6学年では，人物像を捉えることに結び付き，同様に，場面の移り変わりを捉えることが物語などの全体像を捉えることへとつながっていく。また，物語などの全体像を具体的に想像することは，中学校第1学年の指導事項の「内容を解釈すること」へと発展していくものである。

　表現の効果を考えるとは，想像した人物像や全体像と関わらせながら，様々な表現が読み手に与える効果について自分の考えを明らかにしていくことである。感動やユーモアなどを生み出す優れた叙述，暗示性の高い表現，メッセージや題材を強く意識させる表現などに着目しながら読むことが重要である。

なお，表現の効果を考えることができるようにするためには，例えば，〔知識及び技能〕の(1)「ク　比喩や反復などの表現の工夫に気付くこと。」と関連付けて指導することも有効である。

○考えの形成

第1学年及び第2学年	第3学年及び第4学年	第5学年及び第6学年	中学校第1学年
オ　文章の内容と自分の体験とを結び付けて，感想をもつこと。	オ　文章を読んで理解したことに基づいて，感想や考えをもつこと。	オ　文章を読んで理解したことに基づいて，自分の考えをまとめること。	オ　文章を読んで理解したことに基づいて，自分の考えを確かなものにすること。

オ　文章を読んで理解したことに基づいて，自分の考えをまとめること。

　第3学年及び第4学年のオを受けて，文章を読んで自分の考えをまとめることを示している。第5学年及び第6学年においては，感想や考えをもつことに加えて，それらをまとめることに重点を置いている。

　文章を読んで理解したことに基づくとは，文章の内容や構造を捉え，精査・解釈しながら考えたり理解したりしたことを基にするということである。また，**自分の考えをまとめる**とは，文章を読んで理解したことについて，既有の知識や理解した内容と結び付けて自分の考えを形成することである。

○共有

第1学年及び第2学年	第3学年及び第4学年	第5学年及び第6学年	中学校第1学年
カ　文章を読んで感じたことや分かったことを共有すること。	カ　文章を読んで感じたことや考えたことを共有し，一人一人の感じ方などに違いがあることに気付くこと。	カ　文章を読んでまとめた意見や感想を共有し，自分の考えを広げること。	

カ　文章を読んでまとめた意見や感想を共有し，自分の考えを広げること。

　第3学年及び第4学年のカを受けて，意見や感想を共有し，自分の考えを広げることを示している。第5学年及び第6学年においては，共有することを通して自分の考えを広げることに重点を置いている。

　文章を読んでまとめた意見や感想とは，文章の構造と内容を把握し，精査・解

釈することを通して，意見や感想をもつことである。また，**自分の考えを広げる**ためには，互いの意見や感想の違いを明らかにしたり，互いの意見や感想のよさを認め合ったりすることが大切である。

○言語活動例

第1学年及び第2学年	第3学年及び第4学年	第5学年及び第6学年
ア　事物の仕組みを説明した文章などを読み，分かったことや考えたことを述べる活動。	ア　記録や報告などの文章を読み，文章の一部を引用して，分かったことや考えたことを説明したり，意見を述べたりする活動。	ア　説明や解説などの文章を比較するなどして読み，分かったことや考えたことを，話し合ったり文章にまとめたりする活動。
イ　読み聞かせを聞いたり物語などを読んだりして，内容や感想などを伝え合ったり，演じたりする活動。	イ　詩や物語などを読み，内容を説明したり，考えたことなどを伝え合ったりする活動。	イ　詩や物語，伝記などを読み，内容を説明したり，自分の生き方などについて考えたことを伝え合ったりする活動。
ウ　学校図書館などを利用し，図鑑や科学的なことについて書いた本などを読み，分かったことなどを説明する活動。	ウ　学校図書館などを利用し，事典や図鑑などから情報を得て，分かったことなどをまとめて説明する活動。	ウ　学校図書館などを利用し，複数の本や新聞などを活用して，調べたり考えたりしたことを報告する活動。

ア　説明や解説などの文章を比較するなどして読み，分かったことや考えたことを，話し合ったり文章にまとめたりする活動。

　説明的な文章を読み，分かったことや考えたことを，話し合ったり文章にまとめたりする言語活動を例示している。

　取り上げる文章としては，説明や解説の文章のほか，意見，提案，報道などの文章が考えられる。

　これらの文章を**比較**しながら読むことにより，共通点や相違点が明確になり，それぞれの文章をよく理解することにつながる。小学校第5学年及び第6学年においては，日常生活において考えをまとめる際に，単一の情報のみに基づくのではなく，複数の情報を比較や分類をしたり，関係付けたりして検討することが必要である。

イ　詩や物語，伝記などを読み，内容を説明したり，自分の生き方などについて考えたことを伝え合ったりする活動。

文学的な文章を読んで，その内容を説明したり，読んで考えたことなどを伝え合ったりする言語活動を例示している。

　取り上げる文章としては，詩や物語，短編小説，伝記などが考えられる。

　伝記は，物語や詩のような行動や会話，心情などを基軸に物語る文学的な描写と，事実の記述や説明の表現が用いられている。

　自分の生き方などについて考えたことを伝え合ったりするとは，例えば，読み取った人物の生き方などから，これからの自分のことについて考え，文章にまとめたり発表したりすることである。

　ウ　学校図書館などを利用し，複数の本や新聞などを活用して，調べたり考えたりしたことを報告する活動。

　本や新聞など複数の資料を活用しながら，調べたり考えたりしたことを報告する言語活動を例示している。

　複数の本や新聞などとは，同じテーマについて異なる書き手による本や文章，異なる新聞社による新聞記事などが挙げられる。本や新聞のほかに，雑誌，インターネットから得た情報などを活用することも考えられる。

　調べたり考えたりしたことを報告するとは，複数の本や新聞などに書かれていることを比較，分類，関係付けるなどして分かったことと，それらを基に考えたことをまとめて，文章に書いたり発表したりすることである。

　学校図書館や地域の図書館などの利用にあたっては，「第3　指導計画の作成と内容の取扱い」の2(3)を踏まえ，施設の利用方法や本の配架場所などを指導することが必要である。

第4章　指導計画の作成と内容の取扱い

● 1　指導計画作成上の配慮事項

○主体的・対話的で深い学びの実現に向けた授業改善に関する配慮事項

> 1　指導計画の作成に当たっては，次の事項に配慮するものとする。
> (1)　単元など内容や時間のまとまりを見通して，その中で育む資質・能力の育成に向けて，児童の主体的・対話的で深い学びの実現を図るようにすること。その際，言葉による見方・考え方を働かせ，言語活動を通して，言葉の特徴や使い方などを理解し自分の思いや考えを深める学習の充実を図ること。

　この事項は，国語科の指導計画の作成に当たり，児童の主体的・対話的で深い学びの実現を目指した授業改善を進めることとし，国語科の特質に応じて，効果的な学習が展開できるように配慮すべき内容を示したものである。

　国語科の指導に当たっては，(1)「知識及び技能」が習得されること，(2)「思考力，判断力，表現力等」を育成すること，(3)「学びに向かう力，人間性等」を涵養することが偏りなく実現されるよう，単元など内容や時間のまとまりを見通しながら，主体的・対話的で深い学びの実現に向けた授業改善を行うことが重要である。

　児童に国語科の指導を通して「知識及び技能」や「思考力，判断力，表現力等」の育成を目指す授業改善を行うことはこれまでも多くの実践が重ねられてきている。そのような着実に取り組まれてきた実践を否定し，全く異なる指導方法を導入しなければならないと捉えるのではなく，児童や学校の実態，指導の内容に応じ，「主体的な学び」，「対話的な学び」，「深い学び」の視点から授業改善を図ることが重要である。

　主体的・対話的で深い学びは，必ずしも1単位時間の授業の中で全てが実現されるものではない。単元など内容や時間のまとまりの中で，例えば，主体的に学習に取り組めるよう学習の見通しを立てたり学習したことを振り返ったりして自身の学びや変容を自覚できる場面をどこに設定するか，対話によって自分の考えなどを広げたり深めたりする場面をどこに設定するか，学びの深まりをつくりだすために，児童が考える場面と教師が教える場面をどのように組み立てるか，といった視点で授業改善を進めることが求められる。また，児童や学校の実態に応じ，多様な学習活動を組み合わせて授業を組み立てていくことが重要であり，単

元のまとまりを見通した学習を行うに当たり基礎となる知識及び技能の習得に課題が見られる場合には，それを身に付けるために，児童の主体性を引き出すなどの工夫を重ね，確実な習得を図ることが必要である。

主体的・対話的で深い学びの実現に向けた授業改善を進めるに当たり，特に「深い学び」の視点に関して，各教科等の学びの深まりの鍵となるのが「見方・考え方」である。各教科等の特質に応じた物事を捉える視点や考え方である「見方・考え方」を，習得・活用・探究という学びの過程の中で働かせることを通じて，より質の高い深い学びにつなげることが重要である。

国語科は，様々な事物，経験，思い，考え等をどのように言葉で理解し，どのように言葉で表現するか，という言葉を通じた理解や表現及びそこで用いられる言葉そのものを学習対象としている。**言葉による見方・考え方を働かせる**とは，児童が学習の中で，対象と言葉，言葉と言葉との関係を，言葉の意味，働き，使い方等に着目して捉えたり問い直したりして，言葉への自覚を高めることであると考えられる。この「対象と言葉，言葉と言葉との関係を，言葉の意味，働き，使い方等に着目して捉えたり問い直したり」するとは，言葉で表される話や文章を，意味や働き，使い方などの言葉の様々な側面から総合的に思考・判断し，理解したり表現したりすること，また，その理解や表現について，改めて言葉に着目して吟味することを示したものと言える。

なお，このことは，話や文章を理解したり表現したりする際に必要となるものであるため，これまでも国語科の授業実践の中で，児童が言葉に着目して学習に取り組むことにより「知識及び技能」や「思考力，判断力，表現力等」が身に付くよう，授業改善の創意工夫が図られてきたところである。

国語科において授業改善を進めるに当たっては，言葉の特徴や使い方などの「知識及び技能」や，自分の思いや考えを深めるための「思考力，判断力，表現力等」といった指導事項に示す資質・能力を育成するため，これまでも国語科の授業実践の中で取り組まれてきたように，児童が言葉に着目し，言葉に対して自覚的になるよう，学習指導の創意工夫を図ることが期待される。

○弾力的な指導に関する配慮事項

(2) 第2の各学年の内容の指導については，必要に応じて当該学年より前の学年において初歩的な形で取り上げたり，その後の学年で程度を高めて取

> り上げたりするなどして，弾力的に指導すること。

　第2の各学年の内容は，児童の6年間の発達の段階を踏まえて2学年ずつまとめて示している。この事項は，前後の学年段階を考慮して弾力的に指導することができるように指導計画を立てる必要があることを述べたものである。

　指導計画の作成に当たっては，児童の発達や学習の状況に応じて，学習のねらいや児童の興味・関心を考えながら計画を立てる必要がある。その際，各学年の内容に基づきながらも，その前の学年において初歩的な形で取り上げたり，後の学年において程度を高めて取り上げたりして指導することも考えられる。また，児童の言語能力が螺旋的に高まるよう，各学年の学習指導を孤立させず，児童の発達の段階を見通して目標の系統性を保ちながら柔軟かつ弾力的な運用を図り，系統化した効果的な指導がなされるよう計画を立てていくことが大切である。

○〔知識及び技能〕に関する配慮事項

> (3)　第2の各学年の内容の〔知識及び技能〕に示す事項については，〔思考力，判断力，表現力等〕に示す事項の指導を通して指導することを基本とし，必要に応じて，特定の事項だけを取り上げて指導したり，それらをまとめて指導したりするなど，指導の効果を高めるよう工夫すること。なお，その際，第1章総則の第2の3の(2)のウの(イ)に掲げる指導を行う場合には，当該指導のねらいを明確にするとともに，単元など内容や時間のまとまりを見通して資質・能力が偏りなく育成されるよう計画的に指導すること。

　〔知識及び技能〕に示す事項は〔思考力，判断力，表現力等〕に示す事項の指導を通して行うことを基本とすることを示すとともに，指導の効果を高めるための弾力的な時間割編成に関する取扱いを示したものである。具体的には，〔知識及び技能〕に示す事項の定着を図るため，必要に応じて，特定の事項を取り上げて繰り返し指導したり，まとめて単元化して扱ったり，学期や学年を超えて指導したりすることもできることを示している。

　これは，言葉の特徴やきまりなどについて，児童の興味・関心や学習の必要に応じ，ある程度まとまった「知識及び技能」を習得させるような指導もできることを示している。

　また，第1章総則の第2の3(2)ウ(イ)では，「10分から15分程度の短い時間を活用して特定の教科等の指導を行う場合において，教師が，単元や題材など内容

や時間のまとまりを見通した中で，その指導内容の決定や指導の成果の把握と活用等を責任をもって行う体制が整備されているときは，その時間を当該教科等の年間授業時数に含めることができること」を示している。

〔知識及び技能〕に示す事項に関し，このような短い時間を活用した指導を行う場合には，機械的な学習にならないよう，当該指導も含む単元全体を通して，「知識及び技能」のみならず，「思考力，判断力，表現力等」及び「学びに向かう力，人間性等」についてもバランスよく育成されるよう配慮する必要がある。

○「A話すこと・聞くこと」に関する配慮事項

> (4) 第2の各学年の内容の〔思考力，判断力，表現力等〕の「A話すこと・聞くこと」に関する指導については，意図的，計画的に指導する機会が得られるように，第1学年及び第2学年では年間35単位時間程度，第3学年及び第4学年では年間30単位時間程度，第5学年及び第6学年では年間25単位時間程度を配当すること。その際，音声言語のための教材を活用するなどして指導の効果を高めるよう工夫すること。

話したり聞いたりすることは，生活の上での基本的な言語活動である。話したり聞いたりすることに関する資質・能力は，学習したことを繰り返し用いたり，生活場面において使いこなす機会を多くもったりすることによって，より確実に身に付けることができる。したがって，他教科等の学習や学校の教育活動全体の中で，学習したことを使う機会がもてるよう，年間指導計画に意図的，計画的に位置付けることが重要である。

〔思考力，判断力，表現力等〕の「A話すこと・聞くこと」に関する指導について，指導計画に適切に位置付け，確実に実施するよう，学年ごとの年間の授業時数を配当している。

また，各学校の創意工夫により，児童の発達や学習の状況に応じて，ICT機器を活用するなど音声言語のための教材を活用し，指導の効果を高めることが期待される。

○「B書くこと」に関する配慮事項

> (5) 第2の各学年の内容の〔思考力，判断力，表現力等〕の「B書くこと」に関する指導については，第1学年及び第2学年では年間100単位時間程度，第3学年及び第4学年では年間85単位時間程度，第5学年及び第6

> 学年では年間 55 単位時間程度を配当すること。その際,実際に文章を書
> く活動をなるべく多くすること。

〔思考力,判断力,表現力等〕の「B書くこと」に関する指導については,指導計画に適切に位置付け,確実に実施するよう,学年ごとに年間の授業時数を配当している。

この時数を標準として,書くことの指導計画を立て,書くことに関する資質・能力が確実に育成できるように,実際に文章を書く活動を多くすることが必要である。

○「読書」及び「C読むこと」に関する配慮事項

> (6) 第2の第1学年及び第2学年の内容の〔知識及び技能〕の(3)のエ,第3学年及び第4学年,第5学年及び第6学年の内容の〔知識及び技能〕の(3)のオ及び各学年の内容の〔思考力,判断力,表現力等〕の「C読むこと」に関する指導については,読書意欲を高め,日常生活において読書活動を活発に行うようにするとともに,他教科等の学習における読書の指導や学校図書館における指導との関連を考えて行うこと。

読書は,国語科で育成を目指す資質・能力をより高める重要な活動の一つである。このため,今回の改訂では,読書に関する指導事項を〔知識及び技能〕の(3)に位置付けている。〔知識及び技能〕の「読書」に関する指導事項及び〔思考力,判断力,表現力等〕の「C読むこと」の指導を通して,児童の読書意欲を高め,日常生活における読書活動につながるよう配慮することが重要である。

また,国語科における読書の指導は,国語科以外の,学校の教育活動全体における読書の指導との密接な連携を図っていく必要がある。他教科等における読書の指導や学校図書館における指導,全校一斉の読書活動などとの関連を考慮した指導計画を作成することなどが求められる。

○低学年における他教科等や幼児教育との関連についての配慮事項

> (7) 低学年においては,第1章総則の第2の4の(1)を踏まえ,他教科等との関連を積極的に図り,指導の効果を高めるようにするとともに,幼稚園教育要領等に示す幼児期の終わりまでに育ってほしい姿との関連を考慮すること。特に,小学校入学当初においては,生活科を中心とした合科的・

関連的な指導や，弾力的な時間割の設定を行うなどの工夫をすること。

　この事項は，低学年の児童の学習上の特性や傾向を考慮し，他教科等との関連を積極的に図るようにすること及び幼稚園教育との関連を図ることについて示した上で，特に小学校入学当初における教育課程編成上の工夫について示したものである。

　第1章総則第2の4(1)においては，学校段階等間の接続における幼児期の教育と小学校教育の接続について次のように示している。

　「幼児期の終わりまでに育ってほしい姿を踏まえた指導を工夫することにより，幼稚園教育要領等に基づく幼児期の教育を通して育まれた資質・能力を踏まえて教育活動を実施し，児童が主体的に自己を発揮しながら学びに向かうことが可能となるようにすること。

　また，低学年における教育全体において，例えば生活科において育成する自立し生活を豊かにしていくための資質・能力が，他教科等の学習においても生かされるようにするなど，教科等間の関連を積極的に図り，幼児期の教育及び中学年以降の教育との円滑な接続が図られるよう工夫すること。特に，小学校入学当初においては，幼児期において自発的な活動としての遊びを通して育まれてきたことが，各教科等における学習に円滑に接続されるよう，生活科を中心に，合科的・関連的な指導や弾力的な時間割の設定など，指導の工夫や指導計画の作成を行うこと。」

　幼児期は自発的な活動としての遊びを通して，周りの人や物，自然などの環境に体ごと関わり全身で感じるなど，活動と場，体験と感情が密接に結び付いている。小学校低学年の児童は同じような発達の特性をもっており，具体的な体験を通して感じたことや考えたことなどを，常に自分なりに組み換えながら学んでいる。こうした特性を生かし，他教科等における学習により育まれた資質・能力を学習に生かすことで，より効果的に資質・能力を育むことにつながるとともに，各教科の特質に応じた学習へと分化していく学習に円滑に適応していくことができるようになることから，教科等間の関連を図った指導の工夫を行うことが重要である。特に小学校入学当初においては，生活科を中心に合科的・関連的な指導を行ったり，児童の生活の流れを大切にして弾力的に時間割を工夫した指導を行ったりして，幼児期の終わりまでに育った姿が発揮できるよう教育課程編成上の工夫（スタートカリキュラム）が重要である。

　こうしたことを踏まえ，国語科においては，育成を目指す資質・能力を明らかにした上で，例えば，他教科等で学習した内容を題材にすることなどが考えられる。

　また，幼稚園等において幼稚園教育要領等に示す幼児期の終わりまでに育って

ほしい姿を考慮した指導が行われていることを踏まえ，例えば，思考力の芽生え，数量や図形，標識や文字などへの関心・感覚，言葉による伝え合いなど幼児期の終わりまでに育ってほしい姿との関連を考慮することが考えられる。

○他教科等との関連についての配慮事項

> (8) 言語能力の向上を図る観点から，外国語活動及び外国語科など他教科等との関連を積極的に図り，指導の効果を高めるようにすること。

言語能力は，全ての教科等における学習の基盤となる資質・能力である。このため，第1章総則の第3の1(2)において，「言語能力の育成を図るため，各学校において必要な言語環境を整えるとともに，国語科を要としつつ各教科等の特質に応じて，児童の言語活動を充実すること。」とされているとおり，言語能力の育成に向けて，国語科が中心的な役割を担いながら，教科等横断的な視点から教育課程の編成を図ることが重要である。

指導計画の作成に当たっては，他教科等の内容の系統性や関連性を考慮することが求められる。その際，国語科と同様，言語を直接の学習対象とする外国語活動及び外国語科との連携は特に重要なものとなる。

例えば，国語科の学習内容が外国語活動及び外国語科等の学習に結び付くよう，指導の時期を工夫すること，関連のある学習内容や言語活動を取り上げた単元の設定を工夫することなどが考えられる。

○障害のある児童への配慮についての事項

> (9) 障害のある児童などについては，学習活動を行う場合に生じる困難さに応じた指導内容や指導方法の工夫を計画的，組織的に行うこと。

障害者の権利に関する条約に掲げられたインクルーシブ教育システムの構築を目指し，児童の自立と社会参加を一層推進していくためには，通常の学級，通級による指導，特別支援学級，特別支援学校において，児童の十分な学びを確保し，一人一人の児童の障害の状態や発達の段階に応じた指導や支援を一層充実させていく必要がある。

通常の学級においても，発達障害を含む障害のある児童が在籍している可能性があることを前提に，全ての教科等において，一人一人の教育的ニーズに応じたきめ細かな指導や支援ができるよう，障害種別の指導の工夫のみならず，各教科

等の学びの過程において考えられる困難さに対する指導の工夫の意図，手立てを明確にすることが重要である。

これを踏まえ，今回の改訂では，障害のある児童などの指導に当たっては，個々の児童によって，見えにくさ，聞こえにくさ，道具の操作の困難さ，移動上の制約，健康面や安全面での制約，発音のしにくさ，心理的な不安定，人間関係形成の困難さ，読み書きや計算等の困難さ，注意の集中を持続することが苦手であることなど，学習活動を行う場合に生じる困難さが異なることに留意し，個々の児童の困難さに応じた指導内容や指導方法を工夫することを，各教科等において示している。

その際，国語科の目標や内容の趣旨，学習活動のねらいを踏まえ，学習内容の変更や学習活動の代替を安易に行うことがないよう留意するとともに，児童の学習負担や心理面にも配慮する必要がある。

例えば，国語科における配慮として，次のようなものが考えられる。

- 文章を目で追いながら音読することが困難な場合には，自分がどこを読むのかが分かるように教科書の文を指等で押さえながら読むよう促すこと，行間を空けるために拡大コピーをしたものを用意すること，語のまとまりや区切りが分かるように分かち書きされたものを用意すること，読む部分だけが見える自助具（スリット等）を活用することなどの配慮をする。
- 自分の立場以外の視点で考えたり他者の感情を理解したりするのが困難な場合には，児童の日常的な生活経験に関する例文を示し，行動や会話文に気持ちが込められていることに気付かせたり，気持ちの移り変わりが分かる文章の中のキーワードを示したり，気持ちの変化を図や矢印などで視覚的に分かるように示してから言葉で表現させたりするなどの配慮をする。
- 声を出して発表することに困難がある場合や，人前で話すことへの不安を抱いている場合には，紙やホワイトボードに書いたものを提示したり，ICT機器を活用して発表したりするなど，多様な表現方法が選択できるように工夫し，自分の考えを表すことに対する自信がもてるような配慮をする。

なお，学校においては，こうした点を踏まえ，個別の指導計画を作成し，必要な配慮を記載し，翌年度の担任等に引き継ぐことなどが必要である。

○道徳科などとの関連についての配慮事項

> ⑽　第1章総則の第1の2の⑵に示す道徳教育の目標に基づき，道徳科などとの関連を考慮しながら，第3章特別の教科道徳の第2に示す内容につい

> て，国語科の特質に応じて適切な指導をすること。

　国語科の指導においては，その特質に応じて，道徳について適切に指導する必要があることを示している。

　第1章総則第1の2(2)においては，「学校における道徳教育は，特別の教科である道徳（以下「道徳科」という。）を要として学校の教育活動全体を通じて行うものであり，道徳科はもとより，各教科，外国語活動，総合的な学習の時間及び特別活動のそれぞれの特質に応じて，児童の発達の段階を考慮して，適切な指導を行うこと。」と規定されている。

　国語科における道徳教育の指導においては，学習活動や学習態度への配慮，教師の態度や行動による感化とともに，以下に示すような国語科と道徳教育との関連を明確に意識しながら，適切な指導を行う必要がある。

- 国語で正確に理解したり適切に表現したりする資質・能力を育成する上で，日常生活における人との関わりの中で伝え合う力を高めることは，学校の教育活動全体で道徳教育を進めていくための基盤となるものである。また，思考力や想像力を養うこと及び言語感覚を豊かにすることは，道徳的心情や道徳的判断力を養う基本になる。さらに，我が国の言語文化に関わり，国語を尊重してその能力の向上を図る態度を養うことは，伝統と文化を尊重し，それらを育んできた我が国と郷土を愛することなどにつながるものである。
- 教材選定の観点として，第3の3(2)に，道徳性の育成に資する項目を国語科の特質に応じて示している。

　次に，道徳教育の要としての特別の教科である道徳（以下「道徳科」という。）の指導との関連を考慮する必要がある。国語科で扱った内容や教材の中で適切なものを，道徳科に活用することが効果的な場合もある。また，道徳科で取り上げたことに関係のある内容や教材を国語科で扱う場合には，道徳科における指導の成果を生かすように工夫することも考えられる。そのためにも，国語科の年間指導計画の作成などに際して，道徳教育の全体計画との関連，指導の内容及び時期等に配慮し，両者が相互に効果を高め合うようにすることが大切である。

2 内容の取扱いについての配慮事項

○〔知識及び技能〕に示す事項の取扱い

> 2　第2の内容の取扱いについては、次の事項に配慮するものとする。
> (1)　〔知識及び技能〕に示す事項については、次のとおり取り扱うこと。
> 　ア　日常の言語活動を振り返ることなどを通して、児童が、実際に話したり聞いたり書いたり読んだりする場面を意識できるよう指導を工夫すること。

〔知識及び技能〕に示す事項の取扱いを示している。

〔知識及び技能〕に示す事項は、個別の事実的な知識や、一定の手順や段階を追って身に付く技能のみを指すものではないため、実際に話したり聞いたり書いたり読んだりする場面において、生きて働く「知識及び技能」として習得することが求められる。

そのため、指導に当たっては、児童が、日常の言語活動の中にある言葉の特徴やきまりなどに気付くことや、学習したことを日常の話したり聞いたり書いたり読んだりする場面に生かすことを意識しながら学習できるようにすることが重要である。

> イ　理解したり表現したりするために必要な文字や語句については、辞書や事典を利用して調べる活動を取り入れるなど、調べる習慣が身に付くようにすること。

必要な文字や語句を調べる習慣を身に付けることを示している。

平成20年告示の学習指導要領では、第3学年及び第4学年において、「表現したり理解したりするために必要な語句について、辞書を利用して調べる方法を理解し、調べる習慣を付けること」を指導することとされていたが、今回の改訂では、6年間を通じて、児童の発達や学習の状況に応じて調べる活動を取り入れ、調べる習慣が身に付くよう、内容の取扱いとして示している。

国語で正確に理解し適切に表現するためには、知らなかったり不確かだったりする文字や語句の意味や使い方について、国語辞典や漢字辞典、百科事典などを利用して調べることが重要である。

また、そうした習慣を身に付けるために、辞書や事典の使い方を理解するとと

もに，必要な時にはいつでも辞書や事典が手元にあり使えるような言語環境を整えておくことも重要である。

> ウ　第3学年におけるローマ字の指導に当たっては，第5章総合的な学習の時間の第3の2の(3)に示す，コンピュータで文字を入力するなどの学習の基盤として必要となる情報手段の基本的な操作を習得し，児童が情報や情報手段を主体的に選択し活用できるよう配慮することとの関連が図られるようにすること。

ローマ字に関する事項の取扱いを示している。

総合的な学習の時間における，コンピュータで文字を入力するなどの学習との関連が図られるよう，指導する時期や内容を意図的，計画的に位置付けることが重要である。

> エ　漢字の指導については，第2の内容に定めるほか，次のとおり取り扱うこと。
> (ｱ)　学年ごとに配当されている漢字は，児童の学習負担に配慮しつつ，必要に応じて，当該学年以前の学年又は当該学年以降の学年において指導することもできること。
> (ｲ)　当該学年より後の学年に配当されている漢字及びそれ以外の漢字については，振り仮名を付けるなど，児童の学習負担に配慮しつつ提示することができること。
> (ｳ)　他教科等の学習において必要となる漢字については，当該教科等と関連付けて指導するなど，その確実な定着が図られるよう指導を工夫すること。
> (ｴ)　漢字の指導においては，学年別漢字配当表に示す漢字の字体を標準とすること。

漢字に関する事項の取扱いを示している。

(ｱ)は，当該学年に配当されている漢字は原則としてその学年で指導するものであるが，必要に応じて弾力的な扱いができることを示している。例えば，第2学年の漢字の指導の際，「昔話」や「家族」のように，「話」と「家」は第2学年，「昔」と「族」は第3学年の配当漢字であり，配当学年が異なる漢字で構成

されている熟語が出てくる場合がある。その時，第2学年であっても，必要に応じて「昔話」，「家族」などのように漢字の熟語として提示してよいということである。なお，その際には，(イ)の事項と関連して，児童の学習負担が過重にならないよう配慮が必要であり，後の学年の配当漢字である「昔」と「族」については，振り仮名を付けて「昔話(むかしばなし)」，「家族(かぞく)」のように提示することになる。

(イ)は，当該学年までに学習しない漢字についても，振り仮名を付け，漢字で提示できることを示している。「学年別漢字配当表」において当該学年より後の学年に配当されている漢字や，「学年別漢字配当表」に掲げられている漢字以外の漢字についても，振り仮名付きで提示することにより，読む機会を増やし，その漢字に慣れることで，児童の漢字の習得に資することが望まれる。

また，必要以上に交ぜ書きをすることがなくなるため，語句の意味に対する児童の理解が一層促進されることが期待される。

(ウ)は，他教科等と関連付けて指導することについて示している。

今回の改訂においては，常用漢字表の改定（平成22年），児童の日常生活及び将来の社会生活，国語科以外の各教科等の学習における必要性を踏まえ，都道府県名に用いる漢字を「学年別漢字配当表」に加えている。これらの漢字については，社会科第4学年における都道府県の名称と位置についての学習と関連付けて指導できるよう，第4学年に配当している。

このように，他教科等の学習に必要となる漢字については，指導する時期や内容を意図的，計画的に位置付けるなど，当該教科等と関連付けた指導を行い，その確実な定着を図ることが求められる。

(エ)は，漢字の標準的な字体の拠(よ)り所を示している。

漢字の指導の際には，学習指導要領の「学年別漢字配当表」に示された漢字の字体を元に指導することを示している。「常用漢字表」（平成22年内閣告示）の「前書き」及び「常用漢字表の字体・字形に関する指針（報告）」（平成28年2月29日文化審議会国語分科会）においては，以下のような考え方が示されている。

- 字体は骨組みであるため，ある一つの字体も，実際に書かれて具体的な字形となってあらわれたときには，その形は一定ではない。同じ文字として認識される範囲で，無数の形状を持ち得ることになる。

児童の書く文字を評価する場合には，こうした考え方を参考にして，正しい字体であることを前提とした上で，柔軟に評価することが望ましい。

一方，漢字の学習と書写の学習とを考えたとき，文字を書く能力を学習や生活に役立てるために，文字を正しく整えて書くことができるよう，指導の場面や状況に応じて一定の字形を元に学習や評価が行われる場合もある。指導に当たっては，字体についての考え方を十分理解した上で，生涯にわたる漢字学習の基礎を

培うとともに,将来の社会生活において漢字を円滑に運用できる能力を身に付けていくことができるよう配慮することが重要である。

> オ 各学年の(3)のア及びイに関する指導については,各学年で行い,古典に親しめるよう配慮すること。

伝統的な言語文化に関する事項の取扱いを示している。第1学年から第6学年までの各学年において継続して指導し,古典に親しめるよう配慮することを示している。

> カ 書写の指導については,第2の内容に定めるほか,次のとおり取り扱うこと。
> (ア) 文字を正しく整えて書くことができるようにするとともに,書写の能力を学習や生活に役立てる態度を育てるよう配慮すること。
> (イ) 硬筆を使用する書写の指導は各学年で行うこと。
> (ウ) 毛筆を使用する書写の指導は第3学年以上の各学年で行い,各学年年間30単位時間程度を配当するとともに,毛筆を使用する書写の指導は硬筆による書写の能力の基礎を養うよう指導すること。
> (エ) 第1学年及び第2学年の(3)のウの(イ)の指導については,適切に運筆する能力の向上につながるよう,指導を工夫すること。

書写に関する事項の取扱いを示している。

(ア)は,書写の指導におけるねらいを明確にしたものである。文字を正しく整えて書くことができるようにすることに加えて,書写の学習で身に付けた資質・能力を,各教科等の学習や生活の様々な場面で積極的に生かす態度を育成することを求めている。様々な場面とは,例えば,学習した内容をノートに書いたり調べたことを模造紙にまとめたりすること,親しい人に手紙を書くことなどが考えられる。また,我が国の伝統文化である書き初めに取り組むことなどを通して,書写の能力が生活の中の様々な行事に生きていることを実感することも大切である。

(イ)は,硬筆を使用する書写の指導は各学年で行うことを示している。必要に応じて,取り立てて指導したり〔思考力,判断力,表現力等〕に示す事項と関連付けて指導したりして,確実に実施することが必要である。

(ウ)は,毛筆を使用する書写の指導に配当する授業時数は,第3学年以上に年

間30単位時間程度とすることを示している。指導計画を作成するに当たっては，毛筆と硬筆とを相互に関連させた指導を工夫する必要がある。

毛筆を使用する書写の指導は硬筆による書写の能力の基礎を養うよう指導するとあるのは，毛筆を使用して書写の指導を行うことのねらいを明確にしたものである。毛筆を使用する書写の指導が，毛筆書写の能力の育成で完結してしまわないように，毛筆と硬筆との関連的な指導を一層工夫することを求めている。毛筆で文字を正しく整えて書くことができるようにすることは，日常生活における硬筆による書写の能力を高める基礎となる。また，このことは，我が国の豊かな文字文化を理解し，継承，創造していくための基礎ともなる。

(エ)は，第1学年及び第2学年の〔知識及び技能〕の(3)ウ(イ)における「点画の書き方や文字の形に注意しながら」書くことの指導について，適切に運筆する能力の向上につながるよう，指導を工夫することを示している。水書用筆等を使用した運筆指導を取り入れるなど，早い段階から硬筆書写の能力を高めるための関連的な指導を工夫することが望ましい。水書用筆は，扱いが簡便で弾力性に富み，時間の経過とともに筆跡が消えるという特性をもっている。その特性を生かして，「点画」の始筆から，送筆，終筆（とめ，はね，はらい）までの一連の動作を繰り返し練習することは，学習活動や日常生活において，硬筆で適切に運筆する習慣の定着につながる。また，水書用筆等を使用する指導は，第3学年から始まる毛筆を使用する書写の指導への移行を円滑にすることにもつながる。

○情報機器の活用に関する事項

> (2) 第2の内容の指導に当たっては，児童がコンピュータや情報通信ネットワークを積極的に活用する機会を設けるなどして，指導の効果を高めるよう工夫すること。

コンピュータや情報通信ネットワークの活用について示している。情報化社会の進展を見据え，国語科の学習においても，情報収集や情報発信の手段として，インターネットや電子辞書等の活用，コンピュータによる発表資料の作成やプロジェクターによる提示など，コンピュータや情報通信ネットワークを活用する機会を設けることが重要である。

○学校図書館などの活用に関する事項

> (3) 第2の内容の指導に当たっては，学校図書館などを目的をもって計画的

> に利用しその機能の活用を図るようにすること。その際，本などの種類や配置，探し方について指導するなど，児童が必要な本などを選ぶことができるよう配慮すること。なお，児童が読む図書については，人間形成のため偏りがないよう配慮して選定すること。

　学校図書館は，児童の読書活動や児童への読書指導の場である「読書センター」，児童の学習活動を支援したり授業の内容を豊かにしてその理解を深めたりする「学習センター」，児童や教職員の情報ニーズに対応したり児童の情報の収集・選択・活用能力を育成したりする「情報センター」としての機能を有している。

　〔知識及び技能〕及び〔思考力，判断力，表現力等〕に示す事項の指導に当たっては，学校図書館などを利用する目的を明確にした上で計画的に利用し，これらの機能の活用を図ることが必要である。

　学校図書館などを利用する際には，児童が必要な本や資料などを選ぶことができるよう，本などの種類や配置，探し方について指導することが重要である。本などの種類としては，物語や伝記，自然科学や社会科学に関する本，雑誌，図鑑や事典など多様なものがある。国語科の学習の中で本などを選ぶ際に，本などがその種類や著者名などによって配置されていることを理解し，題名や目次，索引などを手掛かりに必要な本などを探す指導を行うことが効果的である。

　児童が読む図書の選定に当たっては，人間形成のため幅広く，偏りがないようにし，豊かな人間性の育成に資するよう配慮する必要がある。

3 教材についての配慮事項

> 3 教材については、次の事項に留意するものとする。
> (1) 教材は、第2の各学年の目標及び内容に示す資質・能力を偏りなく養うことや読書に親しむ態度の育成を通して読書習慣を形成することをねらいとし、児童の発達の段階に即して適切な話題や題材を精選して調和的に取り上げること。また、第2の各学年の内容の〔思考力、判断力、表現力等〕の「A話すこと・聞くこと」、「B書くこと」及び「C読むこと」のそれぞれの(2)に掲げる言語活動が十分行われるよう教材を選定すること。

　教科及び各学年の目標、〔知識及び技能〕及び〔思考力、判断力、表現力等〕に示す資質・能力を偏りなく養うことや読書に親しむ態度の育成をねらいとして、教材を選定することを示している。児童の発達の段階に即して適切な話題や題材、話や文章の種類などを調和的に選定し、特に〔思考力、判断力、表現力等〕においては、各領域の指導が適切に行われるよう、年間を通してバランスよく教材を配当することが重要である。

　また、〔思考力、判断力、表現力等〕の各領域の指導の充実を図るため、各領域の(2)に例示している言語活動が十分に行われるよう、教材を偏りなく取り上げるように配慮することを示している。

> (2) 教材は、次のような観点に配慮して取り上げること。
> ア 国語に対する関心を高め、国語を尊重する態度を育てるのに役立つこと。
> イ 伝え合う力、思考力や想像力及び言語感覚を養うのに役立つこと。
> ウ 公正かつ適切に判断する能力や態度を育てるのに役立つこと。
> エ 科学的、論理的に物事を捉え考察し、視野を広げるのに役立つこと。
> オ 生活を明るくし、強く正しく生きる意志を育てるのに役立つこと。
> カ 生命を尊重し、他人を思いやる心を育てるのに役立つこと。
> キ 自然を愛し、美しいものに感動する心を育てるのに役立つこと。
> ク 我が国の伝統と文化に対する理解と愛情を育てるのに役立つこと。
> ケ 日本人としての自覚をもって国を愛し、国家、社会の発展を願う態度を育てるのに役立つこと。

> コ　世界の風土や文化などを理解し，国際協調の精神を養うのに役立つこと。

　教材選定に当たっては，内容の面でも教材の話題，題材を偏りなく選定するよう，10項目の観点を示している。国語を尊重する態度に関わるもの，国語科の目標や内容に関わるもの，児童の内面的な生き方や豊かな心に関わるもの，我が国の伝統と文化に関わるもの，我が国を愛することや国際理解や協調に関わるものなどである。

> (3)　第2の各学年の内容の〔思考力，判断力，表現力等〕の「C読むこと」の教材については，各学年で説明的な文章や文学的な文章などの文章の種類を調和的に取り扱うこと。また，説明的な文章については，適宜，図表や写真などを含むものを取り上げること。

　〔思考力，判断力，表現力等〕の「C読むこと」の教材について，児童の発達や学習の状況に応じて，説明的な文章や文学的な文章などの文章の種類を調和的に取り扱うことを示している。

　また，実生活においては，図表や写真などを伴う文章が多いことから，指導のねらいに応じて，適宜，取り上げることを示している。図表や写真などを含むものとは，異なる形式で書かれた文章が組み合わされているもの，概念図や模式図，地図，表，グラフなどの様々な種類の図表や写真を伴う文章が挙げられる。これらの関係には，断片的な情報が互いに内容を補完し合っている場合，文章が図表などの解説になっている場合などがある。なお，取り上げる場合には，表やグラフの読み取りが学習の中心となるなど，他教科等において行うべき指導とならないよう留意する必要がある。

付録

目次

- 付録1：学校教育法施行規則（抄）
- 付録2：小学校学習指導要領　第1章　総則
- 付録3：小学校学習指導要領　第2章　第1節　国語
- 付録4：教科の目標, 各学年の目標及び内容の系統表(小・中学校国語科)
- 付録5：中学校学習指導要領　第2章　第1節　国語
- 付録6：小学校学習指導要領　第2章　第10節　外国語
- 付録7：小学校学習指導要領　第4章　外国語活動
- 付録8：小学校学習指導要領　第3章　特別の教科　道徳
- 付録9：「道徳の内容」の学年段階・学校段階の一覧表
- 付録10：幼稚園教育要領

学校教育法施行規則（抄）

昭和二十二年五月二十三日文部省令第十一号
一部改正：平成二十九年三月三十一日文部科学省令第二十号
平成三十年八月二十七日文部科学省令第二十七号

第四章　小学校

第二節　教育課程

第五十条　小学校の教育課程は，国語，社会，算数，理科，生活，音楽，図画工作，家庭，体育及び外国語の各教科（以下この節において「各教科」という。），特別の教科である道徳，外国語活動，総合的な学習の時間並びに特別活動によつて編成するものとする。

2　私立の小学校の教育課程を編成する場合は，前項の規定にかかわらず，宗教を加えることができる。この場合においては，宗教をもつて前項の特別の教科である道徳に代えることができる。

第五十一条　小学校（第五十二条の二第二項に規定する中学校連携型小学校及び第七十九条の九第二項に規定する中学校併設型小学校を除く。）の各学年における各教科，特別の教科である道徳，外国語活動，総合的な学習の時間及び特別活動のそれぞれの授業時数並びに各学年におけるこれらの総授業時数は，別表第一に定める授業時数を標準とする。

第五十二条　小学校の教育課程については，この節に定めるもののほか，教育課程の基準として文部科学大臣が別に公示する小学校学習指導要領によるものとする。

第五十三条　小学校においては，必要がある場合には，一部の各教科について，これらを合わせて授業を行うことができる。

第五十四条　児童が心身の状況によつて履修することが困難な各教科は，その児童の心身の状況に適合するように課さなければならない。

第五十五条　小学校の教育課程に関し，その改善に資する研究を行うため特に必要があり，かつ，児童の教育上適切な配慮がなされていると文部科学大臣が認める場合においては，文部科学大臣が別に定めるところにより，第五十条第一項，第五十一条（中学校連携型小学校にあつては第五十二条の三，第七十九条の九第二項に規定する中学校併設型小学校にあつては第七十九条の十二において準用する第七十九条の五第一項）又は第五十二条の規定によらないことができる。

第五十五条の二　文部科学大臣が，小学校において，当該小学校又は当該小学校が設置されている地域の実態に照らし，より効果的な教育を実施するため，当該小学校又は当該地域の特色を生かした特別の教育課程を編成して教育を実施する必要があり，かつ，当該特別の教育課程について，教育基本法（平成十八年法律第百二十号）及び学校教育法第三十条第一項の規定等に照らして適切であり，児童の教育上適切な配慮がなされているものとして文部科学大臣が定める基準を満たしていると認める場合においては，文部科学大臣が別に定めるところにより，第五十条第一項，第五十一条（中学校連携型小学校にあつては第五十二条の三，第七十九条の九第二項に規定する中学校併設型小学校にあつては第七十九条の十二において準用する第七十九条の五第一項）又は第五十二条の規定の全部又は一部によらないことができる。

第五十六条　小学校において，学校生活への適応が困難であるため相当の期間小学校を欠席し引き続き欠席すると認められる児童を対象として，その実態に配慮した特別の教育課程を編成し

て教育を実施する必要があると文部科学大臣が認める場合においては，文部科学大臣が別に定めるところにより，第五十条第一項，第五十一条（中学校連携型小学校にあつては第五十二条の三，第七十九条の九第二項に規定する中学校併設型小学校にあつては第七十九条の十二において準用する第七十九条の五第一項）又は第五十二条の規定によらないことができる。

第五十六条の二　小学校において，日本語に通じない児童のうち，当該児童の日本語を理解し，使用する能力に応じた特別の指導を行う必要があるものを教育する場合には，文部科学大臣が別に定めるところにより，第五十条第一項，第五十一条（中学校連携型小学校にあつては第五十二条の三，第七十九条の九第二項に規定する中学校併設型小学校にあつては第七十九条の十二において準用する第七十九条の五第一項）及び第五十二条の規定にかかわらず，特別の教育課程によることができる。

第五十六条の三　前条の規定により特別の教育課程による場合においては，校長は，児童が設置者の定めるところにより他の小学校，義務教育学校の前期課程又は特別支援学校の小学部において受けた授業を，当該児童の在学する小学校において受けた当該特別の教育課程に係る授業とみなすことができる。

第五十六条の四　小学校において，学齢を経過した者のうち，その者の年齢，経験又は勤労の状況その他の実情に応じた特別の指導を行う必要があるものを夜間その他特別の時間において教育する場合には，文部科学大臣が別に定めるところにより，第五十条第一項，第五十一条（中学校連携型小学校にあつては第五十二条の三，第七十九条の九第二項に規定する中学校併設型小学校にあつては第七十九条の十二において準用する第七十九条の五第一項）及び第五十二条の規定にかかわらず，特別の教育課程によることができる。

第三節　学年及び授業日

第六十一条　公立小学校における休業日は，次のとおりとする。ただし，第三号に掲げる日を除き，当該学校を設置する地方公共団体の教育委員会（公立大学法人の設置する小学校にあつては，当該公立大学法人の理事長。第三号において同じ。）が必要と認める場合は，この限りでない。
一　国民の祝日に関する法律（昭和二十三年法律第百七十八号）に規定する日
二　日曜日及び土曜日
三　学校教育法施行令第二十九条第一項の規定により教育委員会が定める日

第六十二条　私立小学校における学期及び休業日は，当該学校の学則で定める。

第八章　特別支援教育

第百三十四条の二　校長は，特別支援学校に在学する児童等について個別の教育支援計画（学校と医療，保健，福祉，労働等に関する業務を行う関係機関及び民間団体（次項において「関係機関等」という。）との連携の下に行う当該児童等に対する長期的な支援に関する計画をいう。）を作成しなければならない。
2　校長は，前項の規定により個別の教育支援計画を作成するに当たつては，当該児童等又はその保護者の意向を踏まえつつ，あらかじめ，関係機関等と当該児童等の支援に関する必要な情

報の共有を図らなければならない。

第百三十八条　小学校，中学校若しくは義務教育学校又は中等教育学校の前期課程における特別支援学級に係る教育課程については，特に必要がある場合は，第五十条第一項（第七十九条の六第一項において準用する場合を含む。），第五十一条，第五十二条（第七十九条の六第一項において準用する場合を含む。），第五十二条の三，第七十二条（第七十九条の六第二項及び第百八条第一項において準用する場合を含む。），第七十三条，第七十四条（第七十九条の六第二項及び第百八条第一項において準用する場合を含む。），第七十四条の三，第七十六条，第七十九条の五（第七十九条の十二において準用する場合を含む。）及び第百七条（第百十七条において準用する場合を含む。）の規定にかかわらず，特別の教育課程によることができる。

第百三十九条の二　第百三十四条の二の規定は，小学校，中学校若しくは義務教育学校又は中等教育学校の前期課程における特別支援学級の児童又は生徒について準用する。

第百四十条　小学校，中学校，義務教育学校，高等学校又は中等教育学校において，次の各号のいずれかに該当する児童又は生徒（特別支援学級の児童及び生徒を除く。）のうち当該障害に応じた特別の指導を行う必要があるものを教育する場合には，文部科学大臣が別に定めるところにより，第五十条第一項（第七十九条の六第一項において準用する場合を含む。），第五十一条，第五十二条（第七十九条の六第一項において準用する場合を含む。），第五十二条の三，第七十二条（第七十九条の六第二項及び第百八条第一項において準用する場合を含む。），第七十三条，第七十四条（第七十九条の六第二項及び第百八条第一項において準用する場合を含む。），第七十四条の三，第七十六条，第七十九条の五（第七十九条の十二において準用する場合を含む。），第八十三条及び第八十四条（第百八条第二項において準用する場合を含む。）並びに第百七条（第百十七条において準用する場合を含む。）の規定にかかわらず，特別の教育課程によることができる。

一　言語障害者
二　自閉症者
三　情緒障害者
四　弱視者
五　難聴者
六　学習障害者
七　注意欠陥多動性障害者
八　その他障害のある者で，この条の規定により特別の教育課程による教育を行うことが適当なもの

第百四十一条　前条の規定により特別の教育課程による場合においては，校長は，児童又は生徒が，当該小学校，中学校，義務教育学校，高等学校又は中等教育学校の設置者の定めるところにより他の小学校，中学校，義務教育学校，高等学校，中等教育学校又は特別支援学校の小学部，中学部若しくは高等部において受けた授業を，当該小学校，中学校，義務教育学校，高等学校又は中等教育学校において受けた当該特別の教育課程に係る授業とみなすことができる。

第百四十一条の二　第百三十四条の二の規定は，第百四十条の規定により特別の指導が行われている児童又は生徒について準用する。

附則（平成二十九年三月三十一日文部科学省令第二十号）

この省令は，平成三十二年四月一日から施行する。

別表第一（第五十一条関係）

区分		第1学年	第2学年	第3学年	第4学年	第5学年	第6学年
各教科の授業時数	国語	306	315	245	245	175	175
	社会			70	90	100	105
	算数	136	175	175	175	175	175
	理科			90	105	105	105
	生活	102	105				
	音楽	68	70	60	60	50	50
	図画工作	68	70	60	60	50	50
	家庭					60	55
	体育	102	105	105	105	90	90
	外国語					70	70
特別の教科である道徳の授業時数		34	35	35	35	35	35
外国語活動の授業時数				35	35		
総合的な学習の時間の授業時数				70	70	70	70
特別活動の授業時数		34	35	35	35	35	35
総授業時数		850	910	980	1015	1015	1015

備考
　一　この表の授業時数の一単位時間は，四十五分とする。
　二　特別活動の授業時数は，小学校学習指導要領で定める学級活動（学校給食に係るものを除く。）に充てるものとする。
　三　第五十条第二項の場合において，特別の教科である道徳のほかに宗教を加えるときは，宗教の授業時数をもつてこの表の特別の教科である道徳の授業時数の一部に代えることができる。（別表第二及び別表第四の場合においても同様とする。）

小学校学習指導要領 第1章 総則

第1 小学校教育の基本と教育課程の役割

1　各学校においては，教育基本法及び学校教育法その他の法令並びにこの章以下に示すところに従い，児童の人間として調和のとれた育成を目指し，児童の心身の発達の段階や特性及び学校や地域の実態を十分考慮して，適切な教育課程を編成するものとし，これらに掲げる目標を達成するよう教育を行うものとする。

2　学校の教育活動を進めるに当たっては，各学校において，第3の1に示す主体的・対話的で深い学びの実現に向けた授業改善を通して，創意工夫を生かした特色ある教育活動を展開する中で，次の(1)から(3)までに掲げる事項の実現を図り，児童に生きる力を育むことを目指すものとする。

(1)　基礎的・基本的な知識及び技能を確実に習得させ，これらを活用して課題を解決するために必要な思考力，判断力，表現力等を育むとともに，主体的に学習に取り組む態度を養い，個性を生かし多様な人々との協働を促す教育の充実に努めること。その際，児童の発達の段階を考慮して，児童の言語活動など，学習の基盤をつくる活動を充実するとともに，家庭との連携を図りながら，児童の学習習慣が確立するよう配慮すること。

(2)　道徳教育や体験活動，多様な表現や鑑賞の活動等を通して，豊かな心や創造性の涵養を目指した教育の充実に努めること。

　　学校における道徳教育は，特別の教科である道徳（以下「道徳科」という。）を要として学校の教育活動全体を通じて行うものであり，道徳科はもとより，各教科，外国語活動，総合的な学習の時間及び特別活動のそれぞれの特質に応じて，児童の発達の段階を考慮して，適切な指導を行うこと。

　　道徳教育は，教育基本法及び学校教育法に定められた教育の根本精神に基づき，自己の生き方を考え，主体的な判断の下に行動し，自立した人間として他者と共によりよく生きるための基盤となる道徳性を養うことを目標とすること。

　　道徳教育を進めるに当たっては，人間尊重の精神と生命に対する畏敬の念を家庭，学校，その他社会における具体的な生活の中に生かし，豊かな心をもち，伝統と文化を尊重し，それらを育んできた我が国と郷土を愛し，個性豊かな文化の創造を図るとともに，平和で民主的な国家及び社会の形成者として，公共の精神を尊び，社会及び国家の発展に努め，他国を尊重し，国際社会の平和と発展や環境の保全に貢献し未来を拓く主体性のある日本人の育成に資することとなるよう特に留意すること。

(3)　学校における体育・健康に関する指導を，児童の発達の段階を考慮して，学校の教育活動全体を通じて適切に行うことにより，健康で安全な生活と豊かなスポーツライフの実現を目指した教育の充実に努めること。特に，学校における食育の推進並びに体力の向上に関する指導，安全に関する指導及び心身の健康の保持増進に関する指導については，体育科，家庭科及び特別活動の時間はもとより，各教科，道徳科，外国語活動及び総合的な学習の時間などにおいてもそれぞれの特質に応じて適切に行うよう努めること。また，それらの指導を通して，家庭や地域社会との連携を図りながら，日常生活において適切な体育・健康に関する活動の実践を促し，生涯を通じて健康・安全で活力ある生活を送るための基礎が培われるよう配慮すること。

3　2の(1)から(3)までに掲げる事項の実現を図り，豊かな創造性を備え持続可能な社会の創り手となることが期待される児童に，生きる力を育むことを目指すに当たっては，学校教育全体並びに各教科，道徳科，外国語活動，総合的な学習の時間及び特別活動（以下「各教科等」という。ただし，第2の3の(2)のア及びウにおいて，特別活動については学級活動（学校給食に係るものを

除く。）に限る。）の指導を通してどのような資質・能力の育成を目指すのかを明確にしながら，教育活動の充実を図るものとする。その際，児童の発達の段階や特性等を踏まえつつ，次に掲げることが偏りなく実現できるようにするものとする。
(1) 知識及び技能が習得されるようにすること。
(2) 思考力，判断力，表現力等を育成すること。
(3) 学びに向かう力，人間性等を涵養すること。

4 各学校においては，児童や学校，地域の実態を適切に把握し，教育の目的や目標の実現に必要な教育の内容等を教科等横断的な視点で組み立てていくこと，教育課程の実施状況を評価してその改善を図っていくこと，教育課程の実施に必要な人的又は物的な体制を確保するとともにその改善を図っていくことなどを通して，教育課程に基づき組織的かつ計画的に各学校の教育活動の質の向上を図っていくこと（以下「カリキュラム・マネジメント」という。）に努めるものとする。

第2 教育課程の編成

1 各学校の教育目標と教育課程の編成
　教育課程の編成に当たっては，学校教育全体や各教科等における指導を通して育成を目指す資質・能力を踏まえつつ，各学校の教育目標を明確にするとともに，教育課程の編成についての基本的な方針が家庭や地域とも共有されるよう努めるものとする。その際，第5章総合的な学習の時間の第2の1に基づき定められる目標との関連を図るものとする。

2 教科等横断的な視点に立った資質・能力の育成
(1) 各学校においては，児童の発達の段階を考慮し，言語能力，情報活用能力（情報モラルを含む。），問題発見・解決能力等の学習の基盤となる資質・能力を育成していくことができるよう，各教科等の特質を生かし，教科等横断的な視点から教育課程の編成を図るものとする。
(2) 各学校においては，児童や学校，地域の実態及び児童の発達の段階を考慮し，豊かな人生の実現や災害等を乗り越えて次代の社会を形成することに向けた現代的な諸課題に対応して求められる資質・能力を，教科等横断的な視点で育成していくことができるよう，各学校の特色を生かした教育課程の編成を図るものとする。

3 教育課程の編成における共通的事項
(1) 内容等の取扱い
　ア 第2章以下に示す各教科，道徳科，外国語活動及び特別活動の内容に関する事項は，特に示す場合を除き，いずれの学校においても取り扱わなければならない。
　イ 学校において特に必要がある場合には，第2章以下に示していない内容を加えて指導することができる。また，第2章以下に示す内容の取扱いのうち内容の範囲や程度等を示す事項は，全ての児童に対して指導するものとする内容の範囲や程度等を示したものであり，学校において特に必要がある場合には，この事項にかかわらず加えて指導することができる。ただし，これらの場合には，第2章以下に示す各教科，道徳科，外国語活動及び特別活動の目標や内容の趣旨を逸脱したり，児童の負担過重となったりすることのないようにしなければならない。
　ウ 第2章以下に示す各教科，道徳科，外国語活動及び特別活動の内容に掲げる事項の順序は，特に示す場合を除き，指導の順序を示すものではないので，学校においては，その取扱いについて適切な工夫を加えるものとする。
　エ 学年の内容を2学年まとめて示した教科及び外国語活動の内容は，2学年間かけて指導する事項を示したものである。各学校においては，これらの事項を児童や学校，地域の実態に

付録2

　　　　応じ，2学年間を見通して計画的に指導することとし，特に示す場合を除き，いずれかの学年に分けて，又はいずれの学年においても指導するものとする。
　　オ　学校において2以上の学年の児童で編制する学級について特に必要がある場合には，各教科及び道徳科の目標の達成に支障のない範囲内で，各教科及び道徳科の目標及び内容について学年別の順序によらないことができる。
　　カ　道徳科を要として学校の教育活動全体を通じて行う道徳教育の内容は，第3章特別の教科道徳の第2に示す内容とし，その実施に当たっては，第6に示す道徳教育に関する配慮事項を踏まえるものとする。
　(2)　授業時数等の取扱い
　　ア　各教科等の授業は，年間35週（第1学年については34週）以上にわたって行うよう計画し，週当たりの授業時数が児童の負担過重にならないようにするものとする。ただし，各教科等や学習活動の特質に応じ効果的な場合には，夏季，冬季，学年末等の休業日の期間に授業日を設定する場合を含め，これらの授業を特定の期間に行うことができる。
　　イ　特別活動の授業のうち，児童会活動，クラブ活動及び学校行事については，それらの内容に応じ，年間，学期ごと，月ごとなどに適切な授業時数を充てるものとする。
　　ウ　各学校の時間割については，次の事項を踏まえ適切に編成するものとする。
　　　(ｱ)　各教科等のそれぞれの授業の1単位時間は，各学校において，各教科等の年間授業時数を確保しつつ，児童の発達の段階及び各教科等や学習活動の特質を考慮して適切に定めること。
　　　(ｲ)　各教科等の特質に応じ，10分から15分程度の短い時間を活用して特定の教科等の指導を行う場合において，教師が，単元や題材など内容や時間のまとまりを見通した中で，その指導内容の決定や指導の成果の把握と活用等を責任をもって行う体制が整備されているときは，その時間を当該教科等の年間授業時数に含めることができること。
　　　(ｳ)　給食，休憩などの時間については，各学校において工夫を加え，適切に定めること。
　　　(ｴ)　各学校において，児童や学校，地域の実態，各教科等や学習活動の特質等に応じて，創意工夫を生かした時間割を弾力的に編成できること。
　　エ　総合的な学習の時間における学習活動により，特別活動の学校行事に掲げる各行事の実施と同様の成果が期待できる場合においては，総合的な学習の時間における学習活動をもって相当する特別活動の学校行事に掲げる各行事の実施に替えることができる。
　(3)　指導計画の作成等に当たっての配慮事項
　　各学校においては，次の事項に配慮しながら，学校の創意工夫を生かし，全体として，調和のとれた具体的な指導計画を作成するものとする。
　　ア　各教科等の指導内容については，(1)のアを踏まえつつ，単元や題材など内容や時間のまとまりを見通しながら，そのまとめ方や重点の置き方に適切な工夫を加え，第3の1に示す主体的・対話的で深い学びの実現に向けた授業改善を通して資質・能力を育む効果的な指導ができるようにすること。
　　イ　各教科等及び各学年相互間の関連を図り，系統的，発展的な指導ができるようにすること。
　　ウ　学年の内容を2学年まとめて示した教科及び外国語活動については，当該学年間を見通して，児童や学校，地域の実態に応じ，児童の発達の段階を考慮しつつ，効果的，段階的に指導するようにすること。
　　エ　児童の実態等を考慮し，指導の効果を高めるため，児童の発達の段階や指導内容の関連性等を踏まえつつ，合科的・関連的な指導を進めること。
　4　学校段階等間の接続

付録2

教育課程の編成に当たっては，次の事項に配慮しながら，学校段階等間の接続を図るものとする。
(1) 幼児期の終わりまでに育ってほしい姿を踏まえた指導を工夫することにより，幼稚園教育要領等に基づく幼児期の教育を通して育まれた資質・能力を踏まえて教育活動を実施し，児童が主体的に自己を発揮しながら学びに向かうことが可能となるようにすること。

 また，低学年における教育全体において，例えば生活科において育成する自立し生活を豊かにしていくための資質・能力が，他教科等の学習においても生かされるようにするなど，教科等間の関連を積極的に図り，幼児期の教育及び中学年以降の教育との円滑な接続が図られるよう工夫すること。特に，小学校入学当初においては，幼児期において自発的な活動としての遊びを通して育まれてきたことが，各教科等における学習に円滑に接続されるよう，生活科を中心に，合科的・関連的な指導や弾力的な時間割の設定など，指導の工夫や指導計画の作成を行うこと。
(2) 中学校学習指導要領及び高等学校学習指導要領を踏まえ，中学校教育及びその後の教育との円滑な接続が図られるよう工夫すること。特に，義務教育学校，中学校連携型小学校及び中学校併設型小学校においては，義務教育9年間を見通した計画的かつ継続的な教育課程を編成すること。

● 第3 教育課程の実施と学習評価

1 主体的・対話的で深い学びの実現に向けた授業改善
 各教科等の指導に当たっては，次の事項に配慮するものとする。
(1) 第1の3の(1)から(3)までに示すことが偏りなく実現されるよう，単元や題材など内容や時間のまとまりを見通しながら，児童の主体的・対話的で深い学びの実現に向けた授業改善を行うこと。

 特に，各教科等において身に付けた知識及び技能を活用したり，思考力，判断力，表現力等や学びに向かう力，人間性等を発揮させたりして，学習の対象となる物事を捉え思考することにより，各教科等の特質に応じた物事を捉える視点や考え方（以下「見方・考え方」という。）が鍛えられていくことに留意し，児童が各教科等の特質に応じた見方・考え方を働かせながら，知識を相互に関連付けてより深く理解したり，情報を精査して考えを形成したり，問題を見いだして解決策を考えたり，思いや考えを基に創造したりすることに向かう過程を重視した学習の充実を図ること。
(2) 第2の2の(1)に示す言語能力の育成を図るため，各学校において必要な言語環境を整えるとともに，国語科を要としつつ各教科等の特質に応じて，児童の言語活動を充実すること。あわせて，(7)に示すとおり読書活動を充実すること。
(3) 第2の2の(1)に示す情報活用能力の育成を図るため，各学校において，コンピュータや情報通信ネットワークなどの情報手段を活用するために必要な環境を整え，これらを適切に活用した学習活動の充実を図ること。また，各種の統計資料や新聞，視聴覚教材や教育機器などの教材・教具の適切な活用を図ること。

 あわせて，各教科等の特質に応じて，次の学習活動を計画的に実施すること。
 ア 児童がコンピュータで文字を入力するなどの学習の基盤として必要となる情報手段の基本的な操作を習得するための学習活動
 イ 児童がプログラミングを体験しながら，コンピュータに意図した処理を行わせるために必要な論理的思考力を身に付けるための学習活動
(4) 児童が学習の見通しを立てたり学習したことを振り返ったりする活動を，計画的に取り入れ

るように工夫すること。
(5) 児童が生命の有限性や自然の大切さ，主体的に挑戦してみることや多様な他者と協働することの重要性などを実感しながら理解することができるよう，各教科等の特質に応じた体験活動を重視し，家庭や地域社会と連携しつつ体系的・継続的に実施できるよう工夫すること。
(6) 児童が自ら学習課題や学習活動を選択する機会を設けるなど，児童の興味・関心を生かした自主的，自発的な学習が促されるよう工夫すること。
(7) 学校図書館を計画的に利用しその機能の活用を図り，児童の主体的・対話的で深い学びの実現に向けた授業改善に生かすとともに，児童の自主的，自発的な学習活動や読書活動を充実すること。また，地域の図書館や博物館，美術館，劇場，音楽堂等の施設の活用を積極的に図り，資料を活用した情報の収集や鑑賞等の学習活動を充実すること。

2 学習評価の充実
学習評価の実施に当たっては，次の事項に配慮するものとする。
(1) 児童のよい点や進歩の状況などを積極的に評価し，学習したことの意義や価値を実感できるようにすること。また，各教科等の目標の実現に向けた学習状況を把握する観点から，単元や題材など内容や時間のまとまりを見通しながら評価の場面や方法を工夫して，学習の過程や成果を評価し，指導の改善や学習意欲の向上を図り，資質・能力の育成に生かすようにすること。
(2) 創意工夫の中で学習評価の妥当性や信頼性が高められるよう，組織的かつ計画的な取組を推進するとともに，学年や学校段階を越えて児童の学習の成果が円滑に接続されるように工夫すること。

第4 児童の発達の支援

1 児童の発達を支える指導の充実
教育課程の編成及び実施に当たっては，次の事項に配慮するものとする。
(1) 学習や生活の基盤として，教師と児童との信頼関係及び児童相互のよりよい人間関係を育てるため，日頃から学級経営の充実を図ること。また，主に集団の場面で必要な指導や援助を行うガイダンスと，個々の児童の多様な実態を踏まえ，一人一人が抱える課題に個別に対応した指導を行うカウンセリングの双方により，児童の発達を支援すること。
あわせて，小学校の低学年，中学年，高学年の学年の時期の特長を生かした指導の工夫を行うこと。
(2) 児童が，自己の存在感を実感しながら，よりよい人間関係を形成し，有意義で充実した学校生活を送る中で，現在及び将来における自己実現を図っていくことができるよう，児童理解を深め，学習指導と関連付けながら，生徒指導の充実を図ること。
(3) 児童が，学ぶことと自己の将来とのつながりを見通しながら，社会的・職業的自立に向けて必要な基盤となる資質・能力を身に付けていくことができるよう，特別活動を要としつつ各教科等の特質に応じて，キャリア教育の充実を図ること。
(4) 児童が，基礎的・基本的な知識及び技能の習得も含め，学習内容を確実に身に付けることができるよう，児童や学校の実態に応じ，個別学習やグループ別学習，繰り返し学習，学習内容の習熟の程度に応じた学習，児童の興味・関心等に応じた課題学習，補充的な学習や発展的な学習などの学習活動を取り入れることや，教師間の協力による指導体制を確保することなど，指導方法や指導体制の工夫改善により，個に応じた指導の充実を図ること。その際，第3の1の(3)に示す情報手段や教材・教具の活用を図ること。

2 特別な配慮を必要とする児童への指導

(1) 障害のある児童などへの指導
　ア　障害のある児童などについては，特別支援学校等の助言又は援助を活用しつつ，個々の児童の障害の状態等に応じた指導内容や指導方法の工夫を組織的かつ計画的に行うものとする。
　イ　特別支援学級において実施する特別の教育課程については，次のとおり編成するものとする。
　　(ｱ)　障害による学習上又は生活上の困難を克服し自立を図るため，特別支援学校小学部・中学部学習指導要領第7章に示す自立活動を取り入れること。
　　(ｲ)　児童の障害の程度や学級の実態等を考慮の上，各教科の目標や内容を下学年の教科の目標や内容に替えたり，各教科を，知的障害者である児童に対する教育を行う特別支援学校の各教科に替えたりするなどして，実態に応じた教育課程を編成すること。
　ウ　障害のある児童に対して，通級による指導を行い，特別の教育課程を編成する場合には，特別支援学校小学部・中学部学習指導要領第7章に示す自立活動の内容を参考とし，具体的な目標や内容を定め，指導を行うものとする。その際，効果的な指導が行われるよう，各教科等と通級による指導との関連を図るなど，教師間の連携に努めるものとする。
　エ　障害のある児童などについては，家庭，地域及び医療や福祉，保健，労働等の業務を行う関係機関との連携を図り，長期的な視点で児童への教育的支援を行うために，個別の教育支援計画を作成し活用することに努めるとともに，各教科等の指導に当たって，個々の児童の実態を的確に把握し，個別の指導計画を作成し活用することに努めるものとする。特に，特別支援学級に在籍する児童や通級による指導を受ける児童については，個々の児童の実態を的確に把握し，個別の教育支援計画や個別の指導計画を作成し，効果的に活用するものとする。

(2) 海外から帰国した児童などの学校生活への適応や，日本語の習得に困難のある児童に対する日本語指導
　ア　海外から帰国した児童などについては，学校生活への適応を図るとともに，外国における生活経験を生かすなどの適切な指導を行うものとする。
　イ　日本語の習得に困難のある児童については，個々の児童の実態に応じた指導内容や指導方法の工夫を組織的かつ計画的に行うものとする。特に，通級による日本語指導については，教師間の連携に努め，指導についての計画を個別に作成することなどにより，効果的な指導に努めるものとする。

(3) 不登校児童への配慮
　ア　不登校児童については，保護者や関係機関と連携を図り，心理や福祉の専門家の助言又は援助を得ながら，社会的自立を目指す観点から，個々の児童の実態に応じた情報の提供その他の必要な支援を行うものとする。
　イ　相当の期間小学校を欠席し引き続き欠席すると認められる児童を対象として，文部科学大臣が認める特別の教育課程を編成する場合には，児童の実態に配慮した教育課程を編成するとともに，個別学習やグループ別学習など指導方法や指導体制の工夫改善に努めるものとする。

● 第5　学校運営上の留意事項

1　教育課程の改善と学校評価等
　ア　各学校においては，校長の方針の下に，校務分掌に基づき教職員が適切に役割を分担しつつ，相互に連携しながら，各学校の特色を生かしたカリキュラム・マネジメントを行うよう努めるものとする。また，各学校が行う学校評価については，教育課程の編成，実施，改善が教育活動や学校運営の中核となることを踏まえ，カリキュラム・マネジメントと関連付けながら実施するよう留意するものとする。

イ　教育課程の編成及び実施に当たっては，学校保健計画，学校安全計画，食に関する指導の全体計画，いじめの防止等のための対策に関する基本的な方針など，各分野における学校の全体計画等と関連付けながら，効果的な指導が行われるように留意するものとする。
2　家庭や地域社会との連携及び協働と学校間の連携
　教育課程の編成及び実施に当たっては，次の事項に配慮するものとする。
　　ア　学校がその目的を達成するため，学校や地域の実態等に応じ，教育活動の実施に必要な人的又は物的な体制を家庭や地域の人々の協力を得ながら整えるなど，家庭や地域社会との連携及び協働を深めること。また，高齢者や異年齢の子供など，地域における世代を越えた交流の機会を設けること。
　　イ　他の小学校や，幼稚園，認定こども園，保育所，中学校，高等学校，特別支援学校などとの間の連携や交流を図るとともに，障害のある幼児児童生徒との交流及び共同学習の機会を設け，共に尊重し合いながら協働して生活していく態度を育むようにすること。

● 第6　道徳教育に関する配慮事項

　道徳教育を進めるに当たっては，道徳教育の特質を踏まえ，前項までに示す事項に加え，次の事項に配慮するものとする。
1　各学校においては，第1の2の(2)に示す道徳教育の目標を踏まえ，道徳教育の全体計画を作成し，校長の方針の下に，道徳教育の推進を主に担当する教師（以下「道徳教育推進教師」という。）を中心に，全教師が協力して道徳教育を展開すること。なお，道徳教育の全体計画の作成に当たっては，児童や学校，地域の実態を考慮して，学校の道徳教育の重点目標を設定するとともに，道徳科の指導方針，第3章特別の教科道徳の第2に示す内容との関連を踏まえた各教科，外国語活動，総合的な学習の時間及び特別活動における指導の内容及び時期並びに家庭や地域社会との連携の方法を示すこと。
2　各学校においては，児童の発達の段階や特性等を踏まえ，指導内容の重点化を図ること。その際，各学年を通じて，自立心や自律性，生命を尊重する心や他者を思いやる心を育てることに留意すること。また，各学年段階においては，次の事項に留意すること。
(1)　第1学年及び第2学年においては，挨拶などの基本的な生活習慣を身に付けること，善悪を判断し，してはならないことをしないこと，社会生活上のきまりを守ること。
(2)　第3学年及び第4学年においては，善悪を判断し，正しいと判断したことを行うこと，身近な人々と協力し助け合うこと，集団や社会のきまりを守ること。
(3)　第5学年及び第6学年においては，相手の考え方や立場を理解して支え合うこと，法やきまりの意義を理解して進んで守ること，集団生活の充実に努めること，伝統と文化を尊重し，それらを育んできた我が国と郷土を愛するとともに，他国を尊重すること。
3　学校や学級内の人間関係や環境を整えるとともに，集団宿泊活動やボランティア活動，自然体験活動，地域の行事への参加などの豊かな体験を充実すること。また，道徳教育の指導内容が，児童の日常生活に生かされるようにすること。その際，いじめの防止や安全の確保等にも資することとなるよう留意すること。
4　学校の道徳教育の全体計画や道徳教育に関する諸活動などの情報を積極的に公表したり，道徳教育の充実のために家庭や地域の人々の積極的な参加や協力を得たりするなど，家庭や地域社会との共通理解を深め，相互の連携を図ること。

小学校学習指導要領　第2章　第1節　国語

● 第1　目標

　言葉による見方・考え方を働かせ，言語活動を通して，国語で正確に理解し適切に表現する資質・能力を次のとおり育成することを目指す。
(1)　日常生活に必要な国語について，その特質を理解し適切に使うことができるようにする。
(2)　日常生活における人との関わりの中で伝え合う力を高め，思考力や想像力を養う。
(3)　言葉がもつよさを認識するとともに，言語感覚を養い，国語の大切さを自覚し，国語を尊重してその能力の向上を図る態度を養う。

● 第2　各学年の目標及び内容

〔第1学年及び第2学年〕
1　目　標
(1)　日常生活に必要な国語の知識や技能を身に付けるとともに，我が国の言語文化に親しんだり理解したりすることができるようにする。
(2)　順序立てて考える力や感じたり想像したりする力を養い，日常生活における人との関わりの中で伝え合う力を高め，自分の思いや考えをもつことができるようにする。
(3)　言葉がもつよさを感じるとともに，楽しんで読書をし，国語を大切にして，思いや考えを伝え合おうとする態度を養う。

2　内　容
〔知識及び技能〕
(1)　言葉の特徴や使い方に関する次の事項を身に付けることができるよう指導する。
　ア　言葉には，事物の内容を表す働きや，経験したことを伝える働きがあることに気付くこと。
　イ　音節と文字との関係，アクセントによる語の意味の違いなどに気付くとともに，姿勢や口形，発声や発音に注意して話すこと。
　ウ　長音，拗音，促音，撥音などの表記，助詞の「は」，「へ」及び「を」の使い方，句読点の打ち方，かぎ（「　」）の使い方を理解して文や文章の中で使うこと。また，平仮名及び片仮名を読み，書くとともに，片仮名で書く語の種類を知り，文や文章の中で使うこと。
　エ　第1学年においては，別表の学年別漢字配当表（以下「学年別漢字配当表」という。）の第1学年に配当されている漢字を読み，漸次書き，文や文章の中で使うこと。第2学年においては，学年別漢字配当表の第2学年までに配当されている漢字を読むこと。また，第1学年に配当されている漢字を書き，文や文章の中で使うとともに，第2学年に配当されている漢字を漸次書き，文や文章の中で使うこと。
　オ　身近なことを表す語句の量を増し，話や文章の中で使うとともに，言葉には意味による語句のまとまりがあることに気付き，語彙を豊かにすること。
　カ　文の中における主語と述語との関係に気付くこと。
　キ　丁寧な言葉と普通の言葉との違いに気を付けて使うとともに，敬体で書かれた文章に慣れること。
　ク　語のまとまりや言葉の響きなどに気を付けて音読すること。
(2)　話や文章に含まれている情報の扱い方に関する次の事項を身に付けることができるよう指導

する。
- ア　共通，相違，事柄の順序など情報と情報との関係について理解すること。
(3) 我が国の言語文化に関する次の事項を身に付けることができるよう指導する。
- ア　昔話や神話・伝承などの読み聞かせを聞くなどして，我が国の伝統的な言語文化に親しむこと。
- イ　長く親しまれている言葉遊びを通して，言葉の豊かさに気付くこと。
- ウ　書写に関する次の事項を理解し使うこと。
    - (ア)　姿勢や筆記具の持ち方を正しくして書くこと。
    - (イ)　点画の書き方や文字の形に注意しながら，筆順に従って丁寧に書くこと。
    - (ウ)　点画相互の接し方や交わり方，長短や方向などに注意して，文字を正しく書くこと。
- エ　読書に親しみ，いろいろな本があることを知ること。

〔思考力，判断力，表現力等〕

A　話すこと・聞くこと

(1) 話すこと・聞くことに関する次の事項を身に付けることができるよう指導する。
- ア　身近なことや経験したことなどから話題を決め，伝え合うために必要な事柄を選ぶこと。
- イ　相手に伝わるように，行動したことや経験したことに基づいて，話す事柄の順序を考えること。
- ウ　伝えたい事柄や相手に応じて，声の大きさや速さなどを工夫すること。
- エ　話し手が知らせたいことや自分が聞きたいことを落とさないように集中して聞き，話の内容を捉えて感想をもつこと。
- オ　互いの話に関心をもち，相手の発言を受けて話をつなぐこと。

(2) (1)に示す事項については，例えば，次のような言語活動を通して指導するものとする。
- ア　紹介や説明，報告など伝えたいことを話したり，それらを聞いて声に出して確かめたり感想を述べたりする活動。
- イ　尋ねたり応答したりするなどして，少人数で話し合う活動。

B　書くこと

(1) 書くことに関する次の事項を身に付けることができるよう指導する。
- ア　経験したことや想像したことなどから書くことを見付け，必要な事柄を集めたり確かめたりして，伝えたいことを明確にすること。
- イ　自分の思いや考えが明確になるように，事柄の順序に沿って簡単な構成を考えること。
- ウ　語と語や文と文との続き方に注意しながら，内容のまとまりが分かるように書き表し方を工夫すること。
- エ　文章を読み返す習慣を付けるとともに，間違いを正したり，語と語や文と文との続き方を確かめたりすること。
- オ　文章に対する感想を伝え合い，自分の文章の内容や表現のよいところを見付けること。

(2) (1)に示す事項については，例えば，次のような言語活動を通して指導するものとする。
- ア　身近なことや経験したことを報告したり，観察したことを記録したりするなど，見聞きしたことを書く活動。
- イ　日記や手紙を書くなど，思ったことや伝えたいことを書く活動。
- ウ　簡単な物語をつくるなど，感じたことや想像したことを書く活動。

C　読むこと

(1) 読むことに関する次の事項を身に付けることができるよう指導する。
- ア　時間的な順序や事柄の順序などを考えながら，内容の大体を捉えること。

イ　場面の様子や登場人物の行動など，内容の大体を捉えること。
　　ウ　文章の中の重要な語や文を考えて選び出すこと。
　　エ　場面の様子に着目して，登場人物の行動を具体的に想像すること。
　　オ　文章の内容と自分の体験とを結び付けて，感想をもつこと。
　　カ　文章を読んで感じたことや分かったことを共有すること。
(2)　(1)に示す事項については，例えば，次のような言語活動を通して指導するものとする。
　　ア　事物の仕組みを説明した文章などを読み，分かったことや考えたことを述べる活動。
　　イ　読み聞かせを聞いたり物語などを読んだりして，内容や感想などを伝え合ったり，演じたりする活動。
　　ウ　学校図書館などを利用し，図鑑や科学的なことについて書いた本などを読み，分かったことなどを説明する活動。

〔第3学年及び第4学年〕
1　目　標
(1)　日常生活に必要な国語の知識や技能を身に付けるとともに，我が国の言語文化に親しんだり理解したりすることができるようにする。
(2)　筋道立てて考える力や豊かに感じたり想像したりする力を養い，日常生活における人との関わりの中で伝え合う力を高め，自分の思いや考えをまとめることができるようにする。
(3)　言葉がもつよさに気付くとともに，幅広く読書をし，国語を大切にして，思いや考えを伝え合おうとする態度を養う。

2　内　容
〔知識及び技能〕
(1)　言葉の特徴や使い方に関する次の事項を身に付けることができるよう指導する。
　　ア　言葉には，考えたことや思ったことを表す働きがあることに気付くこと。
　　イ　相手を見て話したり聞いたりするとともに，言葉の抑揚や強弱，間の取り方などに注意して話すこと。
　　ウ　漢字と仮名を用いた表記，送り仮名の付け方，改行の仕方を理解して文や文章の中で使うとともに，句読点を適切に打つこと。また，第3学年においては，日常使われている簡単な単語について，ローマ字で表記されたものを読み，ローマ字で書くこと。
　　エ　第3学年及び第4学年の各学年においては，学年別漢字配当表の当該学年までに配当されている漢字を読むこと。また，当該学年の前の学年までに配当されている漢字を書き，文や文章の中で使うとともに，当該学年に配当されている漢字を漸次書き，文や文章の中で使うこと。
　　オ　様子や行動，気持ちや性格を表す語句の量を増し，話や文章の中で使うとともに，言葉には性質や役割による語句のまとまりがあることを理解し，語彙を豊かにすること。
　　カ　主語と述語との関係，修飾と被修飾との関係，指示する語句と接続する語句の役割，段落の役割について理解すること。
　　キ　丁寧な言葉を使うとともに，敬体と常体との違いに注意しながら書くこと。
　　ク　文章全体の構成や内容の大体を意識しながら音読すること。
(2)　話や文章に含まれている情報の扱い方に関する次の事項を身に付けることができるよう指導する。
　　ア　考えとそれを支える理由や事例，全体と中心など情報と情報との関係について理解すること。

イ　比較や分類の仕方，必要な語句などの書き留め方，引用の仕方や出典の示し方，辞書や事典の使い方を理解し使うこと。
(3) 我が国の言語文化に関する次の事項を身に付けることができるよう指導する。
　ア　易しい文語調の短歌や俳句を音読したり暗唱したりするなどして，言葉の響きやリズムに親しむこと。
　イ　長い間使われてきたことわざや慣用句，故事成語などの意味を知り，使うこと。
　ウ　漢字が，へんやつくりなどから構成されていることについて理解すること。
　エ　書写に関する次の事項を理解し使うこと。
　　(ア)　文字の組立て方を理解し，形を整えて書くこと。
　　(イ)　漢字や仮名の大きさ，配列に注意して書くこと。
　　(ウ)　毛筆を使用して点画の書き方への理解を深め，筆圧などに注意して書くこと。
　オ　幅広く読書に親しみ，読書が，必要な知識や情報を得ることに役立つことに気付くこと。
〔思考力，判断力，表現力等〕
A　話すこと・聞くこと
(1) 話すこと・聞くことに関する次の事項を身に付けることができるよう指導する。
　ア　目的を意識して，日常生活の中から話題を決め，集めた材料を比較したり分類したりして，伝え合うために必要な事柄を選ぶこと。
　イ　相手に伝わるように，理由や事例などを挙げながら，話の中心が明確になるよう話の構成を考えること。
　ウ　話の中心や話す場面を意識して，言葉の抑揚や強弱，間の取り方などを工夫すること。
　エ　必要なことを記録したり質問したりしながら聞き，話し手が伝えたいことや自分が聞きたいことの中心を捉え，自分の考えをもつこと。
　オ　目的や進め方を確認し，司会などの役割を果たしながら話し合い，互いの意見の共通点や相違点に着目して，考えをまとめること。
(2) (1)に示す事項については，例えば，次のような言語活動を通して指導するものとする。
　ア　説明や報告など調べたことを話したり，それらを聞いたりする活動。
　イ　質問するなどして情報を集めたり，それらを発表したりする活動。
　ウ　互いの考えを伝えるなどして，グループや学級全体で話し合う活動。
B　書くこと
(1) 書くことに関する次の事項を身に付けることができるよう指導する。
　ア　相手や目的を意識して，経験したことや想像したことなどから書くことを選び，集めた材料を比較したり分類したりして，伝えたいことを明確にすること。
　イ　書く内容の中心を明確にし，内容のまとまりで段落をつくったり，段落相互の関係に注意したりして，文章の構成を考えること。
　ウ　自分の考えとそれを支える理由や事例との関係を明確にして，書き表し方を工夫すること。
　エ　間違いを正したり，相手や目的を意識した表現になっているかを確かめたりして，文や文章を整えること。
　オ　書こうとしたことが明確になっているかなど，文章に対する感想や意見を伝え合い，自分の文章のよいところを見付けること。
(2) (1)に示す事項については，例えば，次のような言語活動を通して指導するものとする。
　ア　調べたことをまとめて報告するなど，事実やそれを基に考えたことを書く活動。
　イ　行事の案内やお礼の文章を書くなど，伝えたいことを手紙に書く活動。
　ウ　詩や物語をつくるなど，感じたことや想像したことを書く活動。

C　読むこと
(1) 読むことに関する次の事項を身に付けることができるよう指導する。
　ア　段落相互の関係に着目しながら，考えとそれを支える理由や事例との関係などについて，叙述を基に捉えること。
　イ　登場人物の行動や気持ちなどについて，叙述を基に捉えること。
　ウ　目的を意識して，中心となる語や文を見付けて要約すること。
　エ　登場人物の気持ちの変化や性格，情景について，場面の移り変わりと結び付けて具体的に想像すること。
　オ　文章を読んで理解したことに基づいて，感想や考えをもつこと。
　カ　文章を読んで感じたことや考えたことを共有し，一人一人の感じ方などに違いがあることに気付くこと。
(2) (1)に示す事項については，例えば，次のような言語活動を通して指導するものとする。
　ア　記録や報告などの文章を読み，文章の一部を引用して，分かったことや考えたことを説明したり，意見を述べたりする活動。
　イ　詩や物語などを読み，内容を説明したり，考えたことなどを伝え合ったりする活動。
　ウ　学校図書館などを利用し，事典や図鑑などから情報を得て，分かったことなどをまとめて説明する活動。

〔第5学年及び第6学年〕

1　目標

(1) 日常生活に必要な国語の知識や技能を身に付けるとともに，我が国の言語文化に親しんだり理解したりすることができるようにする。
(2) 筋道立てて考える力や豊かに感じたり想像したりする力を養い，日常生活における人との関わりの中で伝え合う力を高め，自分の思いや考えを広げることができるようにする。
(3) 言葉がもつよさを認識するとともに，進んで読書をし，国語の大切さを自覚して，思いや考えを伝え合おうとする態度を養う。

2　内容

〔知識及び技能〕
(1) 言葉の特徴や使い方に関する次の事項を身に付けることができるよう指導する。
　ア　言葉には，相手とのつながりをつくる働きがあることに気付くこと。
　イ　話し言葉と書き言葉との違いに気付くこと。
　ウ　文や文章の中で漢字と仮名を適切に使い分けるとともに，送り仮名や仮名遣いに注意して正しく書くこと。
　エ　第5学年及び第6学年の各学年においては，学年別漢字配当表の当該学年までに配当されている漢字を読むこと。また，当該学年の前の学年までに配当されている漢字を書き，文や文章の中で使うとともに，当該学年に配当されている漢字を漸次書き，文や文章の中で使うこと。
　オ　思考に関わる語句の量を増し，話や文章の中で使うとともに，語句と語句との関係，語句の構成や変化について理解し，語彙を豊かにすること。また，語感や言葉の使い方に対する感覚を意識して，語や語句を使うこと。
　カ　文の中での語句の係り方や語順，文と文との接続の関係，話や文章の構成や展開，話や文章の種類とその特徴について理解すること。

キ　日常よく使われる敬語を理解し使い慣れること。
ク　比喩や反復などの表現の工夫に気付くこと。
ケ　文章を音読したり朗読したりすること。

(2) 話や文章に含まれている情報の扱い方に関する次の事項を身に付けることができるよう指導する。

ア　原因と結果など情報と情報との関係について理解すること。
イ　情報と情報との関係付けの仕方、図などによる語句と語句との関係の表し方を理解し使うこと。

(3) 我が国の言語文化に関する次の事項を身に付けることができるよう指導する。

ア　親しみやすい古文や漢文、近代以降の文語調の文章を音読するなどして、言葉の響きやリズムに親しむこと。
イ　古典について解説した文章を読んだり作品の内容の大体を知ったりすることを通して、昔の人のものの見方や感じ方を知ること。
ウ　語句の由来などに関心をもつとともに、時間の経過による言葉の変化や世代による言葉の違いに気付き、共通語と方言との違いを理解すること。また、仮名及び漢字の由来、特質などについて理解すること。
エ　書写に関する次の事項を理解し使うこと。
　(ｱ)　用紙全体との関係に注意して、文字の大きさや配列などを決めるとともに、書く速さを意識して書くこと。
　(ｲ)　毛筆を使用して、穂先の動きと点画のつながりを意識して書くこと。
　(ｳ)　目的に応じて使用する筆記具を選び、その特徴を生かして書くこと。
オ　日常的に読書に親しみ、読書が、自分の考えを広げることに役立つことに気付くこと。

〔思考力、判断力、表現力等〕

A　話すこと・聞くこと

(1) 話すこと・聞くことに関する次の事項を身に付けることができるよう指導する。

ア　目的や意図に応じて、日常生活の中から話題を決め、集めた材料を分類したり関係付けたりして、伝え合う内容を検討すること。
イ　話の内容が明確になるように、事実と感想、意見とを区別するなど、話の構成を考えること。
ウ　資料を活用するなどして、自分の考えが伝わるように表現を工夫すること。
エ　話し手の目的や自分が聞こうとする意図に応じて、話の内容を捉え、話し手の考えと比較しながら、自分の考えをまとめること。
オ　互いの立場や意図を明確にしながら計画的に話し合い、考えを広げたりまとめたりすること。

(2) (1)に示す事項については、例えば、次のような言語活動を通して指導するものとする。

ア　意見や提案など自分の考えを話したり、それらを聞いたりする活動。
イ　インタビューなどをして必要な情報を集めたり、それらを発表したりする活動。
ウ　それぞれの立場から考えを伝えるなどして話し合う活動。

B　書くこと

(1) 書くことに関する次の事項を身に付けることができるよう指導する。

ア　目的や意図に応じて、感じたことや考えたことなどから書くことを選び、集めた材料を分類したり関係付けたりして、伝えたいことを明確にすること。
イ　筋道の通った文章となるように、文章全体の構成や展開を考えること。
ウ　目的や意図に応じて簡単に書いたり詳しく書いたりするとともに、事実と感想、意見とを区別して書いたりするなど、自分の考えが伝わるように書き表し方を工夫すること。

エ　引用したり，図表やグラフなどを用いたりして，自分の考えが伝わるように書き表し方を工夫すること。
　　オ　文章全体の構成や書き表し方などに着目して，文や文章を整えること。
　　カ　文章全体の構成や展開が明確になっているかなど，文章に対する感想や意見を伝え合い，自分の文章のよいところを見付けること。
　(2)　(1)に示す事項については，例えば，次のような言語活動を通して指導するものとする。
　　ア　事象を説明したり意見を述べたりするなど，考えたことや伝えたいことを書く活動。
　　イ　短歌や俳句をつくるなど，感じたことや想像したことを書く活動。
　　ウ　事実や経験を基に，感じたり考えたりしたことや自分にとっての意味について文章に書く活動。
C　読むこと
　(1)　読むことに関する次の事項を身に付けることができるよう指導する。
　　ア　事実と感想，意見などとの関係を叙述を基に押さえ，文章全体の構成を捉えて要旨を把握すること。
　　イ　登場人物の相互関係や心情などについて，描写を基に捉えること。
　　ウ　目的に応じて，文章と図表などを結び付けるなどして必要な情報を見付けたり，論の進め方について考えたりすること。
　　エ　人物像や物語などの全体像を具体的に想像したり，表現の効果を考えたりすること。
　　オ　文章を読んで理解したことに基づいて，自分の考えをまとめること。
　　カ　文章を読んでまとめた意見や感想を共有し，自分の考えを広げること。
　(2)　(1)に示す事項については，例えば，次のような言語活動を通して指導するものとする。
　　ア　説明や解説などの文章を比較するなどして読み，分かったことや考えたことを，話し合ったり文章にまとめたりする活動。
　　イ　詩や物語，伝記などを読み，内容を説明したり，自分の生き方などについて考えたことを伝え合ったりする活動。
　　ウ　学校図書館などを利用し，複数の本や新聞などを活用して，調べたり考えたりしたことを報告する活動。

● 第3　指導計画の作成と内容の取扱い

1　指導計画の作成に当たっては，次の事項に配慮するものとする。
　(1)　単元など内容や時間のまとまりを見通して，その中で育む資質・能力の育成に向けて，児童の主体的・対話的で深い学びの実現を図るようにすること。その際，言葉による見方・考え方を働かせ，言語活動を通して，言葉の特徴や使い方などを理解し自分の思いや考えを深める学習の充実を図ること。
　(2)　第2の各学年の内容の指導については，必要に応じて当該学年より前の学年において初歩的な形で取り上げたり，その後の学年で程度を高めて取り上げたりするなどして，弾力的に指導すること。
　(3)　第2の各学年の内容の〔知識及び技能〕に示す事項については，〔思考力，判断力，表現力等〕に示す事項の指導を通して指導することを基本とし，必要に応じて，特定の事項だけを取り上げて指導したり，それらをまとめて指導したりするなど，指導の効果を高めるよう工夫すること。なお，その際，第1章総則の第2の3の(2)のウの(イ)に掲げる指導を行う場合には，当該指導のねらいを明確にするとともに，単元など内容や時間のまとまりを見通して資質・能

力が偏りなく育成されるよう計画的に指導すること。

(4) 第2の各学年の内容の〔思考力，判断力，表現力等〕の「A話すこと・聞くこと」に関する指導については，意図的，計画的に指導する機会が得られるように，第1学年及び第2学年では年間35単位時間程度，第3学年及び第4学年では年間30単位時間程度，第5学年及び第6学年では年間25単位時間程度を配当すること。その際，音声言語のための教材を活用するなどして指導の効果を高めるよう工夫すること。

(5) 第2の各学年の内容の〔思考力，判断力，表現力等〕の「B書くこと」に関する指導については，第1学年及び第2学年では年間100単位時間程度，第3学年及び第4学年では年間85単位時間程度，第5学年及び第6学年では年間55単位時間程度を配当すること。その際，実際に文章を書く活動をなるべく多くすること。

(6) 第2の第1学年及び第2学年の内容の〔知識及び技能〕の(3)のエ，第3学年及び第4学年，第5学年及び第6学年の内容の〔知識及び技能〕の(3)のオ及び各学年の内容の〔思考力，判断力，表現力等〕の「C読むこと」に関する指導については，読書意欲を高め，日常生活において読書活動を活発に行うようにするとともに，他教科等の学習における読書の指導や学校図書館における指導との関連を考えて行うこと。

(7) 低学年においては，第1章総則の第2の4の(1)を踏まえ，他教科等との関連を積極的に図り，指導の効果を高めるようにするとともに，幼稚園教育要領等に示す幼児期の終わりまでに育ってほしい姿との関連を考慮すること。特に，小学校入学当初においては，生活科を中心とした合科的・関連的な指導や，弾力的な時間割の設定を行うなどの工夫をすること。

(8) 言語能力の向上を図る観点から，外国語活動及び外国語科など他教科等との関連を積極的に図り，指導の効果を高めるようにすること。

(9) 障害のある児童などについては，学習活動を行う場合に生じる困難さに応じた指導内容や指導方法の工夫を計画的，組織的に行うこと。

(10) 第1章総則の第1の2の(2)に示す道徳教育の目標に基づき，道徳科などとの関連を考慮しながら，第3章特別の教科道徳の第2に示す内容について，国語科の特質に応じて適切な指導をすること。

2 第2の内容の取扱いについては，次の事項に配慮するものとする。

(1) 〔知識及び技能〕に示す事項については，次のとおり取り扱うこと。

　ア　日常の言語活動を振り返ることなどを通して，児童が，実際に話したり聞いたり書いたり読んだりする場面を意識できるよう指導を工夫すること。

　イ　理解したり表現したりするために必要な文字や語句については，辞書や事典を利用して調べる活動を取り入れるなど，調べる習慣が身に付くようにすること。

　ウ　第3学年におけるローマ字の指導に当たっては，第5章総合的な学習の時間の第3の2の(3)に示す，コンピュータで文字を入力するなどの学習の基盤として必要となる情報手段の基本的な操作を習得し，児童が情報や情報手段を主体的に選択し活用できるよう配慮することとの関連が図られるようにすること。

　エ　漢字の指導については，第2の内容に定めるほか，次のとおり取り扱うこと。

　　(ｱ)　学年ごとに配当されている漢字は，児童の学習負担に配慮しつつ，必要に応じて，当該学年以前の学年又は当該学年以降の学年において指導することもできること。

　　(ｲ)　当該学年より後の学年に配当されている漢字及びそれ以外の漢字については，振り仮名を付けるなど，児童の学習負担に配慮しつつ提示することができること。

　　(ｳ)　他教科等の学習において必要となる漢字については，当該教科等と関連付けて指導するなど，その確実な定着が図られるよう指導を工夫すること。

(エ)　漢字の指導においては，学年別漢字配当表に示す漢字の字体を標準とすること。
　オ　各学年の(3)のア及びイに関する指導については，各学年で行い，古典に親しめるよう配慮すること。
　カ　書写の指導については，第2の内容に定めるほか，次のとおり取り扱うこと。
　　(ア)　文字を正しく整えて書くことができるようにするとともに，書写の能力を学習や生活に役立てる態度を育てるよう配慮すること。
　　(イ)　硬筆を使用する書写の指導は各学年で行うこと。
　　(ウ)　毛筆を使用する書写の指導は第3学年以上の各学年で行い，各学年年間30単位時間程度を配当するとともに，毛筆を使用する書写の指導は硬筆による書写の能力の基礎を養うよう指導すること。
　　(エ)　第1学年及び第2学年の(3)のウの(イ)の指導については，適切に運筆する能力の向上につながるよう，指導を工夫すること。
(2)　第2の内容の指導に当たっては，児童がコンピュータや情報通信ネットワークを積極的に活用する機会を設けるなどして，指導の効果を高めるよう工夫すること。
(3)　第2の内容の指導に当たっては，学校図書館などを目的をもって計画的に利用しその機能の活用を図るようにすること。その際，本などの種類や配置，探し方について指導するなど，児童が必要な本などを選ぶことができるよう配慮すること。なお，児童が読む図書については，人間形成のため偏りがないよう配慮して選定すること。
3　教材については，次の事項に留意するものとする。
(1)　教材は，第2の各学年の目標及び内容に示す資質・能力を偏りなく養うことや読書に親しむ態度の育成を通して読書習慣を形成することをねらいとし，児童の発達の段階に即して適切な話題や題材を精選して調和的に取り上げること。また，第2の各学年の内容の〔思考力，判断力，表現力等〕の「A話すこと・聞くこと」，「B書くこと」及び「C読むこと」のそれぞれの(2)に掲げる言語活動が十分行われるよう教材を選定すること。
(2)　教材は，次のような観点に配慮して取り上げること。
　ア　国語に対する関心を高め，国語を尊重する態度を育てるのに役立つこと。
　イ　伝え合う力，思考力や想像力及び言語感覚を養うのに役立つこと。
　ウ　公正かつ適切に判断する能力や態度を育てるのに役立つこと。
　エ　科学的，論理的に物事を捉え考察し，視野を広げるのに役立つこと。
　オ　生活を明るくし，強く正しく生きる意志を育てるのに役立つこと。
　カ　生命を尊重し，他人を思いやる心を育てるのに役立つこと。
　キ　自然を愛し，美しいものに感動する心を育てるのに役立つこと。
　ク　我が国の伝統と文化に対する理解と愛情を育てるのに役立つこと。
　ケ　日本人としての自覚をもって国を愛し，国家，社会の発展を願う態度を育てるのに役立つこと。
　コ　世界の風土や文化などを理解し，国際協調の精神を養うのに役立つこと。
(3)　第2の各学年の内容の〔思考力，判断力，表現力等〕の「C読むこと」の教材については，各学年で説明的な文章や文学的な文章などの文章の種類を調和的に取り扱うこと。また，説明的な文章については，適宜，図表や写真などを含むものを取り上げること。

別　表

学年別漢字配当表

第一学年	一 右 雨 円 王 音 下 火 花 貝 学 気 九 休 玉 金 空 月 犬 見 五 口 校 左 三 山 子 四 糸 字 耳 七 車 手 十 出 女 小 上 森 人 水 正 生 青 夕 石 赤 千 川 先 早 草 足 村 大 男 竹 中 虫 町 天 田 土 二 日 入 年 白 八 百 文 木 本 名 目 立 力 林 六 (80字)
第二学年	引 羽 雲 園 遠 何 科 夏 家 歌 画 回 会 海 絵 外 角 楽 活 間 丸 岩 顔 汽 記 帰 弓 牛 魚 京 強 教 近 兄 形 計 元 言 原 戸 古 午 後 語 工 公 広 交 光 考 行 高 黄 合 谷 国 黒 今 才 細 作 算 止 市 矢 姉 思 紙 寺 自 時 室 社 弱 首 秋 週 春 書 少 場 色 食 心 新 親 図 数 西 声 星 晴 切 雪 船 線 前 組 走 多 太 体 台 地 池 知 茶 昼 長 鳥 朝 直 通 弟 店 点 電 刀 冬 当 東 答 頭 同 道 読 内 南 肉 馬 売 買 麦 半 番 父 風 分 聞 米 歩 母 方 北 毎 妹 万 明 鳴 毛 門 夜 野 友 用 曜 来 里 理 話 (160字)
	悪 安 暗 医 委 意 育 員 院 飲 運 泳 駅 央 横 屋 温 化 荷 界 開 階 寒 感 漢 館 岸 起 期 客 究 急 級 宮 球 去 橋 業 曲 局

付録3

第三学年

銀区苦具君係軽血決研県庫湖向幸港号根祭皿
仕死使始指歯詩次事持式実写者主守取酒受州
拾終習集住重宿所暑助昭消商章勝乗植申身神
真深進世整昔全相送想息速族他打対待代第題
炭短談着注柱丁帳調追定庭笛鉄転都度投豆島
湯登等動童農波配倍箱畑発反坂板皮悲美鼻筆
氷表秒病品負部服福物平返勉放味命面問役薬
由油有遊予羊洋葉陽様落流旅両緑礼列練路和

（200字）

第四学年

愛案以衣位茨印英栄媛塩岡億加果貨課芽賀改
械害街各覚潟完官管関観願岐希季旗器機議求
泣給挙漁共協鏡競極熊訓軍郡群径景芸欠結建
健験固功好香候康佐差菜最埼材崎昨札刷察参
産散残氏司試児治滋辞鹿失借種周祝順初松笑
唱焼照城縄臣信井成省清静席積折節説浅戦選
然争倉巣束側続卒孫帯隊達単置仲沖兆低底的
典伝徒努灯働特徳栃奈梨熱念敗梅博阪飯飛必
票標不夫付府阜富副兵別辺変便包法望牧末満

	未 民 無 約 勇 要 養 浴 利 陸 良 料 量 輪 類 令 冷 例 連 老 労 録	(202字)
第五学年	圧 囲 移 因 永 営 衛 易 益 液 演 応 往 桜 可 仮 価 河 過 快 解 格 確 額 刊 幹 慣 眼 紀 基 寄 規 喜 技 義 逆 久 旧 救 居 許 境 均 禁 句 型 経 潔 件 険 検 限 現 減 故 個 護 効 厚 耕 航 鉱 構 興 講 告 混 査 再 災 妻 採 際 在 財 罪 殺 雑 酸 賛 士 支 史 志 枝 師 資 飼 示 似 識 質 舎 謝 授 修 述 術 準 序 招 証 象 賞 条 状 常 情 織 職 制 性 政 勢 精 製 税 責 績 接 設 絶 祖 素 総 造 像 増 則 測 属 率 損 貸 態 団 断 築 貯 張 停 提 程 適 統 堂 銅 導 得 毒 独 任 燃 能 破 犯 判 版 比 肥 非 費 備 評 貧 布 婦 武 復 複 仏 粉 編 弁 保 墓 報 豊 防 貿 暴 脈 務 夢 迷 綿 輸 余 容 略 留 領 歴	(193字)
第六学年	胃 異 遺 域 宇 映 延 沿 恩 我 灰 拡 革 閣 割 株 干 巻 看 簡 危 机 揮 貴 疑 吸 供 胸 郷 勤 筋 系 敬 警 劇 激 穴 券 絹 権 憲 源 厳 己 呼 誤 后 孝 皇 紅 降 鋼 刻 穀 骨 困 砂 座 済 裁 策 冊 蚕 至 私 姿 視 詞 誌 磁 射 捨 尺 若 樹 収 宗 就 衆 従 縦 縮 熟 純 処 署 諸 除 承 将 傷 障 蒸 針 仁 垂 推 寸 盛 聖 誠 舌 宣 専 泉 洗 染 銭 善 奏 窓 創 装 層 操 蔵 臓 存 尊 退

年	宅	担	探	誕	段	暖	値	宙	忠	著	庁	頂	腸	潮	賃	痛	敵	展	討	党
	糖	届	難	乳	認	納	脳	派	拝	背	肺	俳	班	晩	否	批	秘	俵	腹	奮
	並	陛	閉	片	補	暮	宝	訪	亡	忘	棒	枚	幕	密	盟	模	訳	郵	優	預
	幼	欲	翌	乱	卵	覧	裏	律	臨	朗	論							(191字)			

教科の目標，各学年の目標及び内容の系統表（小・中学校国語科）

教科の目標

	小学校
	言葉による見方・考え方を働かせ，言語活動を通して，国語で正確に理解し適切に表現する資質・能力を次のとおり育成することを目指す。
「知識及び技能」	(1) 日常生活に必要な国語について，その特質を理解し適切に使うことができるようにする。
「思考力，判断力，表現力等」	(2) 日常生活における人との関わりの中で伝え合う力を高め，思考力や想像力を養う。
「学びに向かう力，人間性等」	(3) 言葉がもつよさを認識するとともに，言語感覚を養い，国語の大切さを自覚し，国語を尊重してその能力の向上を図る態度を養う。

学年の目標

	（小）第1学年及び第2学年	（小）第3学年及び第4学年	（小）第5学年及び第6学年
「知識及び技能」	(1) 日常生活に必要な国語の知識や技能を身に付けるとともに，我が国の言語文化に親しんだり理解したりすることができるようにする。	(1) 日常生活に必要な国語の知識や技能を身に付けるとともに，我が国の言語文化に親しんだり理解したりすることができるようにする。	(1) 日常生活に必要な国語の知識や技能を身に付けるとともに，我が国の言語文化に親しんだり理解したりすることができるようにする。
「思考力，判断力，表現力等」	(2) 順序立てて考える力や感じたり想像したりする力を養い，日常生活における人との関わりの中で伝え合う力を高め，自分の思いや考えをもつことができるようにする。	(2) 筋道立てて考える力や豊かに感じたり想像したりする力を養い，日常生活における人との関わりの中で伝え合う力を高め，自分の思いや考えをまとめることができるようにする。	(2) 筋道立てて考える力や豊かに感じたり想像したりする力を養い，日常生活における人との関わりの中で伝え合う力を高め，自分の思いや考えを広げることができるようにする。
「学びに向かう力，人間性等」	(3) 言葉がもつよさを感じるとともに，楽しんで読書をし，国語を大切にして，思いや考えを伝え合おうとする態度を養う。	(3) 言葉がもつよさに気付くとともに，幅広く読書をし，国語を大切にして，思いや考えを伝え合おうとする態度を養う。	(3) 言葉がもつよさを認識するとともに，進んで読書をし，国語の大切さを自覚して，思いや考えを伝え合おうとする態度を養う。

付録4

中学校
言葉による見方・考え方を働かせ，言語活動を通して，国語で正確に理解し適切に表現する資質・能力を次のとおり育成することを目指す。
(1)　社会生活に必要な国語について，その特質を理解し適切に使うことができるようにする。
(2)　社会生活における人との関わりの中で伝え合う力を高め，思考力や想像力を養う。
(3)　言葉がもつ価値を認識するとともに，言語感覚を豊かにし，我が国の言語文化に関わり，国語を尊重してその能力の向上を図る態度を養う。

（中）第1学年	（中）第2学年	（中）第3学年
(1)　社会生活に必要な国語の知識や技能を身に付けるとともに，我が国の言語文化に親しんだり理解したりすることができるようにする。	(1)　社会生活に必要な国語の知識や技能を身に付けるとともに，我が国の言語文化に親しんだり理解したりすることができるようにする。	(1)　社会生活に必要な国語の知識や技能を身に付けるとともに，我が国の言語文化に親しんだり理解したりすることができるようにする。
(2)　筋道立てて考える力や豊かに感じたり想像したりする力を養い，日常生活における人との関わりの中で伝え合う力を高め，自分の思いや考えを確かなものにすることができるようにする。	(2)　論理的に考える力や共感したり想像したりする力を養い，社会生活における人との関わりの中で伝え合う力を高め，自分の思いや考えを広げたり深めたりすることができるようにする。	(2)　論理的に考える力や深く共感したり豊かに想像したりする力を養い，社会生活における人との関わりの中で伝え合う力を高め，自分の思いや考えを広げたり深めたりすることができるようにする。
(3)　言葉がもつ価値に気付くとともに，進んで読書をし，我が国の言語文化を大切にして，思いや考えを伝え合おうとする態度を養う。	(3)　言葉がもつ価値を認識するとともに，読書を生活に役立て，我が国の言語文化を大切にして，思いや考えを伝え合おうとする態度を養う。	(3)　言葉がもつ価値を認識するとともに，読書を通して自己を向上させ，我が国の言語文化に関わり，思いや考えを伝え合おうとする態度を養う。

付録4

〔知識及び技能〕

(1) 言葉の特徴や使い方に関する事項

	（小）第1学年及び第2学年	（小）第3学年及び第4学年	（小）第5学年及び第6学年
	(1) 言葉の特徴や使い方に関する次の事項を身に付けることができるよう指導する。		
言葉の働き	ア 言葉には，事物の内容を表す働きや，経験したことを伝える働きがあることに気付くこと。	ア 言葉には，考えたことや思ったことを表す働きがあることに気付くこと。	ア 言葉には，相手とのつながりをつくる働きがあることに気付くこと。
話し言葉と書き言葉	イ 音節と文字との関係，アクセントによる語の意味の違いなどに気付くとともに，姿勢や口形，発声や発音に注意して話すこと。 ウ 長音，拗音，促音，撥音などの表記，助詞の「は」，「へ」及び「を」の使い方，句読点の打ち方，かぎ（「 」）の使い方を理解して文や文章の中で使うこと。また，平仮名及び片仮名を読み，書くとともに，片仮名で書く語の種類を知り，文や文章の中で使うこと。	イ 相手を見て話したり聞いたりするとともに，言葉の抑揚や強弱，間の取り方などに注意して話すこと。 ウ 漢字と仮名を用いた表記，送り仮名の付け方，改行の仕方を理解して文や文章の中で使うとともに，句読点を適切に打つこと。また，第3学年においては，日常使われている簡単な単語について，ローマ字で表記されたものを読み，ローマ字で書くこと。	イ 話し言葉と書き言葉との違いに気付くこと。 ウ 文や文章の中で漢字と仮名を適切に使い分けるとともに，送り仮名や仮名遣いに注意して正しく書くこと。
漢字	エ 第1学年においては，別表の学年別漢字配当表（以下「学年別漢字配当表」という。）の第1学年に配当されている漢字を読み，漸次書き，文や文章の中で使うこと。第2学年においては，学年別漢字配当表の第2学年までに配当されている漢字を読むこと。また，第1学年に配当されている漢字を書き，文や文章の中で使うとともに，第2学年に配当されている漢字を漸次書き，文や文章の中で使うこと。	エ 第3学年及び第4学年の各学年においては，学年別漢字配当表の当該学年までに配当されている漢字を読むこと。また，当該学年の前の学年までに配当されている漢字を書き，文や文章の中で使うとともに，当該学年に配当されている漢字を漸次書き，文や文章の中で使うこと。	エ 第5学年及び第6学年の各学年においては，学年別漢字配当表の当該学年までに配当されている漢字を読むこと。また，当該学年の前の学年までに配当されている漢字を書き，文や文章の中で使うとともに，当該学年に配当されている漢字を漸次書き，文や文章の中で使うこと。
語彙	オ 身近なことを表す語句の量を増し，話や文章の中で使うとともに，言葉には意味による語句のまとまりがあることに気付き，語彙を豊かにすること。	オ 様子や行動，気持ちや性格を表す語句の量を増し，話や文章の中で使うとともに，言葉には性質や役割による語句のまとまりがあることを理解し，語彙を豊かにすること。	オ 思考に関わる語句の量を増し，話や文章の中で使うとともに，語句と語句との関係，語句の構成や変化について理解し，語彙を豊かにすること。また，語感や言葉の使い方に対する感覚を意識して，語や語句を使うこと。
文や文章	カ 文の中における主語と述語との関係に気付くこと。	カ 主語と述語との関係，修飾と被修飾との関係，指示する語句と接続する語句の役割，段落の役割について理解すること。	カ 文の中での語句の係り方や語順，文と文との接続の関係，話や文章の構成や展開，話や文章の種類とその特徴について理解すること。
言葉遣い	キ 丁寧な言葉と普通の言葉との違いに気を付けて使うとともに，敬体で書かれた文章に慣れること。	キ 丁寧な言葉を使うとともに，敬体と常体との違いに注意しながら書くこと。	キ 日常よく使われる敬語を理解し使い慣れること。
表現の技法			ク 比喩や反復などの表現の工夫に気付くこと。
音読，朗読	ク 語のまとまりや言葉の響きなどに気を付けて音読すること。	ク 文章全体の構成や内容の大体を意識しながら音読すること。	ケ 文章を音読したり朗読したりすること。

付録4

（中）第1学年	（中）第2学年	（中）第3学年
(1) 言葉の特徴や使い方に関する次の事項を身に付けることができるよう指導する。		
	ア 言葉には，相手の行動を促す働きがあることに気付くこと。	
ア 音声の働きや仕組みについて，理解を深めること。	イ 話し言葉と書き言葉の特徴について理解すること。	
イ 小学校学習指導要領第2章第1節国語の学年別漢字配当表（以下「学年別漢字配当表」という。）に示されている漢字に加え，その他の常用漢字のうち300字程度から400字程度までの漢字を読むこと。また，学年別漢字配当表の漢字のうち900字程度の漢字を書き，文や文章の中で使うこと。	ウ 第1学年までに学習した常用漢字に加え，その他の常用漢字のうち350字程度から450字程度までの漢字を読むこと。また，学年別漢字配当表に示されている漢字を書き，文や文章の中で使うこと。	ア 第2学年までに学習した常用漢字に加え，その他の常用漢字の大体を読むこと。また，学年別漢字配当表に示されている漢字について，文や文章の中で使い慣れること。
ウ 事象や行為，心情を表す語句の量を増すとともに，語句の辞書的な意味と文脈上の意味との関係に注意して話や文章の中で使うことを通して，語感を磨き語彙を豊かにすること。	エ 抽象的な概念を表す語句の量を増すとともに，類義語と対義語，同音異義語や多義的な意味を表す語句などについて理解し，話や文章の中で使うことを通して，語感を磨き語彙を豊かにすること。	イ 理解したり表現したりするために必要な語句の量を増し，慣用句や四字熟語などについて理解を深め，話や文章の中で使うとともに，和語，漢語，外来語などを使い分けることを通して，語感を磨き語彙を豊かにすること。
エ 単語の類別について理解するとともに，指示する語句と接続する語句の役割について理解を深めること。	オ 単語の活用，助詞や助動詞などの働き，文の成分の順序や照応など文の構成について理解するとともに，話や文章の構成や展開について理解を深めること。	ウ 話や文章の種類とその特徴について理解を深めること。
	カ 敬語の働きについて理解し，話や文章の中で使うこと。	エ 敬語などの相手や場に応じた言葉遣いを理解し，適切に使うこと。
オ 比喩，反復，倒置，体言止めなどの表現の技法を理解し使うこと。		

付録4

(2) 情報の扱い方に関する事項

	（小）第1学年及び第2学年	（小）第3学年及び第4学年	（小）第5学年及び第6学年
	(2) 話や文章に含まれている情報の扱い方に関する次の事項を身に付けることができるよう指導する。		
情報と情報との関係	ア 共通，相違，事柄の順序など情報と情報との関係について理解すること。	ア 考えとそれを支える理由や事例，全体と中心など情報と情報との関係について理解すること。	ア 原因と結果など情報と情報との関係について理解すること。
情報の整理		イ 比較や分類の仕方，必要な語句などの書き留め方，引用の仕方や出典の示し方，辞書や事典の使い方を理解し使うこと。	イ 情報と情報との関係付けの仕方，図などによる語句と語句との関係の表し方を理解し使うこと。

(3) 我が国の言語文化に関する事項

	（小）第1学年及び第2学年	（小）第3学年及び第4学年	（小）第5学年及び第6学年
	(3) 我が国の言語文化に関する次の事項を身に付けることができるよう指導する。		
伝統的な言語文化	ア 昔話や神話・伝承などの読み聞かせを聞くなどして，我が国の伝統的な言語文化に親しむこと。 イ 長く親しまれている言葉遊びを通して，言葉の豊かさに気付くこと。	ア 易しい文語調の短歌や俳句を音読したり暗唱したりするなどして，言葉の響きやリズムに親しむこと。 イ 長い間使われてきたことわざや慣用句，故事成語などの意味を知り，使うこと。	ア 親しみやすい古文や漢文，近代以降の文語調の文章を音読するなどして，言葉の響きやリズムに親しむこと。 イ 古典について解説した文章を読んだり作品の内容の大体を知ったりすることを通して，昔の人のものの見方や感じ方を知ること。
言葉の由来や変化		ウ 漢字が，へんやつくりなどから構成されていることについて理解すること。	ウ 語句の由来などに関心をもつとともに，時間の経過による言葉の変化や世代による言葉の違いに気付き，共通語と方言との違いを理解すること。また，仮名及び漢字の由来，特質などについて理解すること。
書写	ウ 書写に関する次の事項を理解し使うこと。 (ｱ) 姿勢や筆記具の持ち方を正しくして書くこと。 (ｲ) 点画の書き方や文字の形に注意しながら，筆順に従って丁寧に書くこと。 (ｳ) 点画相互の接し方や交わり方，長短や方向などに注意して，文字を正しく書くこと。	エ 書写に関する次の事項を理解し使うこと。 (ｱ) 文字の組立て方を理解し，形を整えて書くこと。 (ｲ) 漢字や仮名の大きさ，配列に注意して書くこと。 (ｳ) 毛筆を使用して点画の書き方への理解を深め，筆圧などに注意して書くこと。	エ 書写に関する次の事項を理解し使うこと。 (ｱ) 用紙全体との関係に注意して，文字の大きさや配列などを決めるとともに，書く速さを意識して書くこと。 (ｲ) 毛筆を使用して，穂先の動きと点画のつながりを意識して書くこと。 (ｳ) 目的に応じて使用する筆記具を選び，その特徴を生かして書くこと。
読書	エ 読書に親しみ，いろいろな本があることを知ること。	オ 幅広く読書に親しみ，読書が，必要な知識や情報を得ることに役立つことに気付くこと。	オ 日常的に読書に親しみ，読書が，自分の考えを広げることに役立つことに気付くこと。

付録4

（中）第1学年	（中）第2学年	（中）第3学年
(2) 話や文章に含まれている情報の扱い方に関する次の事項を身に付けることができるよう指導する。		
ア 原因と結果，意見と根拠など情報と情報との関係について理解すること。	ア 意見と根拠，具体と抽象など情報と情報との関係について理解すること。	ア 具体と抽象など情報と情報との関係について理解を深めること。
イ 比較や分類，関係付けなどの情報の整理の仕方，引用の仕方や出典の示し方について理解を深め，それらを使うこと。	イ 情報と情報との関係の様々な表し方を理解し使うこと。	イ 情報の信頼性の確かめ方を理解し使うこと。

（中）第1学年	（中）第2学年	（中）第3学年
(3) 我が国の言語文化に関する次の事項を身に付けることができるよう指導する。		
ア 音読に必要な文語のきまりや訓読の仕方を知り，古文や漢文を音読し，古典特有のリズムを通して，古典の世界に親しむこと。	ア 作品の特徴を生かして朗読するなどして，古典の世界に親しむこと。	ア 歴史的背景などに注意して古典を読むことを通して，その世界に親しむこと。
イ 古典には様々な種類の作品があることを知ること。	イ 現代語訳や語注などを手掛かりに作品を読むことを通して，古典に表れたものの見方や考え方を知ること。	イ 長く親しまれている言葉や古典の一節を引用するなどして使うこと。
ウ 共通語と方言の果たす役割について理解すること。		ウ 時間の経過による言葉の変化や世代による言葉の違いについて理解すること。
エ 書写に関する次の事項を理解し使うこと。 (ｱ) 字形を整え，文字の大きさ，配列などについて理解して，楷書で書くこと。 (ｲ) 漢字の行書の基礎的な書き方を理解して，身近な文字を行書で書くこと。	ウ 書写に関する次の事項を理解し使うこと。 (ｱ) 漢字の行書とそれに調和した仮名の書き方を理解して，読みやすく速く書くこと。 (ｲ) 目的や必要に応じて，楷書又は行書を選んで書くこと。	エ 書写に関する次の事項を理解し使うこと。 (ｱ) 身の回りの多様な表現を通して文字文化の豊かさに触れ，効果的に文字を書くこと。
オ 読書が，知識や情報を得たり，自分の考えを広げたりすることに役立つことを理解すること。	エ 本や文章などには，様々な立場や考え方が書かれていることを知り，自分の考えを広げたり深めたりする読書に生かすこと。	オ 自分の生き方や社会との関わり方を支える読書の意義と効用について理解すること。

〔思考力, 判断力, 表現力等〕

A 話すこと・聞くこと

		(小) 第1学年及び第2学年	(小) 第3学年及び第4学年	(小) 第5学年及び第6学年
		(1) 話すこと・聞くことに関する次の事項を身に付けることができるよう指導する。		
話すこと	話題の設定／情報の収集／内容の検討	ア 身近なことや経験したことなどから話題を決め、伝え合うために必要な事柄を選ぶこと。	ア 目的を意識して、日常生活の中から話題を決め、集めた材料を比較したり分類したりして、伝え合うために必要な事柄を選ぶこと。	ア 目的や意図に応じて、日常生活の中から話題を決め、集めた材料を分類したり関係付けたりして、伝え合う内容を検討すること。
	構成の検討／考えの形成	イ 相手に伝わるように、行動したことや経験したことに基づいて、話す事柄の順序を考えること。	イ 相手に伝わるように、理由や事例などを挙げながら、話の中心が明確になるよう話の構成を考えること。	イ 話の内容が明確になるように、事実と感想、意見とを区別するなど、話の構成を考えること。
	表現／共有	ウ 伝えたい事柄や相手に応じて、声の大きさや速さなどを工夫すること。	ウ 話の中心や話す場面を意識して、言葉の抑揚や強弱、間の取り方などを工夫すること。	ウ 資料を活用するなどして、自分の考えが伝わるように表現を工夫すること。
聞くこと	話題の設定／情報の収集	【再掲】ア 身近なことや経験したことなどから話題を決め、伝え合うために必要な事柄を選ぶこと。	【再掲】ア 目的を意識して、日常生活の中から話題を決め、集めた材料を比較したり分類したりして、伝え合うために必要な事柄を選ぶこと。	【再掲】ア 目的や意図に応じて、日常生活の中から話題を決め、集めた材料を分類したり関係付けたりして、伝え合う内容を検討すること。
	構造と内容の把握／精査・解釈／考えの形成／共有	エ 話し手が知らせたいことや自分が聞きたいことを落とさないように集中して聞き、話の内容を捉えて感想をもつこと。	エ 必要なことを記録したり質問したりしながら聞き、話し手が伝えたいことや自分が聞きたいことの中心を捉え、自分の考えをもつこと。	エ 話し手の目的や自分が聞こうとする意図に応じて、話の内容を捉え、話し手の考えと比較しながら、自分の考えをまとめること。
話し合うこと	話題の設定／情報の収集／内容の検討	【再掲】ア 身近なことや経験したことなどから話題を決め、伝え合うために必要な事柄を選ぶこと。	【再掲】ア 目的を意識して、日常生活の中から話題を決め、集めた材料を比較したり分類したりして、伝え合うために必要な事柄を選ぶこと。	【再掲】ア 目的や意図に応じて、日常生活の中から話題を決め、集めた材料を分類したり関係付けたりして、伝え合う内容を検討すること。
	話合いの進め方の検討／考えの形成／共有	オ 互いの話に関心をもち、相手の発言を受けて話をつなぐこと。	オ 目的や進め方を確認し、司会などの役割を果たしながら話し合い、互いの意見の共通点や相違点に着目して、考えをまとめること。	オ 互いの立場や意図を明確にしながら計画的に話し合い、考えを広げたりまとめたりすること。
言語活動例		(2) (1)に示す事項については、例えば、次のような言語活動を通して指導するものとする。		
		ア 紹介や説明、報告など伝えたいことを話したり、それらを聞いて声に出して確かめたり感想を述べたりする活動。	ア 説明や報告など調べたことを話したり、それらを聞いたりする活動。	ア 意見や提案など自分の考えを話したり、それらを聞いたりする活動。
			イ 質問するなどして情報を集めたり、それらを発表したりする活動。	イ インタビューなどをして必要な情報を集めたり、それらを発表したりする活動。
		イ 尋ねたり応答したりするなどして、少人数で話し合う活動。	ウ 互いの考えを伝えるなどして、グループや学級全体で話し合う活動。	ウ それぞれの立場から考えを伝えるなどして話し合う活動。

（中）第1学年	（中）第2学年	（中）第3学年
(1) 話すこと・聞くことに関する次の事項を身に付けることができるよう指導する。		
ア 目的や場面に応じて，日常生活の中から話題を決め，集めた材料を整理し，伝え合う内容を検討すること。	ア 目的や場面に応じて，社会生活の中から話題を決め，異なる立場や考えを想定しながら集めた材料を整理し，伝え合う内容を検討すること。	ア 目的や場面に応じて，社会生活の中から話題を決め，多様な考えを想定しながら材料を整理し，伝え合う内容を検討すること。
イ 自分の考えや根拠が明確になるように，話の中心的な部分と付加的な部分，事実と意見との関係などに注意して，話の構成を考えること。	イ 自分の立場や考えが明確になるように，根拠の適切さや論理の展開などに注意して，話の構成を工夫すること。	イ 自分の立場や考えを明確にし，相手を説得できるように論理の展開などを考えて，話の構成を工夫すること。
ウ 相手の反応を踏まえながら，自分の考えが分かりやすく伝わるように表現を工夫すること。	ウ 資料や機器を用いるなどして，自分の考えが分かりやすく伝わるように表現を工夫すること。	ウ 場の状況に応じて言葉を選ぶなど，自分の考えが分かりやすく伝わるように表現を工夫すること。
【再掲】 ア 目的や場面に応じて，日常生活の中から話題を決め，集めた材料を整理し，伝え合う内容を検討すること。	【再掲】 ア 目的や場面に応じて，社会生活の中から話題を決め，異なる立場や考えを想定しながら集めた材料を整理し，伝え合う内容を検討すること。	【再掲】 ア 目的や場面に応じて，社会生活の中から話題を決め，多様な考えを想定しながら材料を整理し，伝え合う内容を検討すること。
エ 必要に応じて記録したり質問したりしながら話の内容を捉え，共通点や相違点などを踏まえて，自分の考えをまとめること。	エ 論理の展開などに注意して聞き，話し手の考えと比較しながら，自分の考えをまとめること。	エ 話の展開を予測しながら聞き，聞き取った内容や表現の仕方を評価して，自分の考えを広げたり深めたりすること。
【再掲】 ア 目的や場面に応じて，日常生活の中から話題を決め，集めた材料を整理し，伝え合う内容を検討すること。	【再掲】 ア 目的や場面に応じて，社会生活の中から話題を決め，異なる立場や考えを想定しながら集めた材料を整理し，伝え合う内容を検討すること。	【再掲】 ア 目的や場面に応じて，社会生活の中から話題を決め，多様な考えを想定しながら材料を整理し，伝え合う内容を検討すること。
オ 話題や展開を捉えながら話し合い，互いの発言を結び付けて考えをまとめること。	オ 互いの立場や考えを尊重しながら話し合い，結論を導くために考えをまとめること。	オ 進行の仕方を工夫したり互いの発言を生かしたりしながら話し合い，合意形成に向けて考えを広げたり深めたりすること。
(2) (1)に示す事項については，例えば，次のような言語活動を通して指導するものとする。		
ア 紹介や報告など伝えたいことを話したり，それらを聞いて質問したり意見などを述べたりする活動。	ア 説明や提案など伝えたいことを話したり，それらを聞いて質問や助言などをしたりする活動。	ア 提案や主張など自分の考えを話したり，それらを聞いて質問したり評価などを述べたりする活動。
イ 互いの考えを伝えるなどして，少人数で話し合う活動。	イ それぞれの立場から考えを伝えるなどして，議論や討論をする活動。	イ 互いの考えを生かしながら議論や討論をする活動。

付録4

B 書くこと

	（小）第1学年及び第2学年	（小）第3学年及び第4学年	（小）第5学年及び第6学年
	(1) 書くことに関する次の事項を身に付けることができるよう指導する。		
題材の設定 情報の収集 内容の検討	ア 経験したことや想像したことなどから書くことを見付け，必要な事柄を集めたり確かめたりして，伝えたいことを明確にすること。	ア 相手や目的を意識して，経験したことや想像したことなどから書くことを選び，集めた材料を比較したり分類したりして，伝えたいことを明確にすること。	ア 目的や意図に応じて，感じたことや考えたことなどから書くことを選び，集めた材料を分類したり関係付けたりして，伝えたいことを明確にすること。
構成の検討	イ 自分の思いや考えが明確になるように，事柄の順序に沿って簡単な構成を考えること。	イ 書く内容の中心を明確にし，内容のまとまりで段落をつくったり，段落相互の関係に注意したりして，文章の構成を考えること。	イ 筋道の通った文章となるように，文章全体の構成や展開を考えること。
考えの形成	ウ 語と語や文と文との続き方に注意しながら，内容のまとまりが分かるように書き表し方を工夫すること。	ウ 自分の考えとそれを支える理由や事例との関係を明確にして，書き表し方を工夫すること。	ウ 目的や意図に応じて簡単に書いたり詳しく書いたりするとともに，事実と感想，意見とを区別して書いたりするなど，自分の考えが伝わるように書き表し方を工夫すること。
記述			エ 引用したり，図表やグラフなどを用いたりして，自分の考えが伝わるように書き表し方を工夫すること。
推敲	エ 文章を読み返す習慣を付けるとともに，間違いを正したり，語と語や文と文との続き方を確かめたりすること。	エ 間違いを正したり，相手や目的を意識した表現になっているかを確かめたりして，文や文章を整えること。	オ 文章全体の構成や書き表し方などに着目して，文や文章を整えること。
共有	オ 文章に対する感想を伝え合い，自分の文章の内容や表現のよいところを見付けること。	オ 書こうとしたことが明確になっているかなど，文章に対する感想や意見を伝え合い，自分の文章のよいところを見付けること。	カ 文章全体の構成や展開が明確になっているかなど，文章に対する感想や意見を伝え合い，自分の文章のよいところを見付けること。
	(2) (1)に示す事項については，例えば，次のような言語活動を通して指導するものとする。		
言語活動例	ア 身近なことや経験したことを報告したり，観察したことを記録したりするなど，見聞きしたことを書く活動。 イ 日記や手紙を書くなど，思ったことや伝えたいことを書く活動。 ウ 簡単な物語をつくるなど，感じたことや想像したことを書く活動。	ア 調べたことをまとめて報告するなど，事実やそれを基に考えたことを書く活動。 イ 行事の案内やお礼の文章を書くなど，伝えたいことを手紙に書く活動。 ウ 詩や物語をつくるなど，感じたことや想像したことを書く活動。	ア 事象を説明したり意見を述べたりするなど，考えたことや伝えたいことを書く活動。 イ 短歌や俳句をつくるなど，感じたことや想像したことを書く活動。 ウ 事実や経験を基に，感じたり考えたりしたことや自分にとっての意味について文章に書く活動。

（中）第1学年	（中）第2学年	（中）第3学年
(1) 書くことに関する次の事項を身に付けることができるよう指導する。		
ア 目的や意図に応じて，日常生活の中から題材を決め，集めた材料を整理し，伝えたいことを明確にすること。	ア 目的や意図に応じて，社会生活の中から題材を決め，多様な方法で集めた材料を整理し，伝えたいことを明確にすること。	ア 目的や意図に応じて，社会生活の中から題材を決め，集めた材料の客観性や信頼性を確認し，伝えたいことを明確にすること。
イ 書く内容の中心が明確になるように，段落の役割などを意識して文章の構成や展開を考えること。	イ 伝えたいことが分かりやすく伝わるように，段落相互の関係などを明確にし，文章の構成や展開を工夫すること。	イ 文章の種類を選択し，多様な読み手を説得できるように論理の展開などを考えて，文章の構成を工夫すること。
ウ 根拠を明確にしながら，自分の考えが伝わる文章になるように工夫すること。	ウ 根拠の適切さを考えて説明や具体例を加えたり，表現の効果を考えて描写したりするなど，自分の考えが伝わる文章になるように工夫すること。	ウ 表現の仕方を考えたり資料を適切に引用したりするなど，自分の考えが分かりやすく伝わる文章になるように工夫すること。
エ 読み手の立場に立って，表記や語句の用法，叙述の仕方などを確かめて，文章を整えること。	エ 読み手の立場に立って，表現の効果などを確かめて，文章を整えること。	エ 目的や意図に応じた表現になっているかなどを確かめて，文章全体を整えること。
オ 根拠の明確さなどについて，読み手からの助言などを踏まえ，自分の文章のよい点や改善点を見いだすこと。	オ 表現の工夫とその効果などについて，読み手からの助言などを踏まえ，自分の文章のよい点や改善点を見いだすこと。	オ 論理の展開などについて，読み手からの助言などを踏まえ，自分の文章のよい点や改善点を見いだすこと。
(2) (1)に示す事項については，例えば，次のような言語活動を通して指導するものとする。		
ア 本や資料から文章や図表などを引用して説明したり記録したりするなど，事実やそれを基に考えたことを書く活動。	ア 多様な考えができる事柄について意見を述べるなど，自分の考えを書く活動。	ア 関心のある事柄について批評するなど，自分の考えを書く活動。
イ 行事の案内や報告の文章を書くなど，伝えるべきことを整理して書く活動。	イ 社会生活に必要な手紙や電子メールを書くなど，伝えたいことを相手や媒体を考慮して書く活動。	イ 情報を編集して文章にまとめるなど，伝えたいことを整理して書く活動。
ウ 詩を創作したり随筆を書いたりするなど，感じたことや考えたことを書く活動。	ウ 短歌や俳句，物語を創作するなど，感じたことや想像したことを書く活動。	

付録4

C　読むこと

	（小）第1学年及び第2学年	（小）第3学年及び第4学年	（小）第5学年及び第6学年
	(1) 読むことに関する次の事項を身に付けることができるよう指導する。		
構造と内容の把握	ア　時間的な順序や事柄の順序などを考えながら、内容の大体を捉えること。	ア　段落相互の関係に着目しながら、考えとそれを支える理由や事例との関係などについて、叙述を基に捉えること。	ア　事実と感想、意見などとの関係を叙述を基に押さえ、文章全体の構成を捉えて要旨を把握すること。
	イ　場面の様子や登場人物の行動など、内容の大体を捉えること。	イ　登場人物の行動や気持ちなどについて、叙述を基に捉えること。	イ　登場人物の相互関係や心情などについて、描写を基に捉えること。
精査・解釈	ウ　文章の中の重要な語や文を考えて選び出すこと。	ウ　目的を意識して、中心となる語や文を見付けて要約すること。	ウ　目的に応じて、文章と図表などを結び付けるなどして必要な情報を見付けたり、論の進め方について考えたりすること。
	エ　場面の様子に着目して、登場人物の行動を具体的に想像すること。	エ　登場人物の気持ちの変化や性格、情景について、場面の移り変わりと結び付けて具体的に想像すること。	エ　人物像や物語などの全体像を具体的に想像したり、表現の効果を考えたりすること。
考えの形成	オ　文章の内容と自分の体験とを結び付けて、感想をもつこと。	オ　文章を読んで理解したことに基づいて、感想や考えをもつこと。	オ　文章を読んで理解したことに基づいて、自分の考えをまとめること。
共有	カ　文章を読んで感じたことや分かったことを共有すること。	カ　文章を読んで感じたことや考えたことを共有し、一人一人の感じ方などに違いがあることに気付くこと。	カ　文章を読んでまとめた意見や感想を共有し、自分の考えを広げること。
	(2) (1)に示す事項については、例えば、次のような言語活動を通して指導するものとする。		
言語活動例	ア　事物の仕組みを説明した文章などを読み、分かったことや考えたことを述べる活動。	ア　記録や報告などの文章を読み、文章の一部を引用して、分かったことや考えたことを説明したり、意見を述べたりする活動。	ア　説明や解説などの文章を比較するなどして読み、分かったことや考えたことを、話し合ったり文章にまとめたりする活動。
	イ　読み聞かせを聞いたり物語などを読んだりして、内容や感想などを伝え合ったり、演じたりする活動。	イ　詩や物語などを読み、内容を説明したり、考えたことなどを伝え合ったりする活動。	イ　詩や物語、伝記などを読み、内容を説明したり、自分の生き方などについて考えたことを伝え合ったりする活動。
	ウ　学校図書館などを利用し、図鑑や科学的なことについて書いた本などを読み、分かったことなどを説明する活動。	ウ　学校図書館などを利用し、事典や図鑑などから情報を得て、分かったことなどをまとめて説明する活動。	ウ　学校図書館などを利用し、複数の本や新聞などを活用して、調べたり考えたりしたことを報告する活動。

付録4

（中）第1学年	（中）第2学年	（中）第3学年
(1) 読むことに関する次の事項を身に付けることができるよう指導する。		
ア 文章の中心的な部分と付加的な部分，事実と意見との関係などについて叙述を基に捉え，要旨を把握すること。 イ 場面の展開や登場人物の相互関係，心情の変化などについて，描写を基に捉えること。 ウ 目的に応じて必要な情報に着目して要約したり，場面と場面，場面と描写などを結び付けたりして，内容を解釈すること。 エ 文章の構成や展開，表現の効果について，根拠を明確にして考えること。 オ 文章を読んで理解したことに基づいて，自分の考えを確かなものにすること。	ア 文章全体と部分との関係に注意しながら，主張と例示との関係や登場人物の設定の仕方などを捉えること。 イ 目的に応じて複数の情報を整理しながら適切な情報を得たり，登場人物の言動の意味などについて考えたりして，内容を解釈すること。 ウ 文章と図表などを結び付け，その関係を踏まえて内容を解釈すること。 エ 観点を明確にして文章を比較するなどし，文章の構成や論理の展開，表現の効果について考えること。 オ 文章を読んで理解したことや考えたことを知識や経験と結び付け，自分の考えを広げたり深めたりすること。	ア 文章の種類を踏まえて，論理や物語の展開の仕方などを捉えること。 イ 文章を批判的に読みながら，文章に表れているものの見方や考え方について考えること。 ウ 文章の構成や論理の展開，表現の仕方について評価すること。 エ 文章を読んで考えを広げたり深めたりして，人間，社会，自然などについて，自分の意見をもつこと。
(2) (1)に示す事項については，例えば，次のような言語活動を通して指導するものとする。		
ア 説明や記録などの文章を読み，理解したことや考えたことを報告したり文章にまとめたりする活動。 イ 小説や随筆などを読み，考えたことなどを記録したり伝え合ったりする活動。 ウ 学校図書館などを利用し，多様な情報を得て，考えたことなどを報告したり資料にまとめたりする活動。	ア 報告や解説などの文章を読み，理解したことや考えたことを説明したり文章にまとめたりする活動。 イ 詩歌や小説などを読み，引用して解説したり，考えたことなどを伝え合ったりする活動。 ウ 本や新聞，インターネットなどから集めた情報を活用し，出典を明らかにしながら，考えたことなどを説明したり提案したりする活動。	ア 論説や報道などの文章を比較するなどして読み，理解したことや考えたことについて討論したり文章にまとめたりする活動。 イ 詩歌や小説などを読み，批評したり，考えたことなどを伝え合ったりする活動。 ウ 実用的な文章を読み，実生活への生かし方を考える活動。

付録4

中学校学習指導要領　第2章　第1節　国語

● 第1　目　標

言葉による見方・考え方を働かせ，言語活動を通して，国語で正確に理解し適切に表現する資質・能力を次のとおり育成することを目指す。
(1) 社会生活に必要な国語について，その特質を理解し適切に使うことができるようにする。
(2) 社会生活における人との関わりの中で伝え合う力を高め，思考力や想像力を養う。
(3) 言葉がもつ価値を認識するとともに，言語感覚を豊かにし，我が国の言語文化に関わり，国語を尊重してその能力の向上を図る態度を養う。

● 第2　各学年の目標及び内容

〔第1学年〕
1　目　標
(1) 社会生活に必要な国語の知識や技能を身に付けるとともに，我が国の言語文化に親しんだり理解したりすることができるようにする。
(2) 筋道立てて考える力や豊かに感じたり想像したりする力を養い，日常生活における人との関わりの中で伝え合う力を高め，自分の思いや考えを確かなものにすることができるようにする。
(3) 言葉がもつ価値に気付くとともに，進んで読書をし，我が国の言語文化を大切にして，思いや考えを伝え合おうとする態度を養う。

2　内　容
〔知識及び技能〕
(1) 言葉の特徴や使い方に関する次の事項を身に付けることができるよう指導する。
　ア　音声の働きや仕組みについて，理解を深めること。
　イ　小学校学習指導要領第2章第1節国語の学年別漢字配当表（以下「学年別漢字配当表」という。）に示されている漢字に加え，その他の常用漢字のうち300字程度から400字程度までの漢字を読むこと。また，学年別漢字配当表の漢字のうち900字程度の漢字を書き，文や文章の中で使うこと。
　ウ　事象や行為，心情を表す語句の量を増すとともに，語句の辞書的な意味と文脈上の意味との関係に注意して話や文章の中で使うことを通して，語感を磨き語彙を豊かにすること。
　エ　単語の類別について理解するとともに，指示する語句と接続する語句の役割について理解を深めること。
　オ　比喩，反復，倒置，体言止めなどの表現の技法を理解し使うこと。
(2) 話や文章に含まれている情報の扱い方に関する次の事項を身に付けることができるよう指導する。
　ア　原因と結果，意見と根拠など情報と情報との関係について理解すること。
　イ　比較や分類，関係付けなどの情報の整理の仕方，引用の仕方や出典の示し方について理解を深め，それらを使うこと。
(3) 我が国の言語文化に関する次の事項を身に付けることができるよう指導する。
　ア　音読に必要な文語のきまりや訓読の仕方を知り，古文や漢文を音読し，古典特有のリズムを通して，古典の世界に親しむこと。
　イ　古典には様々な種類の作品があることを知ること。

ウ　共通語と方言の果たす役割について理解すること。
　エ　書写に関する次の事項を理解し使うこと。
　　(ｱ)　字形を整え，文字の大きさ，配列などについて理解して，楷書で書くこと。
　　(ｲ)　漢字の行書の基礎的な書き方を理解して，身近な文字を行書で書くこと。
　オ　読書が，知識や情報を得たり，自分の考えを広げたりすることに役立つことを理解すること。
〔思考力，判断力，表現力等〕
A　話すこと・聞くこと
(1)　話すこと・聞くことに関する次の事項を身に付けることができるよう指導する。
　ア　目的や場面に応じて，日常生活の中から話題を決め，集めた材料を整理し，伝え合う内容を検討すること。
　イ　自分の考えや根拠が明確になるように，話の中心的な部分と付加的な部分，事実と意見との関係などに注意して，話の構成を考えること。
　ウ　相手の反応を踏まえながら，自分の考えが分かりやすく伝わるように表現を工夫すること。
　エ　必要に応じて記録したり質問したりしながら話の内容を捉え，共通点や相違点などを踏まえて，自分の考えをまとめること。
　オ　話題や展開を捉えながら話し合い，互いの発言を結び付けて考えをまとめること。
(2)　(1)に示す事項については，例えば，次のような言語活動を通して指導するものとする。
　ア　紹介や報告など伝えたいことを話したり，それらを聞いて質問したり意見などを述べたりする活動。
　イ　互いの考えを伝えるなどして，少人数で話し合う活動。
B　書くこと
(1)　書くことに関する次の事項を身に付けることができるよう指導する。
　ア　目的や意図に応じて，日常生活の中から題材を決め，集めた材料を整理し，伝えたいことを明確にすること。
　イ　書く内容の中心が明確になるように，段落の役割などを意識して文章の構成や展開を考えること。
　ウ　根拠を明確にしながら，自分の考えが伝わる文章になるように工夫すること。
　エ　読み手の立場に立って，表記や語句の用法，叙述の仕方などを確かめて，文章を整えること。
　オ　根拠の明確さなどについて，読み手からの助言などを踏まえ，自分の文章のよい点や改善点を見いだすこと。
(2)　(1)に示す事項については，例えば，次のような言語活動を通して指導するものとする。
　ア　本や資料から文章や図表などを引用して説明したり記録したりするなど，事実やそれを基に考えたことを書く活動。
　イ　行事の案内や報告の文章を書くなど，伝えるべきことを整理して書く活動。
　ウ　詩を創作したり随筆を書いたりするなど，感じたことや考えたことを書く活動。
C　読むこと
(1)　読むことに関する次の事項を身に付けることができるよう指導する。
　ア　文章の中心的な部分と付加的な部分，事実と意見との関係などについて叙述を基に捉え，要旨を把握すること。
　イ　場面の展開や登場人物の相互関係，心情の変化などについて，描写を基に捉えること。
　ウ　目的に応じて必要な情報に着目して要約したり，場面と場面，場面と描写などを結び付けたりして，内容を解釈すること。
　エ　文章の構成や展開，表現の効果について，根拠を明確にして考えること。

付録5

オ　文章を読んで理解したことに基づいて，自分の考えを確かなものにすること。
(2) (1)に示す事項については，例えば，次のような言語活動を通して指導するものとする。
　ア　説明や記録などの文章を読み，理解したことや考えたことを報告したり文章にまとめたりする活動。
　イ　小説や随筆などを読み，考えたことなどを記録したり伝え合ったりする活動。
　ウ　学校図書館などを利用し，多様な情報を得て，考えたことなどを報告したり資料にまとめたりする活動。

〔第2学年〕
1　目　標
(1) 社会生活に必要な国語の知識や技能を身に付けるとともに，我が国の言語文化に親しんだり理解したりすることができるようにする。
(2) 論理的に考える力や共感したり想像したりする力を養い，社会生活における人との関わりの中で伝え合う力を高め，自分の思いや考えを広げたり深めたりすることができるようにする。
(3) 言葉がもつ価値を認識するとともに，読書を生活に役立て，我が国の言語文化を大切にして，思いや考えを伝え合おうとする態度を養う。

2　内　容
〔知識及び技能〕
(1) 言葉の特徴や使い方に関する次の事項を身に付けることができるよう指導する。
　ア　言葉には，相手の行動を促す働きがあることに気付くこと。
　イ　話し言葉と書き言葉の特徴について理解すること。
　ウ　第1学年までに学習した常用漢字に加え，その他の常用漢字のうち350字程度から450字程度までの漢字を読むこと。また，学年別漢字配当表に示されている漢字を書き，文や文章の中で使うこと。
　エ　抽象的な概念を表す語句の量を増すとともに，類義語と対義語，同音異義語や多義的な意味を表す語句などについて理解し，話や文章の中で使うことを通して，語感を磨き語彙を豊かにすること。
　オ　単語の活用，助詞や助動詞などの働き，文の成分の順序や照応など文の構成について理解するとともに，話や文章の構成や展開について理解を深めること。
　カ　敬語の働きについて理解し，話や文章の中で使うこと。
(2) 話や文章に含まれている情報の扱い方に関する次の事項を身に付けることができるよう指導する。
　ア　意見と根拠，具体と抽象など情報と情報との関係について理解すること。
　イ　情報と情報との関係の様々な表し方を理解し使うこと。
(3) 我が国の言語文化に関する次の事項を身に付けることができるよう指導する。
　ア　作品の特徴を生かして朗読するなどして，古典の世界に親しむこと。
　イ　現代語訳や語注などを手掛かりに作品を読むことを通して，古典に表れたものの見方や考え方を知ること。
　ウ　書写に関する次の事項を理解し使うこと。
　　(ア)　漢字の行書とそれに調和した仮名の書き方を理解して，読みやすく速く書くこと。
　　(イ)　目的や必要に応じて，楷書又は行書を選んで書くこと。
　エ　本や文章などには，様々な立場や考え方が書かれていることを知り，自分の考えを広げたり深めたりする読書に生かすこと。

〔思考力，判断力，表現力等〕
A　話すこと・聞くこと
(1) 話すこと・聞くことに関する次の事項を身に付けることができるよう指導する。
　ア　目的や場面に応じて，社会生活の中から話題を決め，異なる立場や考えを想定しながら集めた材料を整理し，伝え合う内容を検討すること。
　イ　自分の立場や考えが明確になるように，根拠の適切さや論理の展開などに注意して，話の構成を工夫すること。
　ウ　資料や機器を用いるなどして，自分の考えが分かりやすく伝わるように表現を工夫すること。
　エ　論理の展開などに注意して聞き，話し手の考えと比較しながら，自分の考えをまとめること。
　オ　互いの立場や考えを尊重しながら話し合い，結論を導くために考えをまとめること。
(2) (1)に示す事項については，例えば，次のような言語活動を通して指導するものとする。
　ア　説明や提案など伝えたいことを話したり，それらを聞いて質問や助言などをしたりする活動。
　イ　それぞれの立場から考えを伝えるなどして，議論や討論をする活動。
B　書くこと
(1) 書くことに関する次の事項を身に付けることができるよう指導する。
　ア　目的や意図に応じて，社会生活の中から題材を決め，多様な方法で集めた材料を整理し，伝えたいことを明確にすること。
　イ　伝えたいことが分かりやすく伝わるように，段落相互の関係などを明確にし，文章の構成や展開を工夫すること。
　ウ　根拠の適切さを考えて説明や具体例を加えたり，表現の効果を考えて描写したりするなど，自分の考えが伝わる文章になるように工夫すること。
　エ　読み手の立場に立って，表現の効果などを確かめて，文章を整えること。
　オ　表現の工夫とその効果などについて，読み手からの助言などを踏まえ，自分の文章のよい点や改善点を見いだすこと。
(2) (1)に示す事項については，例えば，次のような言語活動を通して指導するものとする。
　ア　多様な考えができる事柄について意見を述べるなど，自分の考えを書く活動。
　イ　社会生活に必要な手紙や電子メールを書くなど，伝えたいことを相手や媒体を考慮して書く活動。
　ウ　短歌や俳句，物語を創作するなど，感じたことや想像したことを書く活動。
C　読むこと
(1) 読むことに関する次の事項を身に付けることができるよう指導する。
　ア　文章全体と部分との関係に注意しながら，主張と例示との関係や登場人物の設定の仕方などを捉えること。
　イ　目的に応じて複数の情報を整理しながら適切な情報を得たり，登場人物の言動の意味などについて考えたりして，内容を解釈すること。
　ウ　文章と図表などを結び付け，その関係を踏まえて内容を解釈すること。
　エ　観点を明確にして文章を比較するなどし，文章の構成や論理の展開，表現の効果について考えること。
　オ　文章を読んで理解したことや考えたことを知識や経験と結び付け，自分の考えを広げたり深めたりすること。
(2) (1)に示す事項については，例えば，次のような言語活動を通して指導するものとする。
　ア　報告や解説などの文章を読み，理解したことや考えたことを説明したり文章にまとめたりする活動。

付録5

イ 詩歌や小説などを読み，引用して解説したり，考えたことなどを伝え合ったりする活動。
ウ 本や新聞，インターネットなどから集めた情報を活用し，出典を明らかにしながら，考えたことなどを説明したり提案したりする活動。

〔第3学年〕

1 目標

(1) 社会生活に必要な国語の知識や技能を身に付けるとともに，我が国の言語文化に親しんだり理解したりすることができるようにする。

(2) 論理的に考える力や深く共感したり豊かに想像したりする力を養い，社会生活における人との関わりの中で伝え合う力を高め，自分の思いや考えを広げたり深めたりすることができるようにする。

(3) 言葉がもつ価値を認識するとともに，読書を通して自己を向上させ，我が国の言語文化に関わり，思いや考えを伝え合おうとする態度を養う。

2 内容

〔知識及び技能〕

(1) 言葉の特徴や使い方に関する次の事項を身に付けることができるよう指導する。
  ア 第2学年までに学習した常用漢字に加え，その他の常用漢字の大体を読むこと。また，学年別漢字配当表に示されている漢字について，文や文章の中で使い慣れること。
  イ 理解したり表現したりするために必要な語句の量を増し，慣用句や四字熟語などについて理解を深め，話や文章の中で使うとともに，和語，漢語，外来語などを使い分けることを通して，語感を磨き語彙を豊かにすること。
  ウ 話や文章の種類とその特徴について理解を深めること。
  エ 敬語などの相手や場に応じた言葉遣いを理解し，適切に使うこと。

(2) 話や文章に含まれている情報の扱い方に関する次の事項を身に付けることができるよう指導する。
  ア 具体と抽象など情報と情報との関係について理解を深めること。
  イ 情報の信頼性の確かめ方を理解し使うこと。

(3) 我が国の言語文化に関する次の事項を身に付けることができるよう指導する。
  ア 歴史的背景などに注意して古典を読むことを通して，その世界に親しむこと。
  イ 長く親しまれている言葉や古典の一節を引用するなどして使うこと。
  ウ 時間の経過による言葉の変化や世代による言葉の違いについて理解すること。
  エ 書写に関する次の事項を理解し使うこと。
    (ｱ) 身の回りの多様な表現を通して文字文化の豊かさに触れ，効果的に文字を書くこと。
  オ 自分の生き方や社会との関わり方を支える読書の意義と効用について理解すること。

〔思考力，判断力，表現力等〕

A 話すこと・聞くこと

(1) 話すこと・聞くことに関する次の事項を身に付けることができるよう指導する。
  ア 目的や場面に応じて，社会生活の中から話題を決め，多様な考えを想定しながら材料を整理し，伝え合う内容を検討すること。
  イ 自分の立場や考えを明確にし，相手を説得できるように論理の展開などを考えて，話の構成を工夫すること。
  ウ 場の状況に応じて言葉を選ぶなど，自分の考えが分かりやすく伝わるように表現を工夫すること。

付録5

エ　話の展開を予測しながら聞き，聞き取った内容や表現の仕方を評価して，自分の考えを広げたり深めたりすること。
　　オ　進行の仕方を工夫したり互いの発言を生かしたりしながら話し合い，合意形成に向けて考えを広げたり深めたりすること。
　(2)　(1)に示す事項については，例えば，次のような言語活動を通して指導するものとする。
　　ア　提案や主張など自分の考えを話したり，それらを聞いて質問したり評価などを述べたりする活動。
　　イ　互いの考えを生かしながら議論や討論をする活動。
　B　書くこと
　(1)　書くことに関する次の事項を身に付けることができるよう指導する。
　　ア　目的や意図に応じて，社会生活の中から題材を決め，集めた材料の客観性や信頼性を確認し，伝えたいことを明確にすること。
　　イ　文章の種類を選択し，多様な読み手を説得できるように論理の展開などを考えて，文章の構成を工夫すること。
　　ウ　表現の仕方を考えたり資料を適切に引用したりするなど，自分の考えが分かりやすく伝わる文章になるように工夫すること。
　　エ　目的や意図に応じた表現になっているかなどを確かめて，文章全体を整えること。
　　オ　論理の展開などについて，読み手からの助言などを踏まえ，自分の文章のよい点や改善点を見いだすこと。
　(2)　(1)に示す事項については，例えば，次のような言語活動を通して指導するものとする。
　　ア　関心のある事柄について批評するなど，自分の考えを書く活動。
　　イ　情報を編集して文章にまとめるなど，伝えたいことを整理して書く活動。
　C　読むこと
　(1)　読むことに関する次の事項を身に付けることができるよう指導する。
　　ア　文章の種類を踏まえて，論理や物語の展開の仕方などを捉えること。
　　イ　文章を批判的に読みながら，文章に表れているものの見方や考え方について考えること。
　　ウ　文章の構成や論理の展開，表現の仕方について評価すること。
　　エ　文章を読んで考えを広げたり深めたりして，人間，社会，自然などについて，自分の意見をもつこと。
　(2)　(1)に示す事項については，例えば，次のような言語活動を通して指導するものとする。
　　ア　論説や報道などの文章を比較するなどして読み，理解したことや考えたことについて討論したり文章にまとめたりする活動。
　　イ　詩歌や小説などを読み，批評したり，考えたことなどを伝え合ったりする活動。
　　ウ　実用的な文章を読み，実生活への生かし方を考える活動。

● 第3　指導計画の作成と内容の取扱い

1　指導計画の作成に当たっては，次の事項に配慮するものとする。
　(1)　単元など内容や時間のまとまりを見通して，その中で育む資質・能力の育成に向けて，生徒の主体的・対話的で深い学びの実現を図るようにすること。その際，言葉による見方・考え方を働かせ，言語活動を通して，言葉の特徴や使い方などを理解し自分の思いや考えを深める学習の充実を図ること。
　(2)　第2の各学年の内容の指導については，必要に応じて当該学年の前後の学年で取り上げるこ

ともできること。
(3) 第2の各学年の内容の〔知識及び技能〕に示す事項については，〔思考力，判断力，表現力等〕に示す事項の指導を通して指導することを基本とし，必要に応じて，特定の事項だけを取り上げて指導したり，それらをまとめて指導したりするなど，指導の効果を高めるよう工夫すること。
(4) 第2の各学年の内容の〔思考力，判断力，表現力等〕の「A話すこと・聞くこと」に関する指導については，第1学年及び第2学年では年間15～25単位時間程度，第3学年では年間10～20単位時間程度を配当すること。その際，音声言語のための教材を積極的に活用するなどして，指導の効果を高めるよう工夫すること。
(5) 第2の各学年の内容の〔思考力，判断力，表現力等〕の「B書くこと」に関する指導については，第1学年及び第2学年では年間30～40単位時間程度，第3学年では年間20～30単位時間程度を配当すること。その際，実際に文章を書く活動を重視すること。
(6) 第2の第1学年及び第3学年の内容の〔知識及び技能〕の(3)のオ，第2学年の内容の〔知識及び技能〕の(3)のエ，各学年の内容の〔思考力，判断力，表現力等〕の「C読むこと」に関する指導については，様々な文章を読んで，自分の表現に役立てられるようにするとともに，他教科等における読書の指導や学校図書館における指導との関連を考えて行うこと。
(7) 言語能力の向上を図る観点から，外国語科など他教科等との関連を積極的に図り，指導の効果を高めるようにすること。
(8) 障害のある生徒などについては，学習活動を行う場合に生じる困難さに応じた指導内容や指導方法の工夫を計画的，組織的に行うこと。
(9) 第1章総則の第1の2の(2)に示す道徳教育の目標に基づき，道徳科などとの関連を考慮しながら，第3章特別の教科道徳の第2に示す内容について，国語科の特質に応じて適切な指導をすること。
2 第2の内容の取扱いについては，次の事項に配慮するものとする。
(1) 〔知識及び技能〕に示す事項については，次のとおり取り扱うこと。
　ア　日常の言語活動を振り返ることなどを通して，生徒が，実際に話したり聞いたり書いたり読んだりする場面を意識できるよう指導を工夫すること。
　イ　漢字の指導については，第2の内容に定めるほか，次のとおり取り扱うこと。
　　(ｱ)　他教科等の学習において必要となる漢字については，当該教科等と関連付けて指導するなど，その確実な定着が図られるよう工夫すること。
　ウ　書写の指導については，第2の内容に定めるほか，次のとおり取り扱うこと。
　　(ｱ)　文字を正しく整えて速く書くことができるようにするとともに，書写の能力を学習や生活に役立てる態度を育てるよう配慮すること。
　　(ｲ)　硬筆を使用する書写の指導は各学年で行うこと。
　　(ｳ)　毛筆を使用する書写の指導は各学年で行い，硬筆による書写の能力の基礎を養うよう指導すること。
　　(ｴ)　書写の指導に配当する授業時数は，第1学年及び第2学年では年間20単位時間程度，第3学年では年間10単位時間程度とすること。
(2) 第2の内容の指導に当たっては，生徒がコンピュータや情報通信ネットワークを積極的に活用する機会を設けるなどして，指導の効果を高めるよう工夫すること。
(3) 第2の内容の指導に当たっては，学校図書館などを目的をもって計画的に利用しその機能の活用を図るようにすること。
3 教材については，次の事項に留意するものとする。

(1) 教材は，第2の各学年の目標及び内容に示す資質・能力を偏りなく養うことや読書に親しむ態度を育成することをねらいとし，生徒の発達の段階に即して適切な話題や題材を精選して調和的に取り上げること。また，第2の各学年の内容の〔思考力，判断力，表現力等〕の「A話すこと・聞くこと」，「B書くこと」及び「C読むこと」のそれぞれの(2)に掲げる言語活動が十分行われるよう教材を選定すること。
(2) 教材は，次のような観点に配慮して取り上げること。
　ア　国語に対する認識を深め，国語を尊重する態度を育てるのに役立つこと。
　イ　伝え合う力，思考力や想像力を養い言語感覚を豊かにするのに役立つこと。
　ウ　公正かつ適切に判断する能力や創造的精神を養うのに役立つこと。
　エ　科学的，論理的に物事を捉え考察し，視野を広げるのに役立つこと。
　オ　人生について考えを深め，豊かな人間性を養い，たくましく生きる意志を育てるのに役立つこと。
　カ　人間，社会，自然などについての考えを深めるのに役立つこと。
　キ　我が国の伝統と文化に対する関心や理解を深め，それらを尊重する態度を育てるのに役立つこと。
　ク　広い視野から国際理解を深め，日本人としての自覚をもち，国際協調の精神を養うのに役立つこと。
(3) 第2の各学年の内容の〔思考力，判断力，表現力等〕の「C読むこと」の教材については，各学年で説明的な文章や文学的な文章などの文章の種類を調和的に取り扱うこと。また，説明的な文章については，適宜，図表や写真などを含むものを取り上げること。
(4) 我が国の言語文化に親しむことができるよう，近代以降の代表的な作家の作品を，いずれかの学年で取り上げること。
(5) 古典に関する教材については，古典の原文に加え，古典の現代語訳，古典について解説した文章などを取り上げること。

付録5

小学校学習指導要領 第2章 第10節 外国語

● 第1 目標

外国語によるコミュニケーションにおける見方・考え方を働かせ，外国語による聞くこと，読むこと，話すこと，書くことの言語活動を通して，コミュニケーションを図る基礎となる資質・能力を次のとおり育成することを目指す。

(1) 外国語の音声や文字，語彙，表現，文構造，言語の働きなどについて，日本語と外国語との違いに気付き，これらの知識を理解するとともに，読むこと，書くことに慣れ親しみ，聞くこと，読むこと，話すこと，書くことによる実際のコミュニケーションにおいて活用できる基礎的な技能を身に付けるようにする。

(2) コミュニケーションを行う目的や場面，状況などに応じて，身近で簡単な事柄について，聞いたり話したりするとともに，音声で十分に慣れ親しんだ外国語の語彙や基本的な表現を推測しながら読んだり，語順を意識しながら書いたりして，自分の考えや気持ちなどを伝え合うことができる基礎的な力を養う。

(3) 外国語の背景にある文化に対する理解を深め，他者に配慮しながら，主体的に外国語を用いてコミュニケーションを図ろうとする態度を養う。

● 第2 各言語の目標及び内容等

英　語

1 目　標

英語学習の特質を踏まえ，以下に示す，聞くこと，読むこと，話すこと［やり取り］，話すこと［発表］，書くことの五つの領域別に設定する目標の実現を目指した指導を通して，第1の(1)及び(2)に示す資質・能力を一体的に育成するとともに，その過程を通して，第1の(3)に示す資質・能力を育成する。

(1) 聞くこと

　ア　ゆっくりはっきりと話されれば，自分のことや身近で簡単な事柄について，簡単な語句や基本的な表現を聞き取ることができるようにする。

　イ　ゆっくりはっきりと話されれば，日常生活に関する身近で簡単な事柄について，具体的な情報を聞き取ることができるようにする。

　ウ　ゆっくりはっきりと話されれば，日常生活に関する身近で簡単な事柄について，短い話の概要を捉えることができるようにする。

(2) 読むこと

　ア　活字体で書かれた文字を識別し，その読み方を発音することができるようにする。

　イ　音声で十分に慣れ親しんだ簡単な語句や基本的な表現の意味が分かるようにする。

(3) 話すこと［やり取り］

　ア　基本的な表現を用いて指示，依頼をしたり，それらに応じたりすることができるようにする。

　イ　日常生活に関する身近で簡単な事柄について，自分の考えや気持ちなどを，簡単な語句や基本的な表現を用いて伝え合うことができるようにする。

　ウ　自分や相手のこと及び身の回りの物に関する事柄について，簡単な語句や基本的な表現を用いてその場で質問をしたり質問に答えたりして，伝え合うことができるようにする。

(4) 話すこと［発表］

ア 日常生活に関する身近で簡単な事柄について，簡単な語句や基本的な表現を用いて話すことができるようにする。

イ 自分のことについて，伝えようとする内容を整理した上で，簡単な語句や基本的な表現を用いて話すことができるようにする。

ウ 身近で簡単な事柄について，伝えようとする内容を整理した上で，自分の考えや気持ちなどを，簡単な語句や基本的な表現を用いて話すことができるようにする。

(5) 書くこと

ア 大文字，小文字を活字体で書くことができるようにする。また，語順を意識しながら音声で十分に慣れ親しんだ簡単な語句や基本的な表現を書き写すことができるようにする。

イ 自分のことや身近で簡単な事柄について，例文を参考に，音声で十分に慣れ親しんだ簡単な語句や基本的な表現を用いて書くことができるようにする。

2　内　容

〔第5学年及び第6学年〕

〔知識及び技能〕

(1) 英語の特徴やきまりに関する事項

実際に英語を用いた言語活動を通して，次に示す言語材料のうち，1に示す五つの領域別の目標を達成するのにふさわしいものについて理解するとともに，言語材料と言語活動とを効果的に関連付け，実際のコミュニケーションにおいて活用できる技能を身に付けることができるよう指導する。

ア 音声

次に示す事項のうち基本的な語や句，文について取り扱うこと。

(ア) 現代の標準的な発音

(イ) 語と語の連結による音の変化

(ウ) 語や句，文における基本的な強勢

(エ) 文における基本的なイントネーション

(オ) 文における基本的な区切り

イ 文字及び符号

(ア) 活字体の大文字，小文字

(イ) 終止符や疑問符，コンマなどの基本的な符号

ウ 語，連語及び慣用表現

(ア) 1に示す五つの領域別の目標を達成するために必要となる，第3学年及び第4学年において第4章外国語活動を履修する際に取り扱った語を含む600～700語程度の語

(イ) 連語のうち，get up, look at などの活用頻度の高い基本的なもの

(ウ) 慣用表現のうち，excuse me, I see, I'm sorry, thank you, you're welcome などの活用頻度の高い基本的なもの

エ 文及び文構造

次に示す事項について，日本語と英語の語順の違い等に気付かせるとともに，基本的な表現として，意味のある文脈でのコミュニケーションの中で繰り返し触れることを通して活用すること。

(ア) 文

a 単文

b 肯定，否定の平叙文

付録6

c　肯定，否定の命令文

　　　d　疑問文のうち，be動詞で始まるものや助動詞（can, do など）で始まるもの，疑問詞（who, what, when, where, why, how）で始まるもの

　　　e　代名詞のうち，I, you, he, she などの基本的なものを含むもの

　　　f　動名詞や過去形のうち，活用頻度の高い基本的なものを含むもの

　(イ)　文構造

　　　a　［主語＋動詞］

　　　b　［主語＋動詞＋補語］のうち，

　　　　主語＋be動詞＋ $\begin{Bmatrix} 名詞 \\ 代名詞 \\ 形容詞 \end{Bmatrix}$

　　　c　［主語＋動詞＋目的語］のうち，

　　　　主語＋動詞＋ $\begin{Bmatrix} 名詞 \\ 代名詞 \end{Bmatrix}$

〔思考力，判断力，表現力等〕

(2)　情報を整理しながら考えなどを形成し，英語で表現したり，伝え合ったりすることに関する事項

　具体的な課題等を設定し，コミュニケーションを行う目的や場面，状況などに応じて，情報を整理しながら考えなどを形成し，これらを表現することを通して，次の事項を身に付けることができるよう指導する。

　ア　身近で簡単な事柄について，伝えようとする内容を整理した上で，簡単な語句や基本的な表現を用いて，自分の考えや気持ちなどを伝え合うこと。

　イ　身近で簡単な事柄について，音声で十分に慣れ親しんだ簡単な語句や基本的な表現を推測しながら読んだり，語順を意識しながら書いたりすること。

(3)　言語活動及び言語の働きに関する事項

①　言語活動に関する事項

　(2)に示す事項については，(1)に示す事項を活用して，例えば，次のような言語活動を通して指導する。

　ア　聞くこと

　　(ｱ)　自分のことや学校生活など，身近で簡単な事柄について，簡単な語句や基本的な表現を聞いて，それらを表すイラストや写真などと結び付ける活動。

　　(ｲ)　日付や時刻，値段などを表す表現など，日常生活に関する身近で簡単な事柄について，具体的な情報を聞き取る活動。

　　(ｳ)　友達や家族，学校生活など，身近で簡単な事柄について，簡単な語句や基本的な表現で話される短い会話や説明を，イラストや写真などを参考にしながら聞いて，必要な情報を得る活動。

　イ　読むこと

　　(ｱ)　活字体で書かれた文字を見て，どの文字であるかやその文字が大文字であるか小文字であるかを識別する活動。

　　(ｲ)　活字体で書かれた文字を見て，その読み方を適切に発音する活動。

　　(ｳ)　日常生活に関する身近で簡単な事柄を内容とする掲示やパンフレットなどから，自分が必要とする情報を得る活動。

(エ) 音声で十分に慣れ親しんだ簡単な語句や基本的な表現を,絵本などの中から識別する活動。
　ウ　話すこと［やり取り］
　　　(ア) 初対面の人や知り合いと挨拶を交わしたり，相手に指示や依頼をして，それらに応じたり断ったりする活動。
　　　(イ) 日常生活に関する身近で簡単な事柄について，自分の考えや気持ちなどを伝えたり，簡単な質問をしたり質問に答えたりして伝え合う活動。
　　　(ウ) 自分に関する簡単な質問に対してその場で答えたり，相手に関する簡単な質問をその場でしたりして，短い会話をする活動。
　エ　話すこと［発表］
　　　(ア) 時刻や日時，場所など，日常生活に関する身近で簡単な事柄を話す活動。
　　　(イ) 簡単な語句や基本的な表現を用いて，自分の趣味や得意なことなどを含めた自己紹介をする活動。
　　　(ウ) 簡単な語句や基本的な表現を用いて，学校生活や地域に関することなど，身近で簡単な事柄について，自分の考えや気持ちなどを話す活動。
　オ　書くこと
　　　(ア) 文字の読み方が発音されるのを聞いて，活字体の大文字，小文字を書く活動。
　　　(イ) 相手に伝えるなどの目的をもって，身近で簡単な事柄について，音声で十分に慣れ親しんだ簡単な語句を書き写す活動。
　　　(ウ) 相手に伝えるなどの目的をもって，語と語の区切りに注意して，身近で簡単な事柄について，音声で十分に慣れ親しんだ基本的な表現を書き写す活動。
　　　(エ) 相手に伝えるなどの目的をもって，名前や年齢，趣味，好き嫌いなど，自分に関する簡単な事柄について，音声で十分に慣れ親しんだ簡単な語句や基本的な表現を用いた例の中から言葉を選んで書く活動。
② 言語の働きに関する事項
　言語活動を行うに当たり，主として次に示すような言語の使用場面や言語の働きを取り上げるようにする。
　ア　言語の使用場面の例
　　　(ア) 児童の身近な暮らしに関わる場面
　　　　　・ 家庭での生活　　・ 学校での学習や活動
　　　　　・ 地域の行事　など
　　　(イ) 特有の表現がよく使われる場面
　　　　　・ 挨拶　　　　・ 自己紹介　　　・ 買物
　　　　　・ 食事　　　　・ 道案内　　　　・ 旅行　など
　イ　言語の働きの例
　　　(ア) コミュニケーションを円滑にする
　　　　　・ 挨拶をする　　・ 呼び掛ける　　・ 相づちを打つ
　　　　　・ 聞き直す　　　・ 繰り返す　など
　　　(イ) 気持ちを伝える
　　　　　・ 礼を言う　　　・ 褒める　　　　・ 謝る　など
　　　(ウ) 事実・情報を伝える
　　　　　・ 説明する　　　・ 報告する　　　・ 発表する　など
　　　(エ) 考えや意図を伝える
　　　　　・ 申し出る　　　・ 意見を言う　　・ 賛成する

付録6

- 承諾する　・断る　など
- (オ) 相手の行動を促す
  - 質問する　・依頼する　・命令する　など

3　指導計画の作成と内容の取扱い

(1) 指導計画の作成に当たっては，第3学年及び第4学年並びに中学校及び高等学校における指導との接続に留意しながら，次の事項に配慮するものとする。

ア　単元など内容や時間のまとまりを見通して，その中で育む資質・能力の育成に向けて，児童の主体的・対話的で深い学びの実現を図るようにすること。その際，具体的な課題等を設定し，児童が外国語によるコミュニケーションにおける見方・考え方を働かせながら，コミュニケーションの目的や場面，状況などを意識して活動を行い，英語の音声や語彙，表現などの知識を，五つの領域における実際のコミュニケーションにおいて活用する学習の充実を図ること。

イ　学年ごとの目標を適切に定め，2学年間を通じて外国語科の目標の実現を図るようにすること。

ウ　実際に英語を使用して互いの考えや気持ちを伝え合うなどの言語活動を行う際は，2の(1)に示す言語材料について理解したり練習したりするための指導を必要に応じて行うこと。また，第3学年及び第4学年において第4章外国語活動を履修する際に扱った簡単な語句や基本的な表現などの学習内容を繰り返し指導し定着を図ること。

エ　児童が英語に多く触れることが期待される英語学習の特質を踏まえ，必要に応じて，特定の事項を取り上げて第1章総則の第2の3の(2)のウの(イ)に掲げる指導を行うことにより，指導の効果を高めるよう工夫すること。このような指導を行う場合には，当該指導のねらいやそれを関連付けて指導を行う事項との関係を明確にするとともに，単元など内容や時間のまとまりを見通して資質・能力が偏りなく育成されるよう計画的に指導すること。

オ　言語活動で扱う題材は，児童の興味・関心に合ったものとし，国語科や音楽科，図画工作科など，他の教科等で児童が学習したことを活用したり，学校行事で扱う内容と関連付けたりするなどの工夫をすること。

カ　障害のある児童などについては，学習活動を行う場合に生じる困難さに応じた指導内容や指導方法の工夫を計画的，組織的に行うこと。

キ　学級担任の教師又は外国語を担当する教師が指導計画を作成し，授業を実施するに当たっては，ネイティブ・スピーカーや英語が堪能な地域人材などの協力を得る等，指導体制の充実を図るとともに，指導方法の工夫を行うこと。

(2) 2の内容の取扱いについては，次の事項に配慮するものとする。

ア　2の(1)に示す言語材料については，平易なものから難しいものへと段階的に指導すること。また，児童の発達の段階に応じて，聞いたり読んだりすることを通して意味を理解できるように指導すべき事項と，話したり書いたりして表現できるように指導すべき事項とがあることに留意すること。

イ　音声指導に当たっては，日本語との違いに留意しながら，発音練習などを通して2の(1)のアに示す言語材料を指導すること。また，音声と文字とを関連付けて指導すること。

ウ　文や文構造の指導に当たっては，次の事項に留意すること。

(ア) 児童が日本語と英語との語順等の違いや，関連のある文や文構造のまとまりを認識できるようにするために，効果的な指導ができるよう工夫すること。

(イ) 文法の用語や用法の指導に偏ることがないよう配慮して，言語活動と効果的に関連付け

て指導すること。
　エ　身近で簡単な事柄について，友達に質問をしたり質問に答えたりする力を育成するため，ペア・ワーク，グループ・ワークなどの学習形態について適宜工夫すること。その際，他者とコミュニケーションを行うことに課題がある児童については，個々の児童の特性に応じて指導内容や指導方法を工夫すること。
　オ　児童が身に付けるべき資質・能力や児童の実態，教材の内容などに応じて，視聴覚教材やコンピュータ，情報通信ネットワーク，教育機器などを有効活用し，児童の興味・関心をより高め，指導の効率化や言語活動の更なる充実を図るようにすること。
　カ　各単元や各時間の指導に当たっては，コミュニケーションを行う目的，場面，状況などを明確に設定し，言語活動を通して育成すべき資質・能力を明確に示すことにより，児童が学習の見通しを立てたり，振り返ったりすることができるようにすること。
(3) 教材については，次の事項に留意するものとする。
　ア　教材は，聞くこと，読むこと，話すこと［やり取り］，話すこと［発表］，書くことなどのコミュニケーションを図る基礎となる資質・能力を総合的に育成するため，1に示す五つの領域別の目標と2に示す内容との関係について，単元など内容や時間のまとまりごとに各教材の中で明確に示すとともに，実際の言語の使用場面や言語の働きに十分配慮した題材を取り上げること。
　イ　英語を使用している人々を中心とする世界の人々や日本人の日常生活，風俗習慣，物語，地理，歴史，伝統文化，自然などに関するものの中から，児童の発達の段階や興味・関心に即して適切な題材を変化をもたせて取り上げるものとし，次の観点に配慮すること。
　　(ｱ)　多様な考え方に対する理解を深めさせ，公正な判断力を養い豊かな心情を育てることに役立つこと。
　　(ｲ)　我が国の文化や，英語の背景にある文化に対する関心を高め，理解を深めようとする態度を養うことに役立つこと。
　　(ｳ)　広い視野から国際理解を深め，国際社会と向き合うことが求められている我が国の一員としての自覚を高めるとともに，国際協調の精神を養うことに役立つこと。

その他の外国語
　その他の外国語については，英語の1に示す五つの領域別の目標，2に示す内容及び3に示す指導計画の作成と内容の取扱いに準じて指導を行うものとする。

● 第3　指導計画の作成と内容の取扱い

1　外国語科においては，英語を履修させることを原則とすること。
2　第1章総則の第1の2の(2)に示す道徳教育の目標に基づき，道徳科などとの関連を考慮しながら，第3章特別の教科道徳の第2に示す内容について，外国語科の特質に応じて適切な指導をすること。

小学校学習指導要領　第4章　外国語活動

● 第1　目標

　外国語によるコミュニケーションにおける見方・考え方を働かせ，外国語による聞くこと，話すことの言語活動を通して，コミュニケーションを図る素地となる資質・能力を次のとおり育成することを目指す。

(1) 外国語を通して，言語や文化について体験的に理解を深め，日本語と外国語との音声の違い等に気付くとともに，外国語の音声や基本的な表現に慣れ親しむようにする。

(2) 身近で簡単な事柄について，外国語で聞いたり話したりして自分の考えや気持ちなどを伝え合う力の素地を養う。

(3) 外国語を通して，言語やその背景にある文化に対する理解を深め，相手に配慮しながら，主体的に外国語を用いてコミュニケーションを図ろうとする態度を養う。

● 第2　各言語の目標及び内容等

英　語

1　目　標

　英語学習の特質を踏まえ，以下に示す，聞くこと，話すこと［やり取り］，話すこと［発表］の三つの領域別に設定する目標の実現を目指した指導を通して，第1の(1)及び(2)に示す資質・能力を一体的に育成するとともに，その過程を通して，第1の(3)に示す資質・能力を育成する。

(1) 聞くこと

　ア　ゆっくりはっきりと話された際に，自分のことや身の回りの物を表す簡単な語句を聞き取るようにする。

　イ　ゆっくりはっきりと話された際に，身近で簡単な事柄に関する基本的な表現の意味が分かるようにする。

　ウ　文字の読み方が発音されるのを聞いた際に，どの文字であるかが分かるようにする。

(2) 話すこと［やり取り］

　ア　基本的な表現を用いて挨拶，感謝，簡単な指示をしたり，それらに応じたりするようにする。

　イ　自分のことや身の回りの物について，動作を交えながら，自分の考えや気持ちなどを，簡単な語句や基本的な表現を用いて伝え合うようにする。

　ウ　サポートを受けて，自分や相手のこと及び身の回りの物に関する事柄について，簡単な語句や基本的な表現を用いて質問をしたり質問に答えたりするようにする。

(3) 話すこと［発表］

　ア　身の回りの物について，人前で実物などを見せながら，簡単な語句や基本的な表現を用いて話すようにする。

　イ　自分のことについて，人前で実物などを見せながら，簡単な語句や基本的な表現を用いて話すようにする。

　ウ　日常生活に関する身近で簡単な事柄について，人前で実物などを見せながら，自分の考えや気持ちなどを，簡単な語句や基本的な表現を用いて話すようにする。

2 内容

〔第3学年及び第4学年〕

〔知識及び技能〕

(1) 英語の特徴等に関する事項

実際に英語を用いた言語活動を通して，次の事項を体験的に身に付けることができるよう指導する。

ア 言語を用いて主体的にコミュニケーションを図ることの楽しさや大切さを知ること。

イ 日本と外国の言語や文化について理解すること。

(ｱ) 英語の音声やリズムなどに慣れ親しむとともに，日本語との違いを知り，言葉の面白さや豊かさに気付くこと。

(ｲ) 日本と外国との生活や習慣，行事などの違いを知り，多様な考え方があることに気付くこと。

(ｳ) 異なる文化をもつ人々との交流などを体験し，文化等に対する理解を深めること。

〔思考力，判断力，表現力等〕

(2) 情報を整理しながら考えなどを形成し，英語で表現したり，伝え合ったりすることに関する事項

具体的な課題等を設定し，コミュニケーションを行う目的や場面，状況などに応じて，情報や考えなどを表現することを通して，次の事項を身に付けることができるよう指導する。

ア 自分のことや身近で簡単な事柄について，簡単な語句や基本的な表現を使って，相手に配慮しながら，伝え合うこと。

イ 身近で簡単な事柄について，自分の考えや気持ちなどが伝わるよう，工夫して質問をしたり質問に答えたりすること。

(3) 言語活動及び言語の働きに関する事項

① 言語活動に関する事項

(2)に示す事項については，(1)に示す事項を活用して，例えば，次のような言語活動を通して指導する。

ア 聞くこと

(ｱ) 身近で簡単な事柄に関する短い話を聞いておおよその内容が分かったりする活動。

(ｲ) 身近な人や身の回りの物に関する簡単な語句や基本的な表現を聞いて，それらを表すイラストや写真などと結び付ける活動。

(ｳ) 文字の読み方が発音されるのを聞いて，活字体で書かれた文字と結び付ける活動。

イ 話すこと［やり取り］

(ｱ) 知り合いと簡単な挨拶を交わしたり，感謝や簡単な指示，依頼をして，それらに応じたりする活動。

(ｲ) 自分のことや身の回りの物について，動作を交えながら，好みや要求などの自分の考えや気持ちなどを伝え合う活動。

(ｳ) 自分や相手の好み及び欲しい物などについて，簡単な質問をしたり質問に答えたりする活動。

ウ 話すこと［発表］

(ｱ) 身の回りの物の数や形状などについて，人前で実物やイラスト，写真などを見せながら話す活動。

(ｲ) 自分の好き嫌いや，欲しい物などについて，人前で実物やイラスト，写真などを見せながら話す活動。

(ウ) 時刻や曜日，場所など，日常生活に関する身近で簡単な事柄について，人前で実物やイラスト，写真などを見せながら，自分の考えや気持ちなどを話す活動。

② 言語の働きに関する事項

　言語活動を行うに当たり，主として次に示すような言語の使用場面や言語の働きを取り上げるようにする。

　ア　言語の使用場面の例

　　(ア) 児童の身近な暮らしに関わる場面
　　　　・家庭での生活　・学校での学習や活動
　　　　・地域の行事　　・子供の遊び　など
　　(イ) 特有の表現がよく使われる場面
　　　　・挨拶　　　　・自己紹介　　　　・買物
　　　　・食事　　　　・道案内　など

　イ　言語の働きの例

　　(ア) コミュニケーションを円滑にする
　　　　・挨拶をする　・相づちを打つ　など
　　(イ) 気持ちを伝える
　　　　・礼を言う　　・褒める　など
　　(ウ) 事実・情報を伝える
　　　　・説明する　　・答える　など
　　(エ) 考えや意図を伝える
　　　　・申し出る　　・意見を言う　など
　　(オ) 相手の行動を促す
　　　　・質問する　　・依頼する　　　・命令する　など

3　指導計画の作成と内容の取扱い

(1) 指導計画の作成に当たっては，第5学年及び第6学年並びに中学校及び高等学校における指導との接続に留意しながら，次の事項に配慮するものとする。

　ア　単元など内容や時間のまとまりを見通して，その中で育む資質・能力の育成に向けて，児童の主体的・対話的で深い学びの実現を図るようにすること。その際，具体的な課題等を設定し，児童が外国語によるコミュニケーションにおける見方・考え方を働かせながら，コミュニケーションの目的や場面，状況などを意識して活動を行い，英語の音声や語彙，表現などの知識を，三つの領域における実際のコミュニケーションにおいて活用する学習の充実を図ること。

　イ　学年ごとの目標を適切に定め，2学年間を通じて外国語活動の目標の実現を図るようにすること。

　ウ　実際に英語を用いて互いの考えや気持ちを伝え合うなどの言語活動を行う際は，2の(1)に示す事項について理解したり練習したりするための指導を必要に応じて行うこと。また，英語を初めて学習することに配慮し，簡単な語句や基本的な表現を用いながら，友達との関わりを大切にした体験的な言語活動を行うこと。

　エ　言語活動で扱う題材は，児童の興味・関心に合ったものとし，国語科や音楽科，図画工作科など，他教科等で児童が学習したことを活用したり，学校行事で扱う内容と関連付けたりするなどの工夫をすること。

　オ　外国語活動を通して，外国語や外国の文化のみならず，国語や我が国の文化についても併

せて理解を深めるようにすること。言語活動で扱う題材についても，我が国の文化や，英語の背景にある文化に対する関心を高め，理解を深めようとする態度を養うのに役立つものとすること。

　　カ　障害のある児童などについては，学習活動を行う場合に生じる困難さに応じた指導内容や指導方法の工夫を計画的，組織的に行うこと。

　　キ　学級担任の教師又は外国語活動を担当する教師が指導計画を作成し，授業を実施するに当たっては，ネイティブ・スピーカーや英語が堪能な地域人材などの協力を得る等，指導体制の充実を図るとともに，指導方法の工夫を行うこと。

(2)　2の内容の取扱いについては，次の事項に配慮するものとする。

　　ア　英語でのコミュニケーションを体験させる際は，児童の発達の段階を考慮した表現を用い，児童にとって身近なコミュニケーションの場面を設定すること。

　　イ　文字については，児童の学習負担に配慮しつつ，音声によるコミュニケーションを補助するものとして取り扱うこと。

　　ウ　言葉によらないコミュニケーションの手段もコミュニケーションを支えるものであることを踏まえ，ジェスチャーなどを取り上げ，その役割を理解させるようにすること。

　　エ　身近で簡単な事柄について，友達に質問をしたり質問に答えたりする力を育成するため，ペア・ワーク，グループ・ワークなどの学習形態について適宜工夫すること。その際，相手とコミュニケーションを行うことに課題がある児童については，個々の児童の特性に応じて指導内容や指導方法を工夫すること。

　　オ　児童が身に付けるべき資質・能力や児童の実態，教材の内容などに応じて，視聴覚教材やコンピュータ，情報通信ネットワーク，教育機器などを有効活用し，児童の興味・関心をより高め，指導の効率化や言語活動の更なる充実を図るようにすること。

　　カ　各単元や各時間の指導に当たっては，コミュニケーションを行う目的，場面，状況などを明確に設定し，言語活動を通して育成すべき資質・能力を明確に示すことにより，児童が学習の見通しを立てたり，振り返ったりすることができるようにすること。

第3　指導計画の作成と内容の取扱い

1　外国語活動においては，言語やその背景にある文化に対する理解が深まるよう指導するとともに，外国語による聞くこと，話すことの言語活動を行う際は，英語を取り扱うことを原則とすること。

2　第1章総則の第1の2の(2)に示す道徳教育の目標に基づき，道徳科などとの関連を考慮しながら，第3章特別の教科道徳の第2に示す内容について，外国語活動の特質に応じて適切な指導をすること。

小学校学習指導要領　第3章　特別の教科　道徳

● 第1　目標

第1章総則の第1の2の(2)に示す道徳教育の目標に基づき，よりよく生きるための基盤となる道徳性を養うため，道徳的諸価値についての理解を基に，自己を見つめ，物事を多面的・多角的に考え，自己の生き方についての考えを深める学習を通して，道徳的な判断力，心情，実践意欲と態度を育てる。

● 第2　内容

学校の教育活動全体を通じて行う道徳教育の要である道徳科においては，以下に示す項目について扱う。

　A　主として自分自身に関すること

［善悪の判断，自律，自由と責任］
　〔第1学年及び第2学年〕
　　よいことと悪いこととの区別をし，よいと思うことを進んで行うこと。
　〔第3学年及び第4学年〕
　　正しいと判断したことは，自信をもって行うこと。
　〔第5学年及び第6学年〕
　　自由を大切にし，自律的に判断し，責任のある行動をすること。

［正直，誠実］
　〔第1学年及び第2学年〕
　　うそをついたりごまかしをしたりしないで，素直に伸び伸びと生活すること。
　〔第3学年及び第4学年〕
　　過ちは素直に改め，正直に明るい心で生活すること。
　〔第5学年及び第6学年〕
　　誠実に，明るい心で生活すること。

［節度，節制］
　〔第1学年及び第2学年〕
　　健康や安全に気を付け，物や金銭を大切にし，身の回りを整え，わがままをしないで，規則正しい生活をすること。
　〔第3学年及び第4学年〕
　　自分でできることは自分でやり，安全に気を付け，よく考えて行動し，節度のある生活をすること。
　〔第5学年及び第6学年〕
　　安全に気を付けることや，生活習慣の大切さについて理解し，自分の生活を見直し，節度を守り節制に心掛けること。

［個性の伸長］
　〔第1学年及び第2学年〕
　　自分の特徴に気付くこと。
　〔第3学年及び第4学年〕
　　自分の特徴に気付き，長所を伸ばすこと。

〔第5学年及び第6学年〕
　自分の特徴を知って,短所を改め長所を伸ばすこと。

［希望と勇気,努力と強い意志］
〔第1学年及び第2学年〕
　自分のやるべき勉強や仕事をしっかりと行うこと。
〔第3学年及び第4学年〕
　自分でやろうと決めた目標に向かって,強い意志をもち,粘り強くやり抜くこと。
〔第5学年及び第6学年〕
　より高い目標を立て,希望と勇気をもち,困難があってもくじけずに努力して物事をやり抜くこと。

［真理の探究］
〔第5学年及び第6学年〕
　真理を大切にし,物事を探究しようとする心をもつこと。

B　主として人との関わりに関すること

［親切,思いやり］
〔第1学年及び第2学年〕
　身近にいる人に温かい心で接し,親切にすること。
〔第3学年及び第4学年〕
　相手のことを思いやり,進んで親切にすること。
〔第5学年及び第6学年〕
　誰に対しても思いやりの心をもち,相手の立場に立って親切にすること。

［感謝］
〔第1学年及び第2学年〕
　家族など日頃世話になっている人々に感謝すること。
〔第3学年及び第4学年〕
　家族など生活を支えてくれている人々や現在の生活を築いてくれた高齢者に,尊敬と感謝の気持ちをもって接すること。
〔第5学年及び第6学年〕
　日々の生活が家族や過去からの多くの人々の支え合いや助け合いで成り立っていることに感謝し,それに応えること。

［礼儀］
〔第1学年及び第2学年〕
　気持ちのよい挨拶,言葉遣い,動作などに心掛けて,明るく接すること。
〔第3学年及び第4学年〕
　礼儀の大切さを知り,誰に対しても真心をもって接すること。
〔第5学年及び第6学年〕
　時と場をわきまえて,礼儀正しく真心をもって接すること。

［友情,信頼］
〔第1学年及び第2学年〕
　友達と仲よくし,助け合うこと。
〔第3学年及び第4学年〕
　友達と互いに理解し,信頼し,助け合うこと。
〔第5学年及び第6学年〕

　　　　友達と互いに信頼し，学び合って友情を深め，異性についても理解しながら，人間関係を築いていくこと。

［相互理解，寛容］

〔第3学年及び第4学年〕

　　　　自分の考えや意見を相手に伝えるとともに，相手のことを理解し，自分と異なる意見も大切にすること。

〔第5学年及び第6学年〕

　　　　自分の考えや意見を相手に伝えるとともに，謙虚な心をもち，広い心で自分と異なる意見や立場を尊重すること。

C　主として集団や社会との関わりに関すること

［規則の尊重］

〔第1学年及び第2学年〕

　　　　約束やきまりを守り，みんなが使う物を大切にすること。

〔第3学年及び第4学年〕

　　　　約束や社会のきまりの意義を理解し，それらを守ること。

〔第5学年及び第6学年〕

　　　　法やきまりの意義を理解した上で進んでそれらを守り，自他の権利を大切にし，義務を果たすこと。

［公正，公平，社会正義］

〔第1学年及び第2学年〕

　　　　自分の好き嫌いにとらわれないで接すること。

〔第3学年及び第4学年〕

　　　　誰に対しても分け隔てをせず，公正，公平な態度で接すること。

〔第5学年及び第6学年〕

　　　　誰に対しても差別をすることや偏見をもつことなく，公正，公平な態度で接し，正義の実現に努めること。

［勤労，公共の精神］

〔第1学年及び第2学年〕

　　　　働くことのよさを知り，みんなのために働くこと。

〔第3学年及び第4学年〕

　　　　働くことの大切さを知り，進んでみんなのために働くこと。

〔第5学年及び第6学年〕

　　　　働くことや社会に奉仕することの充実感を味わうとともに，その意義を理解し，公共のために役に立つことをすること。

［家族愛，家庭生活の充実］

〔第1学年及び第2学年〕

　　　　父母，祖父母を敬愛し，進んで家の手伝いなどをして，家族の役に立つこと。

〔第3学年及び第4学年〕

　　　　父母，祖父母を敬愛し，家族みんなで協力し合って楽しい家庭をつくること。

〔第5学年及び第6学年〕

　　　　父母，祖父母を敬愛し，家族の幸せを求めて，進んで役に立つことをすること。

［よりよい学校生活，集団生活の充実］

〔第1学年及び第2学年〕

先生を敬愛し，学校の人々に親しんで，学級や学校の生活を楽しくすること。
　　〔第3学年及び第4学年〕
　　　先生や学校の人々を敬愛し，みんなで協力し合って楽しい学級や学校をつくること。
　　〔第5学年及び第6学年〕
　　　先生や学校の人々を敬愛し，みんなで協力し合ってよりよい学級や学校をつくるとともに，様々な集団の中での自分の役割を自覚して集団生活の充実に努めること。
　［伝統と文化の尊重，国や郷土を愛する態度］
　　〔第1学年及び第2学年〕
　　　我が国や郷土の文化と生活に親しみ，愛着をもつこと。
　　〔第3学年及び第4学年〕
　　　我が国や郷土の伝統と文化を大切にし，国や郷土を愛する心をもつこと。
　　〔第5学年及び第6学年〕
　　　我が国や郷土の伝統と文化を大切にし，先人の努力を知り，国や郷土を愛する心をもつこと。
　［国際理解，国際親善］
　　〔第1学年及び第2学年〕
　　　他国の人々や文化に親しむこと。
　　〔第3学年及び第4学年〕
　　　他国の人々や文化に親しみ，関心をもつこと。
　　〔第5学年及び第6学年〕
　　　他国の人々や文化について理解し，日本人としての自覚をもって国際親善に努めること。
D　主として生命や自然，崇高なものとの関わりに関すること
　［生命の尊さ］
　　〔第1学年及び第2学年〕
　　　生きることのすばらしさを知り，生命を大切にすること。
　　〔第3学年及び第4学年〕
　　　生命の尊さを知り，生命あるものを大切にすること。
　　〔第5学年及び第6学年〕
　　　生命が多くの生命のつながりの中にあるかけがえのないものであることを理解し，生命を尊重すること。
　［自然愛護］
　　〔第1学年及び第2学年〕
　　　身近な自然に親しみ，動植物に優しい心で接すること。
　　〔第3学年及び第4学年〕
　　　自然のすばらしさや不思議さを感じ取り，自然や動植物を大切にすること。
　　〔第5学年及び第6学年〕
　　　自然の偉大さを知り，自然環境を大切にすること。
　［感動，畏敬の念］
　　〔第1学年及び第2学年〕
　　　美しいものに触れ，すがすがしい心をもつこと。
　　〔第3学年及び第4学年〕
　　　美しいものや気高いものに感動する心をもつこと。
　　〔第5学年及び第6学年〕
　　　美しいものや気高いものに感動する心や人間の力を超えたものに対する畏敬の念をもつこと。

付録8

［よりよく生きる喜び］
〔第５学年及び第６学年〕
　　　よりよく生きようとする人間の強さや気高さを理解し，人間として生きる喜びを感じること。

● 第３　指導計画の作成と内容の取扱い

1　各学校においては，道徳教育の全体計画に基づき，各教科，外国語活動，総合的な学習の時間及び特別活動との関連を考慮しながら，道徳科の年間指導計画を作成するものとする。なお，作成に当たっては，第２に示す各学年段階の内容項目について，相当する各学年において全て取り上げることとする。その際，児童や学校の実態に応じ，２学年間を見通した重点的な指導や内容項目間の関連を密にした指導，一つの内容項目を複数の時間で扱う指導を取り入れるなどの工夫を行うものとする。

2　第２の内容の指導に当たっては，次の事項に配慮するものとする。
 (1) 校長や教頭などの参加，他の教師との協力的な指導などについて工夫し，道徳教育推進教師を中心とした指導体制を充実すること。
 (2) 道徳科が学校の教育活動全体を通じて行う道徳教育の要としての役割を果たすことができるよう，計画的・発展的な指導を行うこと。特に，各教科，外国語活動，総合的な学習の時間及び特別活動における道徳教育としては取り扱う機会が十分でない内容項目に関わる指導を補うことや，児童や学校の実態等を踏まえて指導をより一層深めること，内容項目の相互の関連を捉え直したり発展させたりすることに留意すること。
 (3) 児童が自ら道徳性を養う中で，自らを振り返って成長を実感したり，これからの課題や目標を見付けたりすることができるよう工夫すること。その際，道徳性を養うことの意義について，児童自らが考え，理解し，主体的に学習に取り組むことができるようにすること。
 (4) 児童が多様な感じ方や考え方に接する中で，考えを深め，判断し，表現する力などを育むことができるよう，自分の考えを基に話し合ったり書いたりするなどの言語活動を充実すること。
 (5) 児童の発達の段階や特性等を考慮し，指導のねらいに即して，問題解決的な学習，道徳的行為に関する体験的な学習等を適切に取り入れるなど，指導方法を工夫すること。その際，それらの活動を通じて学んだ内容の意義などについて考えることができるようにすること。また，特別活動等における多様な実践活動や体験活動も道徳科の授業に生かすようにすること。
 (6) 児童の発達の段階や特性等を考慮し，第２に示す内容との関連を踏まえつつ，情報モラルに関する指導を充実すること。また，児童の発達の段階や特性等を考慮し，例えば，社会の持続可能な発展などの現代的な課題の取扱いにも留意し，身近な社会的課題を自分との関係において考え，それらの解決に寄与しようとする意欲や態度を育てるよう努めること。なお，多様な見方や考え方のできる事柄について，特定の見方や考え方に偏った指導を行うことのないようにすること。
 (7) 道徳科の授業を公開したり，授業の実施や地域教材の開発や活用などに家庭や地域の人々，各分野の専門家等の積極的な参加や協力を得たりするなど，家庭や地域社会との共通理解を深め，相互の連携を図ること。

3　教材については，次の事項に留意するものとする。
 (1) 児童の発達の段階や特性，地域の実情等を考慮し，多様な教材の活用に努めること。特に，生命の尊厳，自然，伝統と文化，先人の伝記，スポーツ，情報化への対応等の現代的な課題などを題材とし，児童が問題意識をもって多面的・多角的に考えたり，感動を覚えたりするような充実した教材の開発や活用を行うこと。

(2) 教材については，教育基本法や学校教育法その他の法令に従い，次の観点に照らし適切と判断されるものであること。
　ア　児童の発達の段階に即し，ねらいを達成するのにふさわしいものであること。
　イ　人間尊重の精神にかなうものであって，悩みや葛藤等の心の揺れ，人間関係の理解等の課題も含め，児童が深く考えることができ，人間としてよりよく生きる喜びや勇気を与えられるものであること。
　ウ　多様な見方や考え方のできる事柄を取り扱う場合には，特定の見方や考え方に偏った取扱いがなされていないものであること。
4　児童の学習状況や道徳性に係る成長の様子を継続的に把握し，指導に生かすよう努める必要がある。ただし，数値などによる評価は行わないものとする。

「道徳の内容」の学年段階・学校段階の一覧表

	小学校第1学年及び第2学年（19）	小学校第3学年及び第4学年（20）
A 主として自分自身に関すること		
善悪の判断, 自律, 自由と責任	(1) よいことと悪いこととの区別をし, よいと思うことを進んで行うこと。	(1) 正しいと判断したことは, 自信をもって行うこと。
正直, 誠実	(2) うそをついたりごまかしをしたりしないで, 素直に伸び伸びと生活すること。	(2) 過ちは素直に改め, 正直に明るい心で生活すること。
節度, 節制	(3) 健康や安全に気を付け, 物や金銭を大切にし, 身の回りを整え, わがままをしないで, 規則正しい生活をすること。	(3) 自分でできることは自分でやり, 安全に気を付け, よく考えて行動し, 節度のある生活をすること。
個性の伸長	(4) 自分の特徴に気付くこと。	(4) 自分の特徴に気付き, 長所を伸ばすこと。
希望と勇気, 努力と強い意志	(5) 自分のやるべき勉強や仕事をしっかりと行うこと。	(5) 自分でやろうと決めた目標に向かって, 強い意志をもち, 粘り強くやり抜くこと。
真理の探究		
B 主として人との関わりに関すること		
親切, 思いやり	(6) 身近にいる人に温かい心で接し, 親切にすること。	(6) 相手のことを思いやり, 進んで親切にすること。
感謝	(7) 家族など日頃世話になっている人々に感謝すること。	(7) 家族など生活を支えてくれている人々や現在の生活を築いてくれた高齢者に, 尊敬と感謝の気持ちをもって接すること。
礼儀	(8) 気持ちのよい挨拶, 言葉遣い, 動作などに心掛けて, 明るく接すること。	(8) 礼儀の大切さを知り, 誰に対しても真心をもって接すること。
友情, 信頼	(9) 友達と仲よくし, 助け合うこと。	(9) 友達と互いに理解し, 信頼し, 助け合うこと。
相互理解, 寛容		(10) 自分の考えや意見を相手に伝えるとともに, 相手のことを理解し, 自分と異なる意見も大切にすること。
C 主として集団や社会との関わりに関すること		
規則の尊重	(10) 約束やきまりを守り, みんなが使う物を大切にすること。	(11) 約束や社会のきまりの意義を理解し, それらを守ること。
公正, 公平, 社会正義	(11) 自分の好き嫌いにとらわれないで接すること。	(12) 誰に対しても分け隔てをせず, 公正, 公平な態度で接すること。
勤労, 公共の精神	(12) 働くことのよさを知り, みんなのために働くこと。	(13) 働くことの大切さを知り, 進んでみんなのために働くこと。
家族愛, 家庭生活の充実	(13) 父母, 祖父母を敬愛し, 進んで家の手伝いなどをして, 家族の役に立つこと。	(14) 父母, 祖父母を敬愛し, 家族みんなで協力し合って楽しい家庭をつくること。
よりよい学校生活, 集団生活の充実	(14) 先生を敬愛し, 学校の人々に親しんで, 学級や学校の生活を楽しくすること。	(15) 先生や学校の人々を敬愛し, みんなで協力し合って楽しい学級や学校をつくること。
伝統と文化の尊重, 国や郷土を愛する態度	(15) 我が国や郷土の文化と生活に親しみ, 愛着をもつこと。	(16) 我が国や郷土の伝統と文化を大切にし, 国や郷土を愛する心をもつこと。
国際理解, 国際親善	(16) 他国の人々や文化に親しむこと。	(17) 他国の人々や文化に親しみ, 関心をもつこと。
D 主として生命や自然, 崇高なものとの関わりに関すること		
生命の尊さ	(17) 生きることのすばらしさを知り, 生命を大切にすること。	(18) 生命の尊さを知り, 生命あるものを大切にすること。
自然愛護	(18) 身近な自然に親しみ, 動植物に優しい心で接すること。	(19) 自然のすばらしさや不思議さを感じ取り, 自然や動植物を大切にすること。
感動, 畏敬の念	(19) 美しいものに触れ, すがすがしい心をもつこと。	(20) 美しいものや気高いものに感動する心をもつこと。
よりよく生きる喜び		

付録9

小学校第5学年及び第6学年（22）	中学校（22）	
(1) 自由を大切にし，自律的に判断し，責任のある行動をすること。 (2) 誠実に，明るい心で生活すること。	(1) 自律の精神を重んじ，自主的に考え，判断し，誠実に実行してその結果に責任をもつこと。	自主，自律，自由と責任
(3) 安全に気を付けることや，生活習慣の大切さについて理解し，自分の生活を見直し，節度を守り節制に心掛けること。	(2) 望ましい生活習慣を身に付け，心身の健康の増進を図り，節度を守り節制に心掛け，安全で調和のある生活をすること。	節度，節制
(4) 自分の特徴を知って，短所を改め長所を伸ばすこと。	(3) 自己を見つめ，自己の向上を図るとともに，個性を伸ばして充実した生き方を追求すること。	向上心，個性の伸長
(5) より高い目標を立て，希望と勇気をもち，困難があってもくじけずに努力して物事をやり抜くこと。	(4) より高い目標を設定し，その達成を目指し，希望と勇気をもち，困難や失敗を乗り越えて着実にやり遂げること。	希望と勇気，克己と強い意志
(6) 真理を大切にし，物事を探究しようとする心をもつこと。	(5) 真実を大切にし，真理を探究して新しいものを生み出そうと努めること。	真理の探究，創造
(7) 誰に対しても思いやりの心をもち，相手の立場に立って親切にすること。 (8) 日々の生活が家族や過去からの多くの人々の支え合いや助け合いで成り立っていることに感謝し，それに応えること。	(6) 思いやりの心をもって人と接するとともに，家族などの支えや多くの人々の善意により日々の生活や現在の自分があることに感謝し，進んでそれに応え，人間愛の精神を深めること。	思いやり，感謝
(9) 時と場をわきまえて，礼儀正しく真心をもって接すること。	(7) 礼儀の意義を理解し，時と場に応じた適切な言動をとること。	礼儀
(10) 友達と互いに信頼し，学び合って友情を深め，異性についても理解しながら，人間関係を築いていくこと。	(8) 友情の尊さを理解して心から信頼できる友達をもち，互いに励まし合い，高め合うとともに，異性についての理解を深め，悩みや葛藤も経験しながら人間関係を深めていくこと。	友情，信頼
(11) 自分の考えや意見を相手に伝えるとともに，謙虚な心をもち，広い心で自分と異なる意見や立場を尊重すること。	(9) 自分の考えや意見を相手に伝えるとともに，それぞれの個性や立場を尊重し，いろいろなものの見方や考え方があることを理解し，寛容の心をもって謙虚に他に学び，自らを高めていくこと。	相互理解，寛容
(12) 法やきまりの意義を理解した上で進んでそれらを守り，自他の権利を大切にし，義務を果たすこと。	(10) 法やきまりの意義を理解し，それらを進んで守るとともに，そのよりよい在り方について考え，自他の権利を大切にし，義務を果たして，規律ある安定した社会の実現に努めること。	遵法精神，公徳心
(13) 誰に対しても差別をすることや偏見をもつことなく，公正，公平な態度で接し，正義の実現に努めること。	(11) 正義と公正さを重んじ，誰に対しても公平に接し，差別や偏見のない社会の実現に努めること。	公正，公平，社会正義
(14) 働くことや社会に奉仕することの充実感を味わうとともに，その意義を理解し，公共のために役に立つことをすること。	(12) 社会参画の意識と社会連帯の自覚を高め，公共の精神をもってよりよい社会の実現に努めること。	社会参画，公共の精神
	(13) 勤労の尊さや意義を理解し，将来の生き方について考えを深め，勤労を通じて社会に貢献すること。	勤労
(15) 父母，祖父母を敬愛し，家族の幸せを求めて，進んで役に立つことをすること。	(14) 父母，祖父母を敬愛し，家族の一員としての自覚をもって充実した家庭生活を築くこと。	家族愛，家庭生活の充実
(16) 先生や学校の人々を敬愛し，みんなで協力し合ってよりよい学級や学校をつくるとともに，様々な集団の中での自分の役割を自覚して集団生活の充実に努めること。	(15) 教師や学校の人々を敬愛し，学級や学校の一員としての自覚をもち，協力し合ってよりよい校風をつくるとともに，様々な集団の意義や集団の中での自分の役割と責任を自覚して集団生活の充実に努めること。	よりよい学校生活，集団生活の充実
(17) 我が国や郷土の伝統と文化を大切にし，先人の努力を知り，国や郷土を愛する心をもつこと。	(16) 郷土の伝統と文化を大切にし，社会に尽くした先人や高齢者に尊敬の念を深め，地域社会の一員としての自覚をもって郷土を愛し，進んで郷土の発展に努めること。	郷土の伝統と文化の尊重，郷土を愛する態度
	(17) 優れた伝統の継承と新しい文化の創造に貢献するとともに，日本人としての自覚をもって国を愛し，国家及び社会の形成者として，その発展に努めること。	我が国の伝統と文化の尊重，国を愛する態度
(18) 他国の人々や文化について理解し，日本人としての自覚をもって国際親善に努めること。	(18) 世界の中の日本人としての自覚をもち，他国を尊重し，国際的視野に立って，世界の平和と人類の発展に寄与すること。	国際理解，国際貢献
(19) 生命が多くの生命のつながりの中にあるかけがえのないものであることを理解し，生命を尊重すること。	(19) 生命の尊さについて，その連続性や有限性なども含めて理解し，かけがえのない生命を尊重すること。	生命の尊さ
(20) 自然の偉大さを知り，自然環境を大切にすること。	(20) 自然の崇高さを知り，自然環境を大切にすることの意義を理解し，進んで自然の愛護に努めること。	自然愛護
(21) 美しいものや気高いものに感動する心や人間の力を超えたものに対する畏敬の念をもつこと。	(21) 美しいものや気高いものに感動する心をもち，人間の力を超えたものに対する畏敬の念を深めること。	感動，畏敬の念
(22) よりよく生きようとする人間の強さや気高さを理解し，人間として生きる喜びを感じること。	(22) 人間には自らの弱さや醜さを克服する強さや気高く生きようとする心があることを理解し，人間として生きることに喜びを見いだすこと。	よりよく生きる喜び

付録9

幼稚園教育要領

　教育は，教育基本法第1条に定めるとおり，人格の完成を目指し，平和で民主的な国家及び社会の形成者として必要な資質を備えた心身ともに健康な国民の育成を期すという目的のもと，同法第2条に掲げる次の目標を達成するよう行われなければならない。

1. 幅広い知識と教養を身に付け，真理を求める態度を養い，豊かな情操と道徳心を培うとともに，健やかな身体を養うこと。
2. 個人の価値を尊重して，その能力を伸ばし，創造性を培い，自主及び自律の精神を養うとともに，職業及び生活との関連を重視し，勤労を重んずる態度を養うこと。
3. 正義と責任，男女の平等，自他の敬愛と協力を重んずるとともに，公共の精神に基づき，主体的に社会の形成に参画し，その発展に寄与する態度を養うこと。
4. 生命を尊び，自然を大切にし，環境の保全に寄与する態度を養うこと。
5. 伝統と文化を尊重し，それらをはぐくんできた我が国と郷土を愛するとともに，他国を尊重し，国際社会の平和と発展に寄与する態度を養うこと。

　また，幼児期の教育については，同法第11条に掲げるとおり，生涯にわたる人格形成の基礎を培う重要なものであることにかんがみ，国及び地方公共団体は，幼児の健やかな成長に資する良好な環境の整備その他適当な方法によって，その振興に努めなければならないこととされている。

　これからの幼稚園には，学校教育の始まりとして，こうした教育の目的及び目標の達成を目指しつつ，一人一人の幼児が，将来，自分のよさや可能性を認識するとともに，あらゆる他者を価値のある存在として尊重し，多様な人々と協働しながら様々な社会的変化を乗り越え，豊かな人生を切り拓き，持続可能な社会の創り手となることができるようにするための基礎を培うことが求められる。このために必要な教育の在り方を具体化するのが，各幼稚園において教育の内容等を組織的かつ計画的に組み立てた教育課程である。

　教育課程を通して，これからの時代に求められる教育を実現していくためには，よりよい学校教育を通してよりよい社会を創るという理念を学校と社会とが共有し，それぞれの幼稚園において，幼児期にふさわしい生活をどのように展開し，どのような資質・能力を育むようにするのかを教育課程において明確にしながら，社会との連携及び協働によりその実現を図っていくという，社会に開かれた教育課程の実現が重要となる。

　幼稚園教育要領とは，こうした理念の実現に向けて必要となる教育課程の基準を大綱的に定めるものである。幼稚園教育要領が果たす役割の一つは，公の性質を有する幼稚園における教育水準を全国的に確保することである。また，各幼稚園がその特色を生かして創意工夫を重ね，長年にわたり積み重ねられてきた教育実践や学術研究の蓄積を生かしながら，幼児や地域の現状や課題を捉え，家庭や地域社会と協力して，幼稚園教育要領を踏まえた教育活動の更なる充実を図っていくことも重要である。

　幼児の自発的な活動としての遊びを生み出すために必要な環境を整え，一人一人の資質・能力を育んでいくことは，教職員をはじめとする幼稚園関係者はもとより，家庭や地域の人々も含め，様々な立場から幼児や幼稚園に関わる全ての大人に期待される役割である。家庭との緊密な連携の下，小学校以降の教育や生涯にわたる学習とのつながりを見通しながら，幼児の自発的な活動としての遊びを通しての総合的な指導をする際に広く活用されるものとなることを期待して，ここに幼稚園教育要領を定める。

第1章　総則

第1　幼稚園教育の基本

　幼児期の教育は，生涯にわたる人格形成の基礎を培う重要なものであり，幼稚園教育は，学校教育法に規定する目的及び目標を達成するため，幼児期の特性を踏まえ，環境を通して行うものであることを基本とする。

　このため教師は，幼児との信頼関係を十分に築き，幼児が身近な環境に主体的に関わり，環境との関わり方や意味に気付き，これらを取り込もうとして，試行錯誤したり，考えたりするようになる幼児期の教育における見方・考え方を生かし，幼児と共によりよい教育環境を創造するように努めるものとする。これらを踏まえ，次に示す事項を重視して教育を行わなければならない。

1. 幼児は安定した情緒の下で自己を十分に発揮することにより発達に必要な体験を得ていくものであることを考慮して，幼児の主体的な活動を促し，幼児期にふさわしい生活が展開されるようにすること。
2. 幼児の自発的な活動としての遊びは，心身の調和のとれた発達の基礎を培う重要な学習であることを考慮して，遊びを通しての指導を中心として第2章に示すねらいが総合的に達成されるようにすること。
3. 幼児の発達は，心身の諸側面が相互に関連し合い，多様な経過をたどって成し遂げられていくものであること，また，幼児の生活経験がそれぞれ異なることなどを考慮して，幼児一人一人の特性に応じ，発達の課題に即した指導を行うようにすること。

　その際，教師は，幼児の主体的な活動が確保されるよう幼児一人一人の行動の理解と予想に基づき，計画的に環境を構成しなければならない。この場合において，教師は，幼児と人やものとの関わりが重要であることを踏まえ，教材を工夫し，物的・空間的環境を構成しなければならない。また，幼児一人一人の活動の場面に応じ，様々な役割を果たし，その活動を豊かにしなければならない。

第2　幼稚園教育において育みたい資質・能力及び「幼児期の終わりまでに育ってほしい姿」

1. 幼稚園においては，生きる力の基礎を育むため，この章の第1に示す幼稚園教育の基本を踏まえ，次に掲げる資質・能力を一体的に育むよう努めるものとする。
    (1) 豊かな体験を通じて，感じたり，気付いたり，分かったり，できるようになったりする「知識及び技能の基礎」
    (2) 気付いたことや，できるようになったことなどを使い，考えたり，試したり，工夫したり，表現したりする「思考力，判断力，表現力等の基礎」
    (3) 心情，意欲，態度が育つ中で，よりよい生活を営もうとする「学びに向かう力，人間性等」
2. 1に示す資質・能力は，第2章に示すねらい及び内容に基づく活動全体によって育むものである。
3. 次に示す「幼児期の終わりまでに育ってほしい姿」は，第2章に示すねらい及び内容に基づく活動全体を通して資質・能力が育まれている幼児の幼稚園修了時の具体的な姿であり，教師が指導を行う際に考慮するものである。
    (1) 健康な心と体
    　　幼稚園生活の中で，充実感をもって自分のやりたいことに向かって心と体を十分に働かせ，見通しをもって行動し，自ら健康で安全な生活をつくり出すようになる。
    (2) 自立心
    　　身近な環境に主体的に関わり様々な活動を楽しむ中で，しなければならないことを自覚し，自分の力で行うために考えたり，工夫したりしながら，諦めずにやり遂げることで達成感を味

わい，自信をもって行動するようになる。
   (3) 協同性
      友達と関わる中で，互いの思いや考えなどを共有し，共通の目的の実現に向けて，考えたり，工夫したり，協力したりし，充実感をもってやり遂げるようになる。
   (4) 道徳性・規範意識の芽生え
      友達と様々な体験を重ねる中で，してよいことや悪いことが分かり，自分の行動を振り返ったり，友達の気持ちに共感したりし，相手の立場に立って行動するようになる。また，きまりを守る必要性が分かり，自分の気持ちを調整し，友達と折り合いを付けながら，きまりをつくったり，守ったりするようになる。
   (5) 社会生活との関わり
      家族を大切にしようとする気持ちをもつとともに，地域の身近な人と触れ合う中で，人との様々な関わり方に気付き，相手の気持ちを考えて関わり，自分が役に立つ喜びを感じ，地域に親しみをもつようになる。また，幼稚園内外の様々な環境に関わる中で，遊びや生活に必要な情報を取り入れ，情報に基づき判断したり，情報を伝え合ったり，活用したりするなど，情報を役立てながら活動するようになるとともに，公共の施設を大切に利用するなどして，社会とのつながりなどを意識するようになる。
   (6) 思考力の芽生え
      身近な事象に積極的に関わる中で，物の性質や仕組みなどを感じ取ったり，気付いたりし，考えたり，予想したり，工夫したりするなど，多様な関わりを楽しむようになる。また，友達の様々な考えに触れる中で，自分と異なる考えがあることに気付き，自ら判断したり，考え直したりするなど，新しい考えを生み出す喜びを味わいながら，自分の考えをよりよいものにするようになる。
   (7) 自然との関わり・生命尊重
      自然に触れて感動する体験を通して，自然の変化などを感じ取り，好奇心や探究心をもって考え言葉などで表現しながら，身近な事象への関心が高まるとともに，自然への愛情や畏敬の念をもつようになる。また，身近な動植物に心を動かされる中で，生命の不思議さや尊さに気付き，身近な動植物への接し方を考え，命あるものとしていたわり，大切にする気持ちをもって関わるようになる。
   (8) 数量や図形，標識や文字などへの関心・感覚
      遊びや生活の中で，数量や図形，標識や文字などに親しむ体験を重ねたり，標識や文字の役割に気付いたりし，自らの必要感に基づきこれらを活用し，興味や関心，感覚をもつようになる。
   (9) 言葉による伝え合い
      先生や友達と心を通わせる中で，絵本や物語などに親しみながら，豊かな言葉や表現を身に付け，経験したことや考えたことなどを言葉で伝えたり，相手の話を注意して聞いたりし，言葉による伝え合いを楽しむようになる。
   (10) 豊かな感性と表現
      心を動かす出来事などに触れ感性を働かせる中で，様々な素材の特徴や表現の仕方などに気付き，感じたことや考えたことを自分で表現したり，友達同士で表現する過程を楽しんだりし，表現する喜びを味わい，意欲をもつようになる。

第3 教育課程の役割と編成等

1 教育課程の役割
   各幼稚園においては，教育基本法及び学校教育法その他の法令並びにこの幼稚園教育要領の示

すところに従い，創意工夫を生かし，幼児の心身の発達と幼稚園及び地域の実態に即応した適切な教育課程を編成するものとする。

また，各幼稚園においては，6に示す全体的な計画にも留意しながら，「幼児期の終わりまでに育ってほしい姿」を踏まえ教育課程を編成すること，教育課程の実施状況を評価してその改善を図っていくこと，教育課程の実施に必要な人的又は物的な体制を確保するとともにその改善を図っていくことなどを通して，教育課程に基づき組織的かつ計画的に各幼稚園の教育活動の質の向上を図っていくこと（以下「カリキュラム・マネジメント」という。）に努めるものとする。

2　各幼稚園の教育目標と教育課程の編成

　　教育課程の編成に当たっては，幼稚園教育において育みたい資質・能力を踏まえつつ，各幼稚園の教育目標を明確にするとともに，教育課程の編成についての基本的な方針が家庭や地域とも共有されるよう努めるものとする。

3　教育課程の編成上の基本的事項

(1)　幼稚園生活の全体を通して第2章に示すねらいが総合的に達成されるよう，教育課程に係る教育期間や幼児の生活経験や発達の過程などを考慮して具体的なねらいと内容を組織するものとする。この場合においては，特に，自我が芽生え，他者の存在を意識し，自己を抑制しようとする気持ちが生まれる幼児期の発達の特性を踏まえ，入園から修了に至るまでの長期的な視野をもって充実した生活が展開できるように配慮するものとする。

(2)　幼稚園の毎学年の教育課程に係る教育週数は，特別の事情のある場合を除き，39週を下ってはならない。

(3)　幼稚園の1日の教育課程に係る教育時間は，4時間を標準とする。ただし，幼児の心身の発達の程度や季節などに適切に配慮するものとする。

4　教育課程の編成上の留意事項

　　教育課程の編成に当たっては，次の事項に留意するものとする。

(1)　幼児の生活は，入園当初の一人一人の遊びや教師との触れ合いを通して幼稚園生活に親しみ，安定していく時期から，他の幼児との関わりの中で幼児の主体的な活動が深まり，幼児が互いに必要な存在であることを認識するようになり，やがて幼児同士や学級全体で目的をもって協同して幼稚園生活を展開し，深めていく時期などに至るまでの過程を様々に経ながら広げられていくものであることを考慮し，活動がそれぞれの時期にふさわしく展開されるようにすること。

(2)　入園当初，特に，3歳児の入園については，家庭との連携を緊密にし，生活のリズムや安全面に十分配慮すること。また，満3歳児については，学年の途中から入園することを考慮し，幼児が安心して幼稚園生活を過ごすことができるよう配慮すること。

(3)　幼稚園生活が幼児にとって安全なものとなるよう，教職員による協力体制の下，幼児の主体的な活動を大切にしつつ，園庭や園舎などの環境の配慮や指導の工夫を行うこと。

5　小学校教育との接続に当たっての留意事項

(1)　幼稚園においては，幼稚園教育が，小学校以降の生活や学習の基盤の育成につながることに配慮し，幼児期にふさわしい生活を通して，創造的な思考や主体的な生活態度などの基礎を培うようにするものとする。

(2)　幼稚園教育において育まれた資質・能力を踏まえ，小学校教育が円滑に行われるよう，小学校の教師との意見交換や合同の研究の機会などを設け，「幼児期の終わりまでに育ってほしい姿」を共有するなど連携を図り，幼稚園教育と小学校教育との円滑な接続を図るよう努めるものとする。

6　全体的な計画の作成

付録10

各幼稚園においては，教育課程を中心に，第3章に示す教育課程に係る教育時間の終了後等に行う教育活動の計画，学校保健計画，学校安全計画などと関連させ，一体的に教育活動が展開されるよう全体的な計画を作成するものとする。

第4 指導計画の作成と幼児理解に基づいた評価

1 指導計画の考え方

幼稚園教育は，幼児が自ら意欲をもって環境と関わることによりつくり出される具体的な活動を通して，その目標の達成を図るものである。

幼稚園においてはこのことを踏まえ，幼児期にふさわしい生活が展開され，適切な指導が行われるよう，それぞれの幼稚園の教育課程に基づき，調和のとれた組織的，発展的な指導計画を作成し，幼児の活動に沿った柔軟な指導を行わなければならない。

2 指導計画の作成上の基本的事項

(1) 指導計画は，幼児の発達に即して一人一人の幼児が幼児期にふさわしい生活を展開し，必要な体験を得られるようにするために，具体的に作成するものとする。

(2) 指導計画の作成に当たっては，次に示すところにより，具体的なねらい及び内容を明確に設定し，適切な環境を構成することなどにより活動が選択・展開されるようにするものとする。

ア 具体的なねらい及び内容は，幼稚園生活における幼児の発達の過程を見通し，幼児の生活の連続性，季節の変化などを考慮して，幼児の興味や関心，発達の実情などに応じて設定すること。

イ 環境は，具体的なねらいを達成するために適切なものとなるように構成し，幼児が自らその環境に関わることにより様々な活動を展開しつつ必要な体験を得られるようにすること。その際，幼児の生活する姿や発想を大切にし，常にその環境が適切なものとなるようにすること。

ウ 幼児の行う具体的な活動は，生活の流れの中で様々に変化するものであることに留意し，幼児が望ましい方向に向かって自ら活動を展開していくことができるよう必要な援助をすること。

その際，幼児の実態及び幼児を取り巻く状況の変化などに即して指導の過程についての評価を適切に行い，常に指導計画の改善を図るものとする。

3 指導計画の作成上の留意事項

指導計画の作成に当たっては，次の事項に留意するものとする。

(1) 長期的に発達を見通した年，学期，月などにわたる長期の指導計画やこれとの関連を保ちながらより具体的な幼児の生活に即した週，日などの短期の指導計画を作成し，適切な指導が行われるようにすること。特に，週，日などの短期の指導計画については，幼児の生活のリズムに配慮し，幼児の意識や興味の連続性のある活動が相互に関連して幼稚園生活の自然な流れの中に組み込まれるようにすること。

(2) 幼児が様々な人やものとの関わりを通して，多様な体験をし，心身の調和のとれた発達を促すようにしていくこと。その際，幼児の発達に即して主体的・対話的で深い学びが実現するようにするとともに，心を動かされる体験が次の活動を生み出すことを考慮し，一つ一つの体験が相互に結び付き，幼稚園生活が充実するようにすること。

(3) 言語に関する能力の発達と思考力等の発達が関連していることを踏まえ，幼稚園生活全体を通して，幼児の発達を踏まえた言語環境を整え，言語活動の充実を図ること。

(4) 幼児が次の活動への期待や意欲をもつことができるよう，幼児の実態を踏まえながら，教師

や他の幼児と共に遊びや生活の中で見通しをもったり，振り返ったりするよう工夫すること。
(5) 行事の指導に当たっては，幼稚園生活の自然の流れの中で生活に変化や潤いを与え，幼児が主体的に楽しく活動できるようにすること。なお，それぞれの行事についてはその教育的価値を十分検討し，適切なものを精選し，幼児の負担にならないようにすること。
(6) 幼児期は直接的な体験が重要であることを踏まえ，視聴覚教材やコンピュータなど情報機器を活用する際には，幼稚園生活では得難い体験を補完するなど，幼児の体験との関連を考慮すること。
(7) 幼児の主体的な活動を促すためには，教師が多様な関わりをもつことが重要であることを踏まえ，教師は，理解者，共同作業者など様々な役割を果たし，幼児の発達に必要な豊かな体験が得られるよう，活動の場面に応じて，適切な指導を行うようにすること。
(8) 幼児の行う活動は，個人，グループ，学級全体などで多様に展開されるものであることを踏まえ，幼稚園全体の教師による協力体制を作りながら，一人一人の幼児が興味や欲求を十分に満足させるよう適切な援助を行うようにすること。

4 幼児理解に基づいた評価の実施
　幼児一人一人の発達の理解に基づいた評価の実施に当たっては，次の事項に配慮するものとする。
(1) 指導の過程を振り返りながら幼児の理解を進め，幼児一人一人のよさや可能性などを把握し，指導の改善に生かすようにすること。その際，他の幼児との比較や一定の基準に対する達成度についての評定によって捉えるものではないことに留意すること。
(2) 評価の妥当性や信頼性が高められるよう創意工夫を行い，組織的かつ計画的な取組を推進するとともに，次年度又は小学校等にその内容が適切に引き継がれるようにすること。

第5 特別な配慮を必要とする幼児への指導

1 障害のある幼児などへの指導
　障害のある幼児などへの指導に当たっては，集団の中で生活することを通して全体的な発達を促していくことに配慮し，特別支援学校などの助言又は援助を活用しつつ，個々の幼児の障害の状態などに応じた指導内容や指導方法の工夫を組織的かつ計画的に行うものとする。また，家庭，地域及び医療や福祉，保健等の業務を行う関係機関との連携を図り，長期的な視点で幼児への教育的支援を行うために，個別の教育支援計画を作成し活用することに努めるとともに，個々の幼児の実態を的確に把握し，個別の指導計画を作成し活用することに努めるものとする。

2 海外から帰国した幼児や生活に必要な日本語の習得に困難のある幼児の幼稚園生活への適応
　海外から帰国した幼児や生活に必要な日本語の習得に困難のある幼児については，安心して自己を発揮できるよう配慮するなど個々の幼児の実態に応じ，指導内容や指導方法の工夫を組織的かつ計画的に行うものとする。

第6 幼稚園運営上の留意事項

1 各幼稚園においては，園長の方針の下に，園務分掌に基づき教職員が適切に役割を分担しつつ，相互に連携しながら，教育課程や指導の改善を図るものとする。また，各幼稚園が行う学校評価については，教育課程の編成，実施，改善が教育活動や幼稚園運営の中核となることを踏まえ，カリキュラム・マネジメントと関連付けながら実施するよう留意するものとする。
2 幼児の生活は，家庭を基盤として地域社会を通じて次第に広がりをもつものであることに留意し，家庭との連携を十分に図るなど，幼稚園における生活が家庭や地域社会と連続性を保ちつつ展開されるようにするものとする。その際，地域の自然，高齢者や異年齢の子供などを含む人材，行事や公共施設などの地域の資源を積極的に活用し，幼児が豊かな生活体験を得られるよう

・に工夫するものとする。また,家庭との連携に当たっては,保護者との情報交換の機会を設けたり,保護者と幼児との活動の機会を設けたりなどすることを通じて,保護者の幼児期の教育に関する理解が深まるよう配慮するものとする。
3 地域や幼稚園の実態等により,幼稚園間に加え,保育所,幼保連携型認定こども園,小学校,中学校,高等学校及び特別支援学校などとの間の連携や交流を図るものとする。特に,幼稚園教育と小学校教育の円滑な接続のため,幼稚園の幼児と小学校の児童との交流の機会を積極的に設けるようにするものとする。また,障害のある幼児児童生徒との交流及び共同学習の機会を設け,共に尊重し合いながら協働して生活していく態度を育むよう努めるものとする。

第7 教育課程に係る教育時間終了後等に行う教育活動など

幼稚園は,第3章に示す教育課程に係る教育時間の終了後等に行う教育活動について,学校教育法に規定する目的及び目標並びにこの章の第1に示す幼稚園教育の基本を踏まえ実施するものとする。また,幼稚園の目的の達成に資するため,幼児の生活全体が豊かなものとなるよう家庭や地域における幼児期の教育の支援に努めるものとする。

第2章　ねらい及び内容

　この章に示すねらいは，幼稚園教育において育みたい資質・能力を幼児の生活する姿から捉えたものであり，内容は，ねらいを達成するために指導する事項である。各領域は，これらを幼児の発達の側面から，心身の健康に関する領域「健康」，人との関わりに関する領域「人間関係」，身近な環境との関わりに関する領域「環境」，言葉の獲得に関する領域「言葉」及び感性と表現に関する領域「表現」としてまとめ，示したものである。内容の取扱いは，幼児の発達を踏まえた指導を行うに当たって留意すべき事項である。

　各領域に示すねらいは，幼稚園における生活の全体を通じ，幼児が様々な体験を積み重ねる中で相互に関連をもちながら次第に達成に向かうものであること，内容は，幼児が環境に関わって展開する具体的な活動を通して総合的に指導されるものであることに留意しなければならない。

　また，「幼児期の終わりまでに育ってほしい姿」が，ねらい及び内容に基づく活動全体を通して資質・能力が育まれている幼児の幼稚園修了時の具体的な姿であることを踏まえ，指導を行う際に考慮するものとする。

　なお，特に必要な場合には，各領域に示すねらいの趣旨に基づいて適切な，具体的な内容を工夫し，それを加えても差し支えないが，その場合には，それが第1章の第1に示す幼稚園教育の基本を逸脱しないよう慎重に配慮する必要がある。

健　康
〔健康な心と体を育て，自ら健康で安全な生活をつくり出す力を養う。〕

1　ねらい
(1) 明るく伸び伸びと行動し，充実感を味わう。
(2) 自分の体を十分に動かし，進んで運動しようとする。
(3) 健康，安全な生活に必要な習慣や態度を身に付け，見通しをもって行動する。

2　内　容
(1) 先生や友達と触れ合い，安定感をもって行動する。
(2) いろいろな遊びの中で十分に体を動かす。
(3) 進んで戸外で遊ぶ。
(4) 様々な活動に親しみ，楽しんで取り組む。
(5) 先生や友達と食べることを楽しみ，食べ物への興味や関心をもつ。
(6) 健康な生活のリズムを身に付ける。
(7) 身の回りを清潔にし，衣服の着脱，食事，排泄（せつ）などの生活に必要な活動を自分でする。
(8) 幼稚園における生活の仕方を知り，自分たちで生活の場を整えながら見通しをもって行動する。
(9) 自分の健康に関心をもち，病気の予防などに必要な活動を進んで行う。
(10) 危険な場所，危険な遊び方，災害時などの行動の仕方が分かり，安全に気を付けて行動する。

3　内容の取扱い
上記の取扱いに当たっては，次の事項に留意する必要がある。
(1) 心と体の健康は，相互に密接な関連があるものであることを踏まえ，幼児が教師や他の幼児との温かい触れ合いの中で自己の存在感や充実感を味わうことなどを基盤として，しなやかな心と体の発達を促すこと。特に，十分に体を動かす気持ちよさを体験し，自ら体を動かそうとする意欲が育つようにすること。
(2) 様々な遊びの中で，幼児が興味や関心，能力に応じて全身を使って活動することにより，体を動かす楽しさを味わい，自分の体を大切にしようとする気持ちが育つようにすること。その際，

付録10

多様な動きを経験する中で，体の動きを調整するようにすること。
(3) 自然の中で伸び伸びと体を動かして遊ぶことにより，体の諸機能の発達が促されることに留意し，幼児の興味や関心が戸外にも向くようにすること。その際，幼児の動線に配慮した園庭や遊具の配置などを工夫すること。
(4) 健康な心と体を育てるためには食育を通じた望ましい食習慣の形成が大切であることを踏まえ，幼児の食生活の実情に配慮し，和やかな雰囲気の中で教師や他の幼児と食べる喜びや楽しさを味わったり，様々な食べ物への興味や関心をもったりするなどし，食の大切さに気付き，進んで食べようとする気持ちが育つようにすること。
(5) 基本的な生活習慣の形成に当たっては，家庭での生活経験に配慮し，幼児の自立心を育て，幼児が他の幼児と関わりながら主体的な活動を展開する中で，生活に必要な習慣を身に付け，次第に見通しをもって行動できるようにすること。
(6) 安全に関する指導に当たっては，情緒の安定を図り，遊びを通して安全についての構えを身に付け，危険な場所や事物などが分かり，安全についての理解を深めるようにすること。また，交通安全の習慣を身に付けるようにするとともに，避難訓練などを通して，災害などの緊急時に適切な行動がとれるようにすること。

人間関係
〔他の人々と親しみ，支え合って生活するために，自立心を育て，人と関わる力を養う。〕
1 ねらい
(1) 幼稚園生活を楽しみ，自分の力で行動することの充実感を味わう。
(2) 身近な人と親しみ，関わりを深め，工夫したり，協力したりして一緒に活動する楽しさを味わい，愛情や信頼感をもつ。
(3) 社会生活における望ましい習慣や態度を身に付ける。
2 内 容
(1) 先生や友達と共に過ごすことの喜びを味わう。
(2) 自分で考え，自分で行動する。
(3) 自分でできることは自分でする。
(4) いろいろな遊びを楽しみながら物事をやり遂げようとする気持ちをもつ。
(5) 友達と積極的に関わりながら喜びや悲しみを共感し合う。
(6) 自分の思ったことを相手に伝え，相手の思っていることに気付く。
(7) 友達のよさに気付き，一緒に活動する楽しさを味わう。
(8) 友達と楽しく活動する中で，共通の目的を見いだし，工夫したり，協力したりなどする。
(9) よいことや悪いことがあることに気付き，考えながら行動する。
(10) 友達との関わりを深め，思いやりをもつ。
(11) 友達と楽しく生活する中できまりの大切さに気付き，守ろうとする。
(12) 共同の遊具や用具を大切にし，皆で使う。
(13) 高齢者をはじめ地域の人々などの自分の生活に関係の深いいろいろな人に親しみをもつ。
3 内容の取扱い
上記の取扱いに当たっては，次の事項に留意する必要がある。
(1) 教師との信頼関係に支えられて自分自身の生活を確立していくことが人と関わる基盤となることを考慮し，幼児が自ら周囲に働き掛けることにより多様な感情を体験し，試行錯誤しながら諦めずにやり遂げることの達成感や，前向きな見通しをもって自分の力で行うことの充実感を味わうことができるよう，幼児の行動を見守りながら適切な援助を行うようにすること。

(2) 一人一人を生かした集団を形成しながら人と関わる力を育てていくようにすること。その際，集団の生活の中で，幼児が自己を発揮し，教師や他の幼児に認められる体験をし，自分のよさや特徴に気付き，自信をもって行動できるようにすること。

(3) 幼児が互いに関わりを深め，協同して遊ぶようになるため，自ら行動する力を育てるようにするとともに，他の幼児と試行錯誤しながら活動を展開する楽しさや共通の目的が実現する喜びを味わうことができるようにすること。

(4) 道徳性の芽生えを培うに当たっては，基本的な生活習慣の形成を図るとともに，幼児が他の幼児との関わりの中で他人の存在に気付き，相手を尊重する気持ちをもって行動できるようにし，また，自然や身近な動植物に親しむことなどを通して豊かな心情が育つようにすること。特に，人に対する信頼感や思いやりの気持ちは，葛藤やつまずきをも体験し，それらを乗り越えることにより次第に芽生えてくることに配慮すること。

(5) 集団の生活を通して，幼児が人との関わりを深め，規範意識の芽生えが培われることを考慮し，幼児が教師との信頼関係に支えられて自己を発揮する中で，互いに思いを主張し，折り合いを付ける体験をし，きまりの必要性などに気付き，自分の気持ちを調整する力が育つようにすること。

(6) 高齢者をはじめ地域の人々などの自分の生活に関係の深いいろいろな人と触れ合い，自分の感情や意志を表現しながら共に楽しみ，共感し合う体験を通して，これらの人々などに親しみをもち，人と関わることの楽しさや人の役に立つ喜びを味わうことができるようにすること。また，生活を通して親や祖父母などの家族の愛情に気付き，家族を大切にしようとする気持ちが育つようにすること。

環　境
［周囲の様々な環境に好奇心や探究心をもって関わり，それらを生活に取り入れていこうとする力を養う。］

1　ねらい
(1) 身近な環境に親しみ，自然と触れ合う中で様々な事象に興味や関心をもつ。
(2) 身近な環境に自分から関わり，発見を楽しんだり，考えたりし，それを生活に取り入れようとする。
(3) 身近な事象を見たり，考えたり，扱ったりする中で，物の性質や数量，文字などに対する感覚を豊かにする。

2　内　容
(1) 自然に触れて生活し，その大きさ，美しさ，不思議さなどに気付く。
(2) 生活の中で，様々な物に触れ，その性質や仕組みに興味や関心をもつ。
(3) 季節により自然や人間の生活に変化のあることに気付く。
(4) 自然などの身近な事象に関心をもち，取り入れて遊ぶ。
(5) 身近な動植物に親しみをもって接し，生命の尊さに気付き，いたわったり，大切にしたりする。
(6) 日常生活の中で，我が国や地域社会における様々な文化や伝統に親しむ。
(7) 身近な物を大切にする。
(8) 身近な物や遊具に興味をもって関わり，自分なりに比べたり，関連付けたりしながら考えたり，試したりして工夫して遊ぶ。
(9) 日常生活の中で数量や図形などに関心をもつ。
(10) 日常生活の中で簡単な標識や文字などに関心をもつ。
(11) 生活に関係の深い情報や施設などに興味や関心をもつ。

付録10

(12) 幼稚園内外の行事において国旗に親しむ。
　3　内容の取扱い
　　上記の取扱いに当たっては，次の事項に留意する必要がある。
　(1) 幼児が，遊びの中で周囲の環境と関わり，次第に周囲の世界に好奇心を抱き，その意味や操作の仕方に関心をもち，物事の法則性に気付き，自分なりに考えることができるようになる過程を大切にすること。また，他の幼児の考えなどに触れて新しい考えを生み出す喜びや楽しさを味わい，自分の考えをよりよいものにしようとする気持ちが育つようにすること。
　(2) 幼児期において自然のもつ意味は大きく，自然の大きさ，美しさ，不思議さなどに直接触れる体験を通して，幼児の心が安らぎ，豊かな感情，好奇心，思考力，表現力の基礎が培われることを踏まえ，幼児が自然との関わりを深めることができるよう工夫すること。
　(3) 身近な事象や動植物に対する感動を伝え合い，共感し合うことなどを通して自分から関わろうとする意欲を育てるとともに，様々な関わり方を通してそれらに対する親しみや畏敬の念，生命を大切にする気持ち，公共心，探究心などが養われるようにすること。
　(4) 文化や伝統に親しむ際には，正月や節句など我が国の伝統的な行事，国歌，唱歌，わらべうたや我が国の伝統的な遊びに親しんだり，異なる文化に触れる活動に親しんだりすることを通じて，社会とのつながりの意識や国際理解の意識の芽生えなどが養われるようにすること。
　(5) 数量や文字などに関しては，日常生活の中で幼児自身の必要感に基づく体験を大切にし，数量や文字などに関する興味や関心，感覚が養われるようにすること。

言葉

　[経験したことや考えたことなどを自分なりの言葉で表現し，相手の話す言葉を聞こうとする意欲や態度を育て，言葉に対する感覚や言葉で表現する力を養う。]

　1　ねらい
　(1) 自分の気持ちを言葉で表現する楽しさを味わう。
　(2) 人の言葉や話などをよく聞き，自分の経験したことや考えたことを話し，伝え合う喜びを味わう。
　(3) 日常生活に必要な言葉が分かるようになるとともに，絵本や物語などに親しみ，言葉に対する感覚を豊かにし，先生や友達と心を通わせる。
　2　内容
　(1) 先生や友達の言葉や話に興味や関心をもち，親しみをもって聞いたり，話したりする。
　(2) したり，見たり，聞いたり，感じたり，考えたりなどしたことを自分なりに言葉で表現する。
　(3) したいこと，してほしいことを言葉で表現したり，分からないことを尋ねたりする。
　(4) 人の話を注意して聞き，相手に分かるように話す。
　(5) 生活の中で必要な言葉が分かり，使う。
　(6) 親しみをもって日常の挨拶をする。
　(7) 生活の中で言葉の楽しさや美しさに気付く。
　(8) いろいろな体験を通じてイメージや言葉を豊かにする。
　(9) 絵本や物語などに親しみ，興味をもって聞き，想像をする楽しさを味わう。
　(10) 日常生活の中で，文字などで伝える楽しさを味わう。
　3　内容の取扱い
　　上記の取扱いに当たっては，次の事項に留意する必要がある。
　(1) 言葉は，身近な人に親しみをもって接し，自分の感情や意志などを伝え，それに相手が応答し，その言葉を聞くことを通して次第に獲得されていくものであることを考慮して，幼児が教師や他の幼児と関わることにより心を動かされるような体験をし，言葉を交わす喜びを味わえるよ

うにすること。
(2) 幼児が自分の思いを言葉で伝えるとともに，教師や他の幼児などの話を興味をもって注意して聞くことを通して次第に話を理解するようになっていき，言葉による伝え合いができるようにすること。
(3) 絵本や物語などで，その内容と自分の経験とを結び付けたり，想像を巡らせたりするなど，楽しみを十分に味わうことによって，次第に豊かなイメージをもち，言葉に対する感覚が養われるようにすること。
(4) 幼児が生活の中で，言葉の響きやリズム，新しい言葉や表現などに触れ，これらを使う楽しさを味わえるようにすること。その際，絵本や物語に親しんだり，言葉遊びなどをしたりすることを通して，言葉が豊かになるようにすること。
(5) 幼児が日常生活の中で，文字などを使いながら思ったことや考えたことを伝える喜びや楽しさを味わい，文字に対する興味や関心をもつようにすること。

表現

［感じたことや考えたことを自分なりに表現することを通して，豊かな感性や表現する力を養い，創造性を豊かにする。］

1 ねらい
(1) いろいろなものの美しさなどに対する豊かな感性をもつ。
(2) 感じたことや考えたことを自分なりに表現して楽しむ。
(3) 生活の中でイメージを豊かにし，様々な表現を楽しむ。

2 内容
(1) 生活の中で様々な音，形，色，手触り，動きなどに気付いたり，感じたりするなどして楽しむ。
(2) 生活の中で美しいものや心を動かす出来事に触れ，イメージを豊かにする。
(3) 様々な出来事の中で，感動したことを伝え合う楽しさを味わう。
(4) 感じたこと，考えたことなどを音や動きなどで表現したり，自由にかいたり，つくったりなどする。
(5) いろいろな素材に親しみ，工夫して遊ぶ。
(6) 音楽に親しみ，歌を歌ったり，簡単なリズム楽器を使ったりなどする楽しさを味わう。
(7) かいたり，つくったりすることを楽しみ，遊びに使ったり，飾ったりなどする。
(8) 自分のイメージを動きや言葉などで表現したり，演じて遊んだりするなどの楽しさを味わう。

3 内容の取扱い
上記の取扱いに当たっては，次の事項に留意する必要がある。
(1) 豊かな感性は，身近な環境と十分に関わる中で美しいもの，優れたもの，心を動かす出来事などに出会い，そこから得た感動を他の幼児や教師と共有し，様々に表現することなどを通して養われるようにすること。その際，風の音や雨の音，身近にある草や花の形や色など自然の中にある音，形，色などに気付くようにすること。
(2) 幼児の自己表現は素朴な形で行われることが多いので，教師はそのような表現を受容し，幼児自身の表現しようとする意欲を受け止めて，幼児が生活の中で幼児らしい様々な表現を楽しむことができるようにすること。
(3) 生活経験や発達に応じ，自ら様々な表現を楽しみ，表現する意欲を十分に発揮させることができるように，遊具や用具などを整えたり，様々な素材や表現の仕方に親しんだり，他の幼児の表現に触れられるよう配慮したりし，表現する過程を大切にして自己表現を楽しめるように工夫すること。

付録10

第3章 教育課程に係る教育時間の終了後等に行う教育活動などの留意事項

1 地域の実態や保護者の要請により,教育課程に係る教育時間の終了後等に希望する者を対象に行う教育活動については,幼児の心身の負担に配慮するものとする。また,次の点にも留意するものとする。
   (1) 教育課程に基づく活動を考慮し,幼児期にふさわしい無理のないものとなるようにすること。その際,教育課程に基づく活動を担当する教師と緊密な連携を図るようにすること。
   (2) 家庭や地域での幼児の生活も考慮し,教育課程に係る教育時間の終了後等に行う教育活動の計画を作成するようにすること。その際,地域の人々と連携するなど,地域の様々な資源を活用しつつ,多様な体験ができるようにすること。
   (3) 家庭との緊密な連携を図るようにすること。その際,情報交換の機会を設けたりするなど,保護者が,幼稚園と共に幼児を育てるという意識が高まるようにすること。
   (4) 地域の実態や保護者の事情とともに幼児の生活のリズムを踏まえつつ,例えば実施日数や時間などについて,弾力的な運用に配慮すること。
   (5) 適切な責任体制と指導体制を整備した上で行うようにすること。
2 幼稚園の運営に当たっては,子育ての支援のために保護者や地域の人々に機能や施設を開放して,園内体制の整備や関係機関との連携及び協力に配慮しつつ,幼児期の教育に関する相談に応じたり,情報を提供したり,幼児と保護者との登園を受け入れたり,保護者同士の交流の機会を提供したりするなど,幼稚園と家庭が一体となって幼児と関わる取組を進め,地域における幼児期の教育のセンターとしての役割を果たすよう努めるものとする。その際,心理や保健の専門家,地域の子育て経験者等と連携・協働しながら取り組むよう配慮するものとする。

学習指導要領等の改善に係る検討に必要な専門的作業等協力者（五十音順）

(職名は平成29年6月現在)

伊東 有希	神奈川県川崎市立中原小学校教諭
大塚 健太郎	東京学芸大学附属小金井小学校教諭
岸田 薫	神奈川県横浜市教育委員会主任指導主事
北川 雅浩	東京都葛飾区立中之台小学校指導教諭
小宮 裕子	千葉県船橋市立芝山東小学校教頭
中田 祐二	香川県教育委員会主任指導主事
中村 和弘	東京学芸大学准教授
中村 孝一	常葉大学教育学部長・教授
初谷 和行	武蔵野大学講師
松本 仁志	広島大学大学院教授
望月 陵	山梨県教育委員会義務教育課副主幹・指導主事
山下 直	文教大学准教授
吉田 裕久	安田女子大学教育学部長・教授

なお，文部科学省においては，次の者が本書の編集に当たった。

合田 哲雄	初等中等教育局教育課程課長
平野 誠	大臣官房教育改革調整官
小林 努	初等中等教育局教育課程課課長補佐
菊池 英慈	初等中等教育局教育課程課教科調査官
水戸部 修治	京都女子大学教授
	（前初等中等教育局教育課程課教科調査官）

小学校学習指導要領（平成 29 年告示）解説
国語編　　　　　　　　　　MEXT　1-1703

平成 30 年 2 月 28 日	初版発行
令和 6 年 9 月 6 日	5 版発行
著作権所有	文部科学省

発 行 者	東京都北区堀船 2 丁目17-1 東 京 書 籍 株 式 会 社 代表者　　渡辺能理夫
印 刷 者	東京都北区堀船 1 丁目28-1 株式会社リーブルテック
発 行 所	東京都北区堀船 2 丁目17-1 東 京 書 籍 株 式 会 社 電　話　　03－5390－7247

定価 262円（本体 238円＋税 10％）